西南聯大
哲学通识课

冯友兰 胡适 汤用彤 著

天津出版传媒集团

天津人民出版社

图书在版编目（CIP）数据

西南联大哲学通识课 / 冯友兰, 胡适, 汤用彤著. -- 天津：天津人民出版社，2022.11

ISBN 978-7-201-18859-1

Ⅰ.①西… Ⅱ.①冯… ②胡… ③汤… Ⅲ.①哲学－中国－高等学校－教材 Ⅳ.①B2

中国版本图书馆CIP数据核字(2022)第188560号

西南联大哲学通识课
XINAN LIANDA ZHEXUE TONGSHIKE

冯友兰　胡适　汤用彤　著

出　　版	天津人民出版社
出版人	刘　庆
地　　址	天津市和平区西康路35号康岳大厦
邮政编码	300051
邮购电话	（022）23332469
电子信箱	reader@tjrmcbs.com
责任编辑	玮丽斯
监　　制	黄　利　万　夏
特约编辑	邓　华　丁礼江
营销支持	曹莉丽
版权支持	王秀荣
装帧设计	紫图装帧
制版印刷	艺堂印刷（天津）有限公司
经　　销	新华书店
开　　本	880毫米×1230毫米　1/32
印　　张	11.5
字　　数	337千字
版次印次	2022年11月第1版　2022年11月第1次印刷
定　　价	69.90元

版权所有　侵权必究
图书如出现印装质量问题，请致电联系调换（022-23332469）

西南联大常委会成员

  从左至右：张伯苓、梅贻琦、蒋梦麟

  联大不设校长，由北大校长蒋梦麟、清华校长梅贻琦和南开校长张伯苓组成常委会共同管理。蒋、张二位在重庆任公职，委托梅贻琦全权主持。梅贻琦有句名言："所谓大学者，非谓有大楼之谓也，有大师之谓也。"还说："教授是学校的主体，校长不过是率领职工给教授搬搬凳子的。"有这样的领导，联大才能够始终坚持学术自由、兼容并包的办学理念。1946年西南联大在昆明结束办学时，由冯友兰撰写的《国立西南联合大学纪念碑》中有一段话："联合大学以其兼容并包之精神，转移社会一时之风气，内树学术自由之规模，外来民主堡垒之称号，违千夫之诺诺，作一士之谔谔。"

西南联大学子在简陋的课室学习

  清华大学提倡"通才教育""教授治校",北大提出"学术自由""教授治校",南开大学立志解决中国现实问题的思想,均在西南联大有所体现,而根本核心是以教授为主体的学术自由。汪曾祺回忆说,"联大教授讲课从来无人干涉,想讲什么就讲什么,想怎么讲就怎么讲"。遇到讲同一主题,也是各讲各的,互不相让。比如胡适与冯友兰对中国哲学的态度,一个疑古,一个释古,学术相左,闻名于世。不信权威、持疑兼听以获真理,成为弥漫校园的良好风气,并由此创下了学术和教育的奇迹。

西南联大纪念碑，现存于云南师范大学校园内

冯友兰在晚年回忆录《三松堂自序》中写道："1946年上半年，三校忙于分家和准备北归的事，在有一次清华的校务会议上，梅贻琦说，我们在昆明待了七八年，临走的时候总要留下一个纪念品吧。会上我就提议，留下一个有古典形式的纪念品。大家都说好，就推我筹备这件事情。我就筹备一个完全合乎传统形式的纪念碑。严格地说，这座纪念碑并不是联大常委会正式决议建立的，而是作为在联大中的人为了纪念联大而建立的。碑文是我作的，碑文最后的铭词大部分用校歌的词句，可谓一稿二用。""纪念碑按照传统的款式，署名'文学院院长冯友兰撰文，中国文学系教授闻一多篆额，中国文学系主任罗庸书丹'。碑的背面刻着从军的联大学生名单。联大决定于1946年五四纪念日结束，纪念碑也于是日揭幕。那一天上午，先开联大的会，全体师生集合，由我朗诵纪念碑碑文，然后到新校舍后面小山上为纪念碑揭幕。经历抗战八年的联大就此结束。"

西南联大培养出来的著名学生

从左至右：朱光亚，"两弹一星"功勋科学家；许渊冲，中国翻译文化终身成就奖得主；杨振宁，诺贝尔物理学奖得主；王传纶，中国金融学科终身成就奖得主；王希季，"两弹一星"功勋科学家。

西南联大8年，学生有8000人，毕业生3300余人，其中包括：2位诺贝尔奖获得者、5位国家最高科学技术奖获得者、8位"两弹一星"功勋奖章获得者、174位两院院士。

写在"西南联大通识课"丛书出版前

在艰苦的抗日战争时期,为赓续中华民族的文化血脉,北京大学、清华大学、南开大学以国家民族大义为己任,辗转南迁,在祖国的西南边陲合组国立西南联合大学(简称"西南联大")在极度简陋的环境中坚持办学。近九年的弦歌不辍中,西南联大以文化抗衡日本帝国主义的铁骑,竖起了一座高等教育史的丰碑,为国家民族留下一笔宝贵的历史财富的同时,亦为现代的中国在对话世界的过程中展示了中华民族在艰难岁月中坚韧不拔的精神气质,赢得世界的认可。

历史虽然过去八十多年,但是西南联大以其坚守、奋发、卓越,向我们展示了中华民族在寻求民族独立、民族解放、民族富强的道路上的决心。西南联大以她的方式在教学、科研、育人、生活、服务社会等多维的方面，既为我们记录了他们对古老中国深沉的爱，也以时间画卷展现了他们在民族危亡中始终坚定胜利和孜孜寻求中国现代化的出路，并且拼命追赶着世界的步伐。为此，我始终对西南联大抱有着崇高的敬意和仰望。

我想这套书的出版，既是为历史保存，也是为时代讲述。从书中我们可以从细微处感知那一代人他们是那么深沉地爱着她的国家，爱着她的人民。我们会发现，抗战中的西南联大从历史走来，回归到了百年的民族梦想和现代化的道路中来审视她的价值。我想，细心的读者可以发现，历史从未走远。

用朱光潜先生的话来做引：读书不在多，最重要的是选得精，读得彻底。期待读者在选读中，我们一起可以慢慢从历史、哲学、文学、美学的一个个侧面品味西南联大与现代中国是如何向世界讲述中国故事。这便是我读这套书的感受。是为序。

西南联大博物馆馆长
李红英
于西南联大旧址
2022 年 10 月 12 日

编者的话

西南联大诞生于民族存亡之关头，与抗日战争相始终。前后虽仅8年多时间，但其以延续中华文脉为使命的"刚毅坚卓"，"内树学术自由之规模，外来民主堡垒之称号，违千夫之诺诺，作一士之谔谔"（西南联大碑文语），培育了众多国家级、世界级的人才。不仅创造了世界教育史上的伟大奇迹，更引领思想，开启了中国现代文化史上的绚烂篇章。

弗尼吉亚大学约翰·伊瑟雷尔教授说，"这所大学的遗产是属于全人类的"。"西南联大通识课"丛书，正是我们以虔诚之心，整理、保留联大知识遗产所作的努力。

联大之所以学术、育才成果辉煌，是因其在高压之下仍坚持教授治校、学术自由的校风宗旨，也得益于其贯彻实施通识教育理念。通识教育（general education）是指对所有学生所普遍进行的共同文化教育，包括基础性的语言、文化、历史、科学知识的传授，公民意识的陶冶，个性的熏陶，以及不直接服务于专业教育的人人皆需的一些实际能力的培养，目的在于完备学生知识结构，让其"通"和"专"的教育互为成就，进步空间更大。

近年来，"通识"学习需求在社会中表现得越来越普遍，对自己知识素养有所要求的人，亦会主动寻找通识读物为自己充电。这让我们产生了将联大教授的讲义、学术成果整理编辑为适用当下的通识读本的想法，也为保留传承联大知识遗产做出一点小小贡献。

文学、历史、哲学、美学，是基础性的通识课题，因此我们首先设定这四门学科来编辑通识课读本。

通识课有系统性，所以我们先根据学科框架设定章节，再从联大相应教授的讲义和学术成果中选取相应内容构成全书。

即便我们设定了每本书的主题，但由于同时选入多位教授的作品，因教授风格之不同，使得篇章之间也显示为不同风格。不过，这也正好是西南联大包容自由、百花齐放的具体表现。

联大教授当时的授课讲义多有遗失，极少部分由后人或学生整理成书。这些后期整理而成的出版物，成为我们的内容来源之一。更多教授的讲义，后被教授本人修订或展开重写，成为其学术著作的一部分。其学术著作，就成为我们的又一内容来源。因此，我们的"西南联大通识课"丛书基本忠实于联大课堂所讲内容，但形态已经不完全是讲义形态。

为了更清晰地表现通识课读本结构，我们对部分文章进行了重拟标题以及分节的处理。重拟标题以及分节在书中具体以编者注的方式给予说明。

系列丛书所选教授均曾在西南联大任教。需要特别提及的是胡适先生。胡适先生在联大筹备中起了重要作用，并一度受聘为联大文学院院长，虽然他并未在联大具体任课，但为保持通识课读本的系统性，以及彰显胡适先生的作品价值，在"哲学""历史"和"文学"均收入了胡适先生部分篇目。

由于时代语言习惯不同形成的文字差异，编者对其按现今的使用方法作了统一处理。译名亦均改为现在标准的通用译名。

《西南联大哲学通识课》一书按历史顺序编排，共七个部分：哲学概说、诸子哲学、汉代儒学、魏晋玄学、隋唐佛学、宋明理学、清代经学，分别源自胡适、冯友兰和汤用彤三位先生的讲义和著作。

目　录

第一编 | 1
哲学概说　胡适

第二编 | 9
诸子哲学　胡适

第三编 | 219
汉代儒学　冯友兰

第四编 | 257
魏晋玄学　汤用彤

第五编 | 269
隋唐佛学　汤用彤

第六编 | 299
宋明理学　冯友兰

第七编 | 321
清代经学　冯友兰

第一编

哲学概说

胡适

凡研究人生切要的问题,
从根本上着想,要寻一个根本的解决,
这种学问,叫作哲学。
哲学史有三个目的:明变、求因、评判。

胡适　1938年西南联合大学聘其为文学院院长

　　胡适（1891—1962），曾任北京大学校长、西南联合大学文学院院长等职。拥有三十六个博士学位（包括名誉博士），是世上拥有最多博士学位的人之一。他著述丰富，在文学、哲学、史学、考据学、教育学、伦理学、红学等诸领域都有较深研究并开风气之先，是中国新文化运动的奠基人与领袖之一。

哲学概说

一、哲学的定义

哲学的定义，从来没有一定的。我如今也暂下一个定义："凡研究人生切要的问题，从根本上着想，要寻一个根本的解决，这种学问，叫作哲学。"例如行为的善恶，乃是人生一个切要问题。平常人对着这问题，或劝人行善去恶，或实行赏善罚恶，这都算不得根本的解决。哲学家遇着这问题，便去研究什么叫作善，什么叫作恶；人的善恶是天生的呢，还是学得来的呢；我们何以能知道善恶的分别，是生来有这种观念，还是从阅历经验上学得来的呢；善何以当为，恶何以不当为；还是因为善事有利所以当为，恶事有害所以不当为呢；还是只论善恶，不论利害呢。这些都是善恶问题的根本方面。必须从这些方面着想，方可希望有一个根本的解决。

因为人生切要的问题不止一个，所以哲学的门类也有许多种。例如：

（一）天地万物怎样来的。（宇宙论）

（二）知识、思想的范围、作用及方法。（名学及知识论）
（三）人生在世应该如何行为。（人生哲学，旧称"伦理学"）
（四）怎样才可使人有知识，能思想，行善去恶呢。（教育哲学）
（五）社会国家应该如何组织，如何管理。（政治哲学）
（六）人生究竟有何归宿。（宗教哲学）

二、哲学史

这种种人生切要问题，自古以来，经过了许多哲学家的研究。往往有一个问题发生以后，各人有各人的见解，各人有各人的解决方法，遂致互相辩论。有时一种问题过了几千百年，还没有一定的解决法。例如孟子说人性是善的，告子说性无善无不善，荀子说性是恶的。到了后世，又有人说性有上中下三品，又有人说性是无善无恶可善可恶的。若有人把种种哲学问题的种种研究法和种种解决方法，都依着年代的先后和学派的系统，一一记叙下来，便成了哲学史。

哲学史的种类也有许多：

（一）**通史**

例如《中国哲学史》《西洋哲学史》之类。

（二）**专史**

1. 专治一个时代的，例如《希腊哲学史》《明儒学案》。
2. 专治一个学派的，例如《禅学史》《斯多亚派哲学史》。
3. 专讲一人的学说的，例如《王阳明的哲学》《康德的哲学》。
4. 专讲哲学的一部分的历史，例如《名学史》《人生哲学史》《心理学史》。

哲学史有三个目的：

（一）**明变**

哲学史第一要务，在于使学者知道古今思想沿革变迁的线索。例如孟子、荀子同是儒家，但是孟子、荀子的学说和孔子不同，孟子又和荀子不同。又如宋儒、明儒也都自称孔氏，但是宋明的儒学，并不是孔子的儒学，也不是孟子、荀子的儒学。但是这个不同之中，却也有个相同的所在，又有个一线相承的所在。这种同异沿革的线索，非有哲学史，不能明白写出来。

（二）求因

哲学史目的，不但要指出哲学思想沿革变迁的线索，还须要寻出这些沿革变迁的原因。例如程子、朱子的哲学，何以不同于孔子、孟子的哲学？陆象山、王阳明的哲学，又何以不同于程子、朱子呢？这些原因，约有三种：

1. 个人才性不同。
2. 所处的时势不同。
3. 所受的思想学术不同。

（三）评判

既知思想的变迁和所以变迁的原因了，哲学史的责任还没有完，还须要使学者知道各家学说的价值，这便叫作评判。但是我说的评判，并不是把做哲学史的人自己的眼光，来批评古人的是非得失。那种"主观的"评判，没有什么大用处。如今所说，乃是"客观的"评判。这种评判法，要把每一家学说所发生的效果表示出来。这些效果的价值，便是那种学说的价值。这些效果，大概可分为三种：

1. 要看一家学说在同时的思想和后来的思想上，发生何种影响。
2. 要看一家学说在风俗政治上，发生何种影响。
3. 要看一家学说的结果可造出什么样的人格来。

例如古代的"命定主义"，说得最痛切的，莫如庄子。庄子把天道看作无所不在，无所不包，故说"庸讵知吾所谓天之非人乎？所谓人之非天乎？"因此他有"乘化以待尽"的学说。这种学说，在当时遇着荀子，便发生一种反动力。荀子说"庄子蔽于天而不知人"，所以荀子的《天论》极力主张征服天行，以利人事。但是后来庄子这种学说的影响，养成一种乐天安命的思想，牢不可破。在社会上，好的效果，便是一种达观主义；不好的效果，便是懒惰不肯进取的心理。造成的人才，好的便是陶渊明、苏东坡；不好的便是刘伶一类达观的废物了。

三、中国哲学在世界哲学史上的位置

世界上的哲学大概可分为东西两支。东支又分印度、中国两系，西支也分希腊、犹太两系。初起的时候，这四系都可算作独立发生的。到了汉以后，犹太系加入希腊系，成了欧洲中古的哲学；印度系加入中国系，成了中国中古的哲学。到了近代，印度系的势力渐衰，儒家复起，遂产生了中国近世的哲学，历宋元明清，直到于今。欧洲的思想，渐渐脱离了犹太系的势力，遂产生欧洲的近世哲学。到了今日，这两大支的哲学互相接触，互相影响。五十年后，一百年后，或竟能发生一种世界的哲学，也未可知。

世界哲学统系图

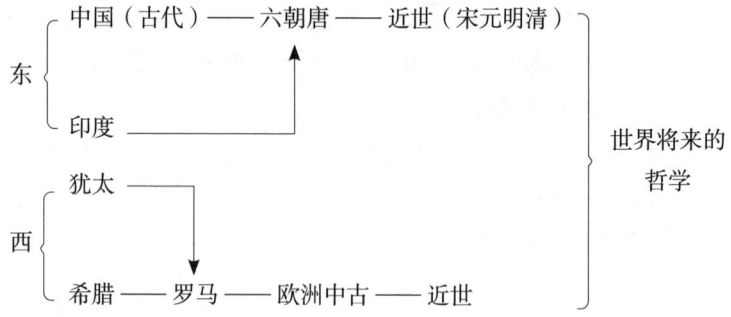

四、中国哲学史的区分

中国哲学史可分为三个时代：

（一）古代哲学

自老子至韩非，为古代哲学。这个时代，又名"诸子哲学"。

（二）中世哲学

自汉至北宋，为中世哲学。这个时代，大略又可分作两个时期：

1. 中世第一时期。自汉至晋，为中世第一时期。这一时期的学派，无论如何不同，都还是以古代诸子的哲学作起点的。例如《淮南子》是折中古代各家的；董仲舒是儒家的一支；王充的天论得力于道家，性论折中于各家；魏晋的老庄之学，更不用说了。

2. 中世第二时期。自东晋以后，直到北宋，这几百年中间，是印度哲学在中国最盛的时代。印度的经典，次第输入中国。印度的宇宙论、人生观、知识论、名学、宗教哲学，都能于诸子哲学之外，别开生面，别放光彩。此时凡是第一流的中国思想家，如智𫖮、玄奘、宗密、窥基，多用全副精力，发挥印度哲学。那时的中国系的学者，如王通、韩愈、李翱诸人，全是第二流以下的人物。他们所有的学说，浮泛浅陋，全无精辟独到的见解。故这个时期的哲学，完全以印度系为主体。

（三）近世哲学

唐以后，印度哲学已渐渐成为中国思想文明的一部分。譬如吃美味，中古第二时期是仔细咀嚼的时候，唐以后便是胃里消化的时候了。吃的东西消化时，与人身本有的种种质料结合，别成一些新质料。印度哲学在中国，到了消化的时代，与中国固有的思想结合，所发生的新质料，便是中国近世的哲学。我这话初听了好像近于武断。平心而论，宋明的哲学，或是程朱，或是陆王，表面上虽都不承认和佛家禅宗有何关系，其实没有一派不曾受印度学说的影响的。这种影响，约有两个方面：一面是直接的，如由佛家的观心，回到孔子的"操心"，到孟子的"尽心""养心"，到《大学》的"正心"，是直接的影响；一面是反动的，佛家见解尽管玄妙，终究是出世的，是"非伦理的"。宋明的儒家，攻击佛家的出世主义，故极力提倡"伦理的"入世主义。明心见性，以成佛果，终是自私自利；正心诚意，以至于齐家、治国、平天下,便是伦理的人生哲学了。这是反动的影响。

明代以后,中国近世哲学完全成立。佛家已衰,儒家成为一尊,于是又生反动力,遂有汉学、宋学之分。清初的汉学家,嫌宋儒用主观的见解,来解古代经典,有"望文生义""增字解经"种种流弊。故汉学的方法,只是用古训、古音、古本等等客观的根据,来求经典的原意。故嘉庆以前的汉学、宋学之争,还只是儒家的内讧。但是汉学家既重古训古义,不得不研究与古代儒家同时的子书,用来做参考互证的材料。故清初的诸子学,不过是经学的一种附属品,一种参考书。不料后来的学者,越研究子书,越觉得子书有价值。故孙星衍、王念孙、王引之、顾广圻、俞樾诸人,对于经书与子书,简直没有上下轻重和正道异端的分别了。到了最近世,如孙诒让、章炳麟诸君,竟都用全副精力,发明诸子学。于是从前作经学附属品的诸子学,到此时代,竟成专门学。一般普通学者,崇拜子书,也往往过于儒书。岂但是"附庸蔚为大观",简直是"婢作夫人"了。

综观清代学术变迁的大势,可称为古学昌明的时代。自从有了那些汉学家考据、校勘、训诂的工夫,那些经书子书,方才勉强可以读得。这个时代,有点像欧洲的"再生时代"(再生时代西名Renaissance,旧译文艺复兴时代)。欧洲到了"再生时代",昌明古希腊的文学哲学,故能推翻中古"经院哲学"(旧译烦琐哲学,极不通。原文为Scholasticism,今译原文)的势力,产出近世的欧洲文化。我们中国到了这个古学昌明的时代,不但有古书可读,又恰当西洋学术思想输入的时代,有西洋的新旧学说可供我们的参考研究。我们今日的学术思想,有这两大源头:一方面是汉学家传给我们的古书;一方面是西洋的新旧学说。这两大潮流汇合以后,中国若不能产生一种中国的新哲学,那就真是辜负了这个好机会了。

节选自《中国哲学史大纲》,标题为编者所加

第二编
诸子哲学

胡适

明心见性，以成佛果，
终是自私自利；
正心诚意，以至于齐家、治国、平天下，
便是伦理的人生哲学了。

诸子百家

学派	人物	著作
道家	老子、庄子、列御寇	《老子》《庄子》《黄帝四经》《淮南子》《列子》
儒家	孔子、孟子、荀子、曾子、子思、子夏	《论语》《孟子》《荀子》《孝经》《中庸》《大学》《礼记》《春秋》《左传》等
墨家	墨子、禽滑厘、孟胜、田襄子	《墨子》《墨子闲诂》《田俅子》《我子》《随巢子》《胡非子》
名家	邓析、惠施、公孙龙、尹文、宋钘	《邓析子》《公孙龙子》《尹文子》《惠子》《黄公》《毛公》《成公生》
法家	管仲、子产、韩非、商鞅、慎到、李斯、申不害、李悝	《商君书》《韩非子》《法经》《管子》《申子》《李子》《慎子》
阴阳家	邹衍	《汉书·艺文志》著录"阴阳二十一家,三百六十九篇",现代都已失传
纵横家	鬼谷子、张仪、苏秦	《捭阖策》《战国策》
医家	扁鹊、岐伯、淳于意	《黄帝内经》《难经》《神农本草经》《伤寒杂病论》
兵家	孙武、孙膑、吴起、尉缭	《孙子兵法》《孙膑兵法》《吴起兵法》《尉缭子》
杂家	吕不韦、刘安、尸佼	《吕氏春秋》《淮南子》《尸子》
农家	许行、计然	《神农》《野老》
小说家	虞初、屈原、宋玉	《虞初志》《离骚》《九辩》《神女赋》《高唐赋》
方技家	岐伯、淳于意	

老子

(节选)

老子的事迹，已不可考。据《史记》所说，老子是楚国人（《礼记·曾子问·正义》引《史记》作陈国人），名耳，字聃，姓李氏（今本《史记》作"姓李氏，名耳。字伯阳，谥曰聃"，乃是后人据《列仙传》妄改的。《索隐》云："许慎云，聃，耳曼也。故名耳，字聃。有本字伯阳，非正也。老子号伯阳父，此传不称也。"王念孙《读书杂志》三之四引《索隐》此节，又《经典释文序录》《文选注》《后汉书·桓帝纪》注，并引《史记》云老子字聃。可证今本《史记》所说是后人伪造的。后人所以要说老子字伯阳父者，因为周幽王时有个太史伯阳，后人要合两人为一人，说老子曾做幽王的官，当孔子生时，他已活了二百五十岁了）。他曾做周室"守藏室之史"。据《史记·孔子世家》和《老子列传》，孔子曾见过老子。这事不知在于何年，但据《史记》，孔子与南宫敬叔同适周。又据《左传》，孟僖子将死，命孟懿子与南宫敬叔从孔子学礼（昭公七年）。孟僖子死于昭公二十四年二月。清人阎若璩因《礼记·曾子问》孔子曰"昔吾从老聃助葬于巷党，及埙，日有食之"，遂推算昭公二十四年夏五月乙未朔

诸子哲学　11

巳时，日食，恰入食限。阎氏因断定孔子适周见老子在昭公二十四年，当孔子三十四岁（《四书释地续》）。这话很像可信，但还有可疑之处：一则曾子问是否可信；二则南宫敬叔死了父亲，不到三个月，是否可同孔子适周；三则曾子问所说日食，即便可信，难保不是昭公三十一年的日食。但无论如何，孔子适周，总在他三十四岁以后，当西历纪元前五一八年以后。大概孔子见老子在三十四岁（西历前五一八年，日食）与四十一岁（定五年，西历前五一一年，日食）之间。老子比孔子至多不过大二十岁，老子当生于周灵王初年，当西历前五七〇年左右。

老子的思想，完全是那个时代的产儿，完全是那个时代的反动。看他对于当时政治的评判道：

民之饥，以其上食税之多，是以饥。民之难治，以其上之有为，是以难治。民之轻死，以其求生之厚，是以轻死。

民不畏死，奈何以死惧之？若使民常畏死，而为奇者吾得执而杀之，孰敢？

天下多忌讳，而民弥贫；民多利器，国家滋昏；人多伎巧，奇物滋起；法令滋彰，盗贼多有。

天之道，损有余而补不足。人之道则不然，损不足以奉有余。

这四段都是很激烈的议论。读者试把《伐檀》《硕鼠》两篇诗记在心里，便知老子所说"人之道损不足以奉有余"和"民之饥以其上食税之多，是以饥"的话，乃是当时社会的实在情形。更回想《苕之华》诗"知我如此，不如无生"的话，便知老子所说"民不畏死""民之轻死，以其求生之厚，是以轻死"的话，也是当时的实在情形。人谁不求生？到了"知我如此，不如无生"的时候，束手安分也是死，造反作乱也是死，自然轻死，自然不畏死了。

还有老子反对有为的政治，主张无为无事的政治，也是当时政治的反动。凡是主张无为的政治哲学，都是干涉政策的反动。因为政府用干涉政策，却又没干涉的本领，越干涉越弄糟了，故挑起一种反动，主张放任无为。欧洲十八世纪的经济学者、政治学者，多主张放任主义，正为当时的政府实在太腐败无能，不配干涉人民的活动。老子的无为主义，依我看来，也是因为当时的政府不配有为，偏要有为，不配干涉，偏要干涉，所以弄得"天下多忌讳，而民弥贫；民多利器，国家滋昏；法令滋彰，盗贼多有"。上篇所引《瞻卬》诗说的："人有土田，汝反有之；人有民人，汝覆夺之；此宜无罪，汝反收之；彼宜有罪，汝覆说之。"那种虐政的效果，可使百姓人人有"匪鹑匪鸢，翰飞戾天；匪鳣匪鲔，潜逃于渊"的感想（老子尤恨当时的兵祸连年，故书中屡攻击武力政策。如"师之所处荆棘生焉，大军之后必有凶年""兵者不祥之器""天下无道，戎马生于郊"皆是）。故老子说："民之难治，以其上之有为，是以难治。"

老子对于那种时势，发生激烈的反响，创为一种革命的政治哲学。他说：

> 大道废，有仁义；智慧出，有大伪；六亲不和，有孝慈；国家昏乱，有忠臣。

所以他主张：

> 绝圣弃智，民利百倍；绝仁弃义，民复孝慈；绝巧弃利，盗贼无有！

这是极端的破坏主义。他对于国家政治，便主张极端的放任。他说：

> 治大国若烹小鲜（河上公注：烹小鱼不去肠，不去鳞，不敢挠，恐其糜也）。

诸子哲学　13

又说：

　　我无为而民自化，我好静而民自正，我无事而民自富，我无欲而民自朴。其政闷闷，其民醇醇；其政察察，其民缺缺。

又说：

　　太上，下知有之。其次，亲而誉之。其次，畏之。其次，侮之。信不足，焉有不信（焉，乃也）。犹兮其贵言（贵言，不轻易其言也。所谓"行不言之教"是也），功成事遂，百姓皆谓我自然。

　　老子理想中的政治，是极端的放任无为，要使功成事遂，百姓还以为全是自然应该如此，不说是君主之功。故"太上，下知有之"，是说政府完全放任无为，百姓的心里只觉得有个政府的存在罢了；实际上是"天高皇帝远"，有政府和无政府一样。"下知有之"，《永乐大典》本及吴澄本皆作"不知有之"，日本本作"下不知有之"，说此意更进一层，更明显了。

　　我述老子的哲学，先说他的政治学说。我的意思要人知道哲学思想不是悬空发生的。有些人说，哲学起于人类惊疑之念，以为人类目睹宇宙间万物的变化生灭，惊欢疑怪，要想寻出一个满意的解释，故产生哲学。这话未必尽然。人类的惊疑心可以产生迷信与宗教，但未必能产生哲学。人类见日月运行，雷电风雨，自然生惊疑心。但他一转念，便说日有日神，月有月神，雷有雷公，电有电母，天有天帝，病有病魔，于是他的惊疑心，便有了满意的解释，用不着哲学思想了。即如希腊古代的宇宙论，又何尝是惊疑的结果？那时代欧亚非三洲古国，如埃及、巴比伦、犹太等国的宗教观念和科学思想，与希腊古代的神话宗教相接触，自然起一番冲突，故发生"宇宙万物的本源究竟是什么"的问题。并不是泰尔史（Thales）的惊奇心忽然劈空提出这个哲学问题的。在中国的一方面，最初的哲学思想，全是当时社会政治的现状所唤起的反动。社会的阶级秩序已破坏混乱了，政治的组织不但不能救补维持，并且呈现同样的腐败纷乱。当时的有心人，目睹这种现状，要想寻一个补救的方法，于是有老子的政治思想。但是老子若单有一种革命的政治学说，也还算不得根本上的解决，也还算不得哲学。老子观察政治社会的状态，从根本上着想，要求一个根本的解决，遂为中国哲学的始祖。他的政治上的主张，也只是他的根本观念的应用。如今说他的根本观念是什么。

一、老子论天道

老子哲学的根本观念是他的天道观念。老子以前的天道观念，都把天看作一个有意志、有知识，能喜能怒、能作威作福的主宰。试看《诗经》中说"有命自天，命此文王"（《大明》），又屡说"帝谓文王"（《皇矣》），是天有意志。"天监在下""上帝临汝"（《大明》），"皇矣上帝，临下有赫。监观四方，求民之莫"（《皇矣》），是天有知识。"有皇上帝，伊谁云憎？"（《正月》），"敬天之怒，无敢戏豫；敬天之渝，无敢驰驱"（《板》），是天能喜怒。"昊天不佣，降此鞠凶；昊天不惠，降此大戾"（《节南山》），"天降丧乱，降此蟊贼"（《桑柔》），"天降丧乱，饥馑荐臻"（《云汉》），是天能作威作福。老子生在那种纷争大乱的时代，眼见杀人、破家、灭国等等惨祸，以为若有一个有意志知觉的天帝，决不致有这种惨祸。万物相争相杀，人类相争相杀，便是天道无知的证据。故老子说：

天地不仁，以万物为刍狗。

这仁字有两种说法：第一，仁是慈爱的意思。这是最明白的解

诸子哲学　15

说。王弼说："地不为兽生刍而兽食刍，不为人生狗而人食狗。无为于万物，而万物各适其所用。"这是把不仁作无有恩意解。第二，仁即是"人"的意思。《中庸》说："仁者，人也"；《孟子》说："仁也者，人也"；刘熙《释名》说："人，仁也；仁，生物也"。不仁便是说不是人，不和人同类。古代把天看作有意志、有知识、能喜怒的主宰，是把天看作人同类，这叫作天人同类说（Anthropomorphism）。老子的"天地不仁"说，似乎也含有天地不与人同性的意思。人性之中，以慈爱为最普通，故说天地不与人同类，即是说天地无有恩意。老子这一个观念，打破古代天人同类的谬说，立下后来自然哲学的基础。

打破古代的天人同类说，是老子的天道观念的消极一方面。再看他的积极的天道论：

> 有物混成，先天地生，寂兮寥兮，独立而不改，周行而不殆，可以为天下母。吾不知其名，字之曰道，强为之名曰大。

老子的最大功劳，在于超出天地万物之外，别假设一个"道"。这个道的性质，是无声、无形；有单独不变的存在，又周行天地万物之中；生于天地万物之先，又却是天地万物的本源。这个道的作用是：

> 大道泛兮，其可左右。万物恃之而生而不辞，功成不名有，衣养万物而不为主。

道的作用，并不是有意志的作用，只是一个"自然"。自是自己，然是如此，"自然"只是自己如此（谢著《中国哲学史》云："自然者，究极之谓也。"不成话）。老子说：

> 道常无为而无不为。

道的作用，只是万物自己的作用，故说"道常无为"。但万物所以能成万物，又只是一个道，故说"而无不为"。

二、论无

老子是最先发见"道"的人。这个"道"本是一个抽象的观念，太微妙了，不容易说得明白。老子又从具体的方面着想，于是想到一个"无"字，觉得这个"无"的性质、作用，处处和这个"道"最相像。老子说：

> 三十辐，共一毂，当其无，有车之用。埏埴以为器，当其无，有器之用。凿户牖以为室，当其无，有室之用。故有之以为利，无之以为用。

无即是虚空。上文所举的三个例，一是那车轮中央的空间，二是器皿的空处，三是窗洞门洞和房屋里的空处。车轮若无中间的圆洞，便不能转动；器皿若无空处，便不能装物事；门户若没有空洞，便不能出入；房屋里若没有空处，便不能容人。

这个大虚空，无形、无声；整个的不可分断，却又无所不在；一切万有若没有他，便没有用处。这几项性质，正合上文所说"寂兮寥兮，独立而不改，周行而不殆，可以为天下母"的形容。所以老子所说的"无"与"道"简直是一样的。所以他既说：

> 道生一，一生二，二生三，三生万物。

一方面又说：

> 天地万物生于有，有生于无。

道与无同是万物的母,可见道即是无,无即是道。大概哲学观念初起的时代,名词不完备,故说理不能周密。试看老子说"吾无以名之""强名之",可见他用名词的困难。他提出了一个"道"的观念,当此名词不完备的时代,形容不出这个"道"究竟是怎样一个物事,故用那空空洞洞的虚空,来说那无为而无不为的道。却不知道"无"是对于有的名词,所指的是那无形体的空洞,如何可以代表那无为而无不为的"道"?只因为老子把道与无看作一物,故他的哲学都受这种观念的影响(庄子便不如此。老庄的根本区别在此)。

老子说:"天地万物生于有,有生于无。"且看他怎样说这无中生有的道理。老子说:

> 视之不见名曰夷,听之不闻名曰希,搏之不得名曰微。此三者不可致诘,故混而为一。其上不皦,其下不昧。绳绳不可名,复归于无物。是谓无状之状,无物之象,是谓惚恍。

又说:

> 道之为物,唯恍唯惚。惚兮恍兮,其中有象。恍兮惚兮,其中有物。

这也可见老子寻相当名词的困难。老子既说道是"无",这里又说道不是"无"。乃是"有"与"无"之间的一种情境。虽然看不见、听不着、摸不到,但不是完全没有形状的。不过我们不能形容他,又叫不出他的名称,只得说他是"无物";只好称他作"无状之状,无物之象";只好称他作"恍惚"。这个"恍惚",先是"无状之状,无物之象",故说"惚兮恍兮,其中有象"。后来忽然从无物之象变为有物,故说"恍兮惚兮,其中有物"。这便是"天地万物生于有,有生于无"的历史。

三、名与无名

中国古代哲学的一个重要问题,就是名实之争。老子是最初提出这个问题的人。他说:

> 惚兮恍兮,其中有象。恍兮惚兮,其中有物。窈兮冥兮,其中有精。其精甚真,其中有信。自古及今,其名不去,以阅(王弼本原作说。今刊本作阅,乃后人所改)众甫。吾何以知众甫之然(王本今作状,原本似作然)哉?以此。

这一段论名的原起与名的功用。既有了法象,然后有物。有物之后,于是发生知识的问题。人所以能知物,只为每物有一些精纯的物德,最足代表那物的本性(《说文》:"精,择也。"择其特异之物德,故谓之精。真字古训诚,训天、训身,能代表此物的特性,故谓之真),即所谓"其中有精,其精甚真,其中有信"。这些物德,如雪的寒与白,如人的形体官能,都是极可靠的知识上的信物。故说"其中有信"(《说文》:"信,诚也。"又古谓符节为信)。这些信物都包括在那物的"名"里面。如说"人",便可代表人的一切表德;说"雪",便可代表雪的一切德性。个体的事物尽管生死存灭,那事物的类名,却永远存在。人生人死,而"人"名常在;雪落雪消,而"雪"名永存。故说"自古及今,其名不去,以阅众甫"。众甫即是万物。又说:"吾何以知众甫之然哉?以此。"此字指"名"。我们所以能知万物,多靠名的作用。

老子虽深知名的用处,但他又极力崇拜"无名"。名是知识的利器,老子是主张绝圣弃智的,故主张废名。他说:

> 道可道,非常道(俞樾说常通尚;尚,上也)。名可名,非常名。无名,天地之始。有名,万物之母。故常无,欲以观其妙;常有,欲以观其徼。(常无常有,作一顿。旧读两欲

诸子哲学 19

字为顿，乃是错的。）

老子以为万有生于无，故把无看得比有重。上文所说万物未生时，是一种"绳绳不可名"的混沌状态，故说"无名天地之始"。后来有象有信，然后可立名字，故说"有名万物之母"。因为无名先于有名，故说可道的道，不是上道；可名的名，不是上名。老子又常说"无名之朴"的好处。无名之朴，即是那个绳绳不可名的混沌状态。老子说：

> 道常（常，尚也）无名朴。（五字为句。朴字旧连下读，似乎错了。）虽小，天下不敢臣。侯王若能守之，万物将自宾。天地相合以降甘露（此八字既失韵，又不合老子哲学。疑系后人加入的话）。民莫之令而自均。始制有名，名亦既有，夫亦将知之（王弼今本之作止。下句同。今依河上公本改正。之、止古文相似，易误）。知之所以不治。（王弼本所作可，治字各本皆作殆。适按王弼注云："始制官长，不可不立名分以定尊卑，故始制有名也。过此以往，将争锥刀之末，故曰名亦既有，夫亦将知止也。遂任名以号物，则失治之母也。故知止所以不殆也。"细看此注，可见王弼原本作"夫亦将知之，知之所以不治"，若作知止，则注中所引叔向谏子产的话，全无意思。注中又说"任名则失治之母"，可证殆本作治。注末殆字同。后世妄人因下文四十四章有"知止不殆"的话，遂把此章也改成"知止可以不殆"。又乱改王注知之为知止，所以不治为所以不殆，却忘了"失治之母"的治字，可以作证。不但注语，全文可作铁证也。）

这是说最高的道是那无名朴。后来制有名字（王弼训始制为"朴散始为官长之时"，似乎太深了一层），知识遂渐渐发达，民智日多，作伪行恶的本领也更大了。大乱的根源，即在于此。老子说：

> 古之为治者，非以明民，将以愚之。民之难治，以其智多。故以智治国，国之贼。不以智治国，国之福。

"民之难治，以其智多"，即是上文"夫亦将知之，知之所以不治"的注脚。

老子何以如此反对知识呢？大概他推想当时社会国家种种罪恶的根源，都由于多欲。文明程度越高，知识越复杂，情欲也越发展。他说：

> 五色令人目盲，五音令人耳聋，五味令人口爽，驰骋田猎令人心发狂，难得之货令人行妨。

这是攻击我们现在所谓文明文化。他又说：

> 天下皆知美之为美，斯恶已。皆知善之为善，斯不善已。故有无相生，难易相成；长短相较，高下相倾；音声相和，前后相随。是以圣人处无为之事，行不言之教。……不尚贤，使民不争。不贵难得之货，使民不为盗。不见（读现）可欲，使民心不乱。是以圣人之治，虚其心，实其腹，弱其志，强其骨，常使民无知无欲。

这一段是老子政治哲学的根据。老子以为一切善恶、美丑、贤不肖，都是对待的名词。正如长短、高下、前后等等。无长便无短，无前便无后，无美便无丑，无善便无恶，无贤便无不肖。故人知美是美的，便有丑的了；知善是善的，便有恶的了；知贤是贤的，便有不肖的了。平常那些赏善罚恶，尊贤去不肖，都不是根本的解决。根本的救济方法须把善恶美丑贤不肖一切对待的名词都消灭了，复归于无名之朴的混沌时代，须要常使民无知无欲。无知，自然无欲了；无欲，自然没有一切罪恶了。前面所引的"大道废，有仁义；智慧出，有大

诸子哲学　21

伪；六亲不和，有孝慈；国家昏乱，有忠臣"和"绝圣弃智，绝仁弃义，绝巧弃利"，也都是这个道理。他又说：

> 道常无为而无不为。侯王若能守之，万物将自化。化而欲作（欲是名词，谓情欲也），吾将镇之以无名之朴。无名之朴，夫亦将无欲。不欲以静，天下将自定。

老子所处的时势，正是"化而欲作"之时，故他要用无名之朴来镇压。所以他理想中的至治之国，是一种：

> 小国寡民使有什伯人之器而不用（什是十倍，伯是百倍。文明进步，用机械之力代人工。一车可载千斤，一船可装几千人。这多是什伯人之器。下文所说"虽有舟舆，无所乘之。虽有甲兵，无所陈之"，正释这一句）。使民重死而不远徙。虽有舟舆，无所乘之。虽有甲兵，无所陈之。使民复结绳而用之。甘其食，美其服，安其居，乐其俗。邻国相望，鸡狗之声相闻，民至老死不相往来。

这是"无名"一个观念的实际应用。这种学说，要想把一切交通的利器、守卫的甲兵、代人工的机械、行远传久的文字，等等制度文物，全行毁除；要使人类依旧回到那无知无欲老死不相往来的乌托邦。

四、无为

本篇第三节说老子对于社会政治有两种学说：一是毁坏一切文物制度，一是主张极端放任无为的政策。第一说的根据，上节已说过。如今且说他的无为主义。他把天道看作"无为而无不为"，以为天地万物，都有一个独立而不变、周行而不殆的道理，用不着有什么神道作主宰，更用不着人力去造作安排。老子的"天道"，就是西洋哲学的自然法（Law of Nature 或译"性法"非）。日月星的运行，动植物的生老死，都有自然法的支配适合。凡深信自然法绝对有效的人，往往容易走到极端的放任主义。如十八世纪的英法经济学者，又如斯宾塞（Herbert Spencer）的政治学说，都以为既有了"无为而无不为"的天道，何必要政府来干涉人民的举动？老子也是如此。他说：

> 天之道，不争而善胜，不言而善应，不召而自来，繟然而善谋。天网恢恢，疏而不失。

这是说"自然法"的森严。又说：

> 常有司杀者杀。夫代司杀者杀，是谓代大匠斲。夫代大匠斲者，希有不伤其手者矣。

这个"司杀者"，便是天，便是天道。违背了天道，扰乱了自然的秩序，自有"天然法"来处置他，不用社会和政府的干涉。若用人力去赏善罚恶，便是替天行道，便是"代司杀者杀"。这种代刽子手杀人的事，正如替大匠斲木头，不但无益于事，并且往往闹出乱子来。所以说："民之难治，以其上之有为，是以难治。"所以又说："天下多忌讳而民弥贫，……法令滋彰，盗贼多有。"所以他主张一切放任，一切无为。"损之又损，以至于无为，无为而无不为。"

五、人生哲学

老子的人生哲学（旧称伦理学，殊未当）和他的政治哲学相同，也只是要人无知无欲。详细的节目是"见素抱朴，少私寡欲，绝学无忧"。他说：

> 众人熙熙，如享太牢，如登春台。我独泊兮其未兆，如婴儿之未孩。儽儽兮若无所归。众人皆有余，而我独若遗。我愚人之心也哉！沌沌兮，俗人昭昭，我独昏昏；俗人察察，我独闷闷。澹兮其若海，飂兮若无止。众人皆有以，而我独顽似鄙。我独异于人而贵食母。

别人都想要昭昭察察的知识，他却要那昏昏闷闷的愚人之心。此段所说的"贵食母"，即是前所引的"虚其心，实其腹"。老子别处又说"圣人为腹不为目"也是此意。老子只要人肚子吃得饱饱的，做一个无思无虑的愚人；不愿人做有学问知识的文明人。这种观念，也是时势的反动。《隰有苌楚》的诗人说：

> 隰有苌楚，猗傩其枝。夭之沃沃，乐子之无知！

老子的意思，正与此相同。知识愈高，欲望愈难满足，又眼见许多不合意的事，心生无限烦恼，倒不如无知的草木，无思虑的初民，反可以混混沌沌，自寻乐趣。老子常劝人知足。他说：

> 知足不辱，知止不殆，可以长久。……罪莫大于可欲（孙诒让按，《韩诗外传》引可欲作多欲），祸莫大于不知足，咎莫大于欲得。故知足之足常足矣。

但是知足不是容易做到的。知识越开，越不能知足。故若要知足，除非毁除一切知识。

老子的人生哲学，还有一个重要观念，叫作"不争主义"。他说：

> 江海所以能为百谷王者，以善下之，故能为百谷王。……以其不争，故天下莫能与之争。
>
> 曲则全，枉则直，洼则盈。……夫唯不争，故天下莫与之争。
>
> 上善若水，水利万物而不争。处众人之所恶，故几于道。
>
> 天下柔弱莫过于水，而攻坚胜者莫之能胜。其无以易之。弱之胜强，柔之胜刚，天下莫不知，莫能行。

这种学说，也是时势的反动。那个时代是一个兵祸连年的时代。小国不能自保，大国又争霸权不肯相下。老子生于这个时代，深知武力的竞争，以暴御暴，只有更烈，绝没有止境。只有消极的软工夫，可以抵抗强暴。狂风吹不断柳丝，齿落而舌长存，又如最柔弱的水可以冲开山石，凿成江河。人类交际，也是如此，汤之于葛，太王之于狄人，都是用柔道取胜。楚庄王不能奈何那肉袒出迎的郑伯，也是这个道理。老子时的小国，如宋，如郑，处列强之间，全靠柔道取胜。故老子提出这个不争主义，要人知道柔弱能胜刚强；要人知道"夫唯不争，故天下莫与之争"。他教人莫要"为天下先"，又教人"报怨以德"。他要小国下大国，大国下小国。他说暂时吃亏忍辱，并不害事。要知"物或损之而益，或益之而损。……强梁者不得其死"。这句话含有他的天道观念。他深信"自然法"的"天网恢恢，疏而不失"，故一切听其自然。物或损之而益，或益之而损，都是天道之自然。宇宙之间，自有"司杀者杀"，故强梁的总不得好死。我们尽可逆来顺受，且看天道的自然因果罢。

诸子哲学　25

孔子

（节选）

一、孔子略传

孔丘，字仲尼，鲁国人。生于周灵王二十一年（公元前551年），死于周敬王四十一年（公元前479年）。他一生的行事，大概中国人也都知道，不消一一地叙述了。他曾见过老子。大概此事在孔子三十四岁之后。

孔子本是一个实行的政治家。他曾做过鲁国的司空，又做过司寇。鲁定公十年，孔子以司寇的资格，做定公的傧相，和齐侯会于夹谷，很替鲁国争得些面子。后来因为他的政策不行，所以把官丢了，去周游列国。他在国外游了十三年，也不曾遇有行道的机会。到了六十八岁回到鲁国，专做著述的事业。把古代的官书，删成《尚书》；把古今的诗歌，删存三百多篇；还订定了礼书、乐书。孔子晚年最喜《周易》，那时的《周易》不过是六十四条卦辞和三百八十四条爻辞。孔子把他的心得，做成了六十四条卦象传、三百八十四条爻象传、六十四条彖辞。后人又把他的杂说篡辑成书，便是《系辞传》

《文言》。这两种之中，已有许多话是后人胡乱加入的。如《文言》中论四德的一段。此外还有《杂卦》《序卦》《说卦》，更靠不住了。除了删《诗》《书》，定《礼》《乐》之外，孔子还作了一部《春秋》。孔子自己说他是"述而不作"的。所以《诗》《书》《礼》《乐》都是他删定的，不是自己著作的。就是《易经》的诸传，也是根据原有的《周易》作的，就是《春秋》也是根据鲁国的史记作的。

此外还有许多书，名为是孔子作的，其实都是后人依托的，例如一部《孝经》，称孔子为"仲尼"，称曾参为"曾子"，又夹许多"诗云""子曰"，可见绝不是孔子作的。《孝经·钩命诀》说的"吾志在《春秋》，行在《孝经》"的话，也是汉人假造的诳语，绝不可信。

一部《论语》虽不是孔子作的，却极可靠，极有用。这书大概是孔门弟子的弟子们所记孔子及孔门诸子的谈话议论。研究孔子学说的人，须用这书和《易传》《春秋》两书参考互证，此外便不可全信了。

孔子本有志于政治改良，所以他说：

> 苟有用我者，期月而已可也。三年有成。

又说：

> 如有用我者，吾其为东周乎。

后来他见时势不合，没有政治改良的机会，所以专心教育，要想从教育上收效。他深信教育功效最大，所以说"有教无类"，又说"性相近也，习相远也"。《史记》说他的弟子有三千之多。这话虽不知真假，但是他教学几十年，周游几十国，他的弟子定必不少。

孔子的性情德行，是不用细述的了。我且引他自己说自己的话：

> 饭疏食，饮水，曲肱而枕之，乐亦在其中矣。不义而富且贵，于我如浮云。

诸子哲学

这话虽不像"食不厌精,脍不厌细","席不正不坐","割不正不食"的人的口气,却很可想见孔子的为人。他又说他自己道:

> 其为人也,发愤忘食,乐以忘忧,不知老之将至云尔。

这是何等精神!《论语》说:

> 子路宿于石门,晨门曰:"奚自?"子路曰:"自孔氏。"曰:"是知其不可而为之者欤?"

"知其不可而为之"七个字写出一个孳孳恳恳、终身不倦的志士。

二、孔子的时代

孟子说孔子的时代,是

> 邪说暴行有作:臣弑其君者有之,子弑其父者有之。

这个时代,既叫作邪说暴行的时代,且看是些什么样的邪说暴行。

"暴行"就是孟子所说的"臣弑其君,子弑其父"了。《春秋》二百四十年中,共有弑君三十六次,内中有许多是子弑父的,如楚太子商臣之类。此外还有贵族世卿专权窃国,如齐之田氏,晋之六卿,鲁之三家。还有种种丑行,如鲁之文姜,陈之夏姬,卫之南子、弥子瑕,怪不得那时的隐君子要说:

> 滔滔者,天下皆是也,而谁与易之?

"邪说"一层，孟子却不曾细述。我如今且把那时代的"邪说"略举几条。

（一）老子

老子的学说，在当时真可以算得"大逆不道"的"邪说"了。你看他说"民之饥，以其上食税之多"，又说"圣人不仁"，又说"民不畏死，奈何以死惧之"，又说"绝仁弃义，民复孝慈；绝圣去知，民利百倍"。这都是最激烈的破坏派的理想。

（二）少正卯

孔子作司寇，七日便杀了一个"乱政大夫少正卯"。有人问他为什么把少正卯杀了。孔子数了他的三大罪：

> 其居处足以撮徒成党。
> 其谈话足以饰褒荧众。
> 其强御足以反是独立。

这三件罪名，译成今文，便是"聚众结社，鼓吹邪说，淆乱是非"。

（三）邓析

孔子同时思想界的革命家，除了老子，便该算邓析。邓析是郑国人，和子产、孔子同时。《左传》鲁定公九年（公元前501年），"郑驷歂杀邓析而用其竹刑"。那时子产已死了二十一年（子产死于昭公二十年，公元前522年），《吕氏春秋》和《列子》都说邓析是子产杀的，这话恐怕不确。第一因为子产是极不愿意压制言论自由的。《左传》说：

> 郑人游于乡校以论执政。然明谓子产曰："毁乡校，何如？"子产曰："何为？夫人朝夕退而游焉，以议执政之善否。其所善者，吾则行之。其所恶者，吾则改之。是吾师也。若之何毁之？"

诸子哲学

可见子产绝不是杀邓析的人。第二子产铸刑书，在公元前536年。驷颛用竹刑，在公元前501年。两件事相差三十余年。可见子产铸的是"金刑"，驷颛用的是"竹刑"，绝不是一件事（金刑还是极笨的刑鼎，竹刑是可以传写流通的刑书）。

邓析的书都散失了。如今所传《邓析子》，乃是后人假造的。我看一部《邓析子》，只有开端几句或是邓析的话。那几句是：

> 天于人无厚也。君于民无厚也。……何以言之？天不能屏悖厉之气，全夭折之人，使为善之民必寿，此于民无厚也。凡民有穿窬为盗者，有诈伪相迷者，此皆生于不足，起于贫穷，而君必欲执法诛之，此于民无厚也。……

这话和老子"天地不仁"的话相同，也含有激烈的政治思想。《列子》书说："邓析操两可之说，设无穷之辞。"《吕氏春秋》说：

> 邓析……与民之有狱者约，大狱一衣，小狱襦袴。民之献衣襦袴而学讼者，不可胜数。以非为是，以是为非，是非无度，而可与不可日变。所欲胜因胜，所欲罪因罪。

又说：

> 郑国多相县以书者（这就是出报纸的起点）。子产令无县书，邓析致之。子产令无致书，邓析倚之（县书是把议论张挂在一处叫人观看，致书是送上门去看，倚书是混在他物里夹带去看）。令无穷而邓析应之亦无穷矣。

又说：

> 洧有甚大，郑之富人有溺者。人得其死者，富人请赎之。其人求金甚多，以告邓析。邓析曰："安之，人必莫之卖矣。"得死者患之，以告邓析。邓析又答之曰："安之，此必无所更买矣。"

这种人物简直同希腊古代的"哲人"（Sophists）一般。希腊的"哲人"所说的都有老子那样激烈，所行的也往往有少正卯、邓析那种遭忌的行为。希腊的守旧派，如苏格拉底、柏拉图之流，对于那些"哲人"，非常痛恨。中国古代的守旧派，如孔子之流，对于这种"邪说"自然也非常痛恨，所以孔子做司寇便杀少正卯。孔子说：

> 放郑声，远佞人。郑声淫，佞人殆。

又说：

> 恶紫之夺朱也，恶郑声之乱雅乐也，恶利口之覆邦家者。

他又说：

> 天下有道，则庶人不议。

要懂得孔子的学说，必须先懂得孔子的时代是一个"邪说横行，处士横议"的时代。这个时代的情形既是如此"无道"，自然总有许多"有心人"对于这种时势生出种种的反动。如今看来，那时代的反动大约有三种：

第一，**极端的破坏派**。老子的学说，便是这一派。邓析的反对政府，也属于这一派。

第二，**极端的厌世派**。还有些人看见时势那样腐败，便灰心绝

望,隐世埋名,宁愿做极下等的生活,也不肯干预世事。这一派人,在孔子的时代,也就不少,所以孔子说:

> 贤者辟世,其次辟地,其次辟色,其次辟言。……作者七人矣。

那《论语》上所记"晨门""荷蓧""丈人""长沮桀溺"都是这一派。接舆说:

> 凤兮!凤兮!何德之衰!已而!已而!今之从政者殆而!

桀溺对子路说:

> 滔滔者,天下皆是也,而谁以易之?且而与其从辟人之士也,岂若从辟世之士哉?

第三,积极的救世派。 孔子对于以上两派,都不赞成。他对于那几个辟世的隐者,虽很原谅他们的志趣,终不赞成他们的行为。所以他批评伯夷、叔齐……柳下惠、少连诸人的行为,道:

> 我则异于是,无可无不可。

他又听了长沮、桀溺的话,便觉得大失所望,因说道:

> 鸟兽不可与同群。吾非斯人之徒与,而谁与?天下有道,丘不与易也。

正为"天下无道",所以他才去栖栖惶惶地奔走,要想把无道变成有道。懂得这一层,方才可懂得孔子的学说。

三、《易》

孔子生在这个"邪说暴行"的时代,要想变无道为有道,却从何处下手呢?他说:

> 臣弑其君,子弑其父,非一朝一夕之故。其所由来者渐矣,由辨之不早辨也。《易》曰:"履霜坚冰至",盖言顺也(《易·文言》)。

社会国家的变化,都不是"一朝一夕之故",都是渐渐变成的。如今要改良社会国家,不是"头痛医头,脚痛医脚"的工夫所能办到的,必须从根本上下手。孔子学说的一切根本,依我看来,都在一部《易经》。我且先讲《易经》的哲学。

《易经》这一部书,古今来多少学者做了几屋子的书,也还讲不明白。我讲《易经》和前人不同。我以为从前一切河图、洛书、谶纬术数、先天太极……种种议论,都是谬说。如今若要懂得《易经》的真意,须先把这些谬说扫除干净。

我讲《易》,以为一部《易经》,只有三个基本观念:易、象、辞。

第一,易。易便是变易的易。天地万物都不是一成不变的,都是时时刻刻在那里变化的。孔子有一天在一条小河上,看那滚滚不绝的河水,不觉叹了一口气说道:

> 逝者如斯夫!不舍昼夜!

"逝者"便是"过去种种。"(程子说:"此道体也。天运而不已,日往则月来,寒往则暑来,水流而不息,物生而无穷,皆与道为体,

诸子哲学 33

运乎昼夜，未尝已也。"朱子说："天地之化，往者过，来者续，无一息之停。"此两说大旨都不错。）天地万物，都像这滔滔河水，才到了现在，便早又成了过去，这便是"易"字的意义。

一部《易》讲"易"的状态，以为天地万物的变化，都起于一个动字。何以会有"动"呢？这都因为天地之间，本有两种原力：一种是刚性的，叫作"阳"；一种是柔性的，叫作"阴"。这刚柔两种原力，互相冲突，互相推挤，于是生出种种运动，种种变化。所以说："刚柔相推而生变化。"又说："一阴一阳之谓道。"孔子大概受了老子的影响，故他说万物变化完全是自然的、唯物的，不是唯神的（孔子受老子的影响，最明显的证据，如《论语》极推崇"无为而治"。又如"或曰，以德报怨"，亦是老子的学说）。

在《易经》里，阳与阴两种原力，用"一""--"两种符号代表。《易·系辞传》说：

是故易有太极，是生两仪，两仪生四象，四象生八卦。

这是代表万物由极简易的变为极繁杂的公式。此处所说"太极"并不是宋儒说的"太极图"。《说文》说："极，栋也。"极便是屋顶上的横梁，在《易经》上便是一画的"一"。"仪，匹也。"两仪便是那一对"一""--"。四象便是"⚌ ⚍ ⚎ ⚏"。由八卦变为六十四卦，便可代表种种的"天下之至赜"和"天下之至动"，却又都从一条小小的横画上生出来。这便是"变化由简而繁"的明例了。

《易经》常把乾坤（"一""--"）代表"易""简"。有了极易极简的，才有极繁赜的。所以说："乾坤其易之门耶。"又说："易简而天下之理得矣。"

万物变化，既然都从极简易的原起渐渐变出来，若能知道那简易的远因，便可以推知后来那些复杂的后果，所以《易·系辞传》说：

德行恒易以知险，……德行恒简以知阻。

因为如此，所以能"彰往而察来"，所以能"温故而知新"。《论语》上子张问十世以后的事可能前知吗？孔子说，不但十世，百世亦可推知。这都因孔子深信万物变化都是由简而繁，成一条前后不断的直线，所以能由前段推知后段，由前因推到后果。

这便是《易经》的第一个基本观念。

第二，象。《系辞传》说："易也者象也。"这五个字是一部《易》的关键。这是说一切变迁进化都只是一个"象"的作用。要知此话怎讲，须先问这象字做何解。《系辞传》说："象也者，像也"（像字是后人所改。古无像字。孟京、虞董姚皆作象，可证）。《韩非子》说："人希见生象也，而案其图以想其生。故诸人之所以意想者，皆谓之象。"（《解老》篇）我以为《韩非子》这种说法似乎太牵强了。象字古代大概用"相"字。《说文》："相，省视也。从目从木。"目视物，得物的形象，故相训省视。从此引申，遂把所省视的"对象"也叫作"相"（如《诗械朴》"金玉其相"之相）。后来相人术的相字，还是此义。相字既成专门名词，故普通的形相，遂借用同音的"象"字（如僖十五年《左传》："物生而后有象"），引申为象效之意。凡象效之事，与所仿效的原本，都叫作"象"。这一个弯可转得深了。本来是"物生而后有象"，象是仿本，物是原本。到了后来把所仿效的原本叫作象，如画工画虎，所用作模型的虎也是"象"（亦称法象），便是把原本叫作"象"了。例如《老子》说：

> 道之为物，唯恍唯惚。惚兮恍兮，其中有象。恍兮惚兮，其中有物。

有人根据王弼注，以为原本当是"恍兮惚兮，其中有物"二句在先，"惚兮恍兮，其中有象"二句应在后。这是"物生而后有象"的说法。却不知道老子偏要说"象生而后有物"。他前文曾说"无物之象"可以作证。老子的意思大概以为先有一种"无物之象"，后来从这些法象上渐渐生出万物来。故先说"其中有象"，后说"其中有物"。但这个学说，老子的书里不曾有详细的发挥。孔子接着这个意思，也主张"象生而后有物"。象是原本的模型，物是仿效这个模型而成的。《系辞传》说：

> 在天成象，在地成形，变化见矣。

这和老子先说"有象"后说"有物"，同一意思。"易也者，象也；象也者，像也。"正是说易（变化）的道理只是一个象效的作用。先有一种法象，然后有仿效这法象而成的物类。

以上说《易经》的象字是法象之意（法象即是模范）。孔子以为人类历史上种种文物制度的起源都由于象，都起于仿效种种法象。这些法象，大约可分两种：一种是天然界的种种"现象"（如云，"天垂象，见吉凶，圣人则之"）；一种是物象所引起的"意象"，又名"观念"。《系辞传》说：

> 古者庖牺氏之王天下也，仰则观象于天，俯则观法于地，观鸟兽之文与地之宜，近取诸身，远取诸物，于是始作八卦，以通神明之德，以类万物之情。
>
> 作结绳而为网罟，以佃以渔，盖取诸离（☲）。
>
> 庖牺氏没，神农氏作，斫木为耜，揉木为耒，……盖取诸益（䷩）。
>
> 日中为市，致天下之民，聚天下之货，交易而退，各得其所，盖取诸噬嗑（䷔）。
>
> 神农氏没，黄帝尧舜氏作，……垂衣裳而天下治，盖取诸乾坤。
>
> 刳木为舟，剡木为楫，……盖取诸涣（䷺）。
>
> 服牛乘马，引重致远，……盖取诸随（䷐）。
>
> 重门击柝，以待暴客，……盖取诸豫（䷏）。
>
> 断木为杵，掘地为臼，……盖取诸小过（䷽）。

弦木为弧，剡木为矢，……盖取诸睽（☲☱）。

上古穴居而野处。后世圣人易之以宫室，上栋下宇，以待风雨，盖取诸大壮（☳☰）。

古之葬者，厚衣之以薪，葬之中野，不封不树，丧期无数。后世圣人易之以棺椁，盖取诸大过（☱☴）。

上古结绳而治。后世圣人易之以书契，百官以治，万民以察，盖取诸夬（☱☰）。

这一大段说的有两种象：第一是先有天然界的种种"现象"，然后有庖牺氏观察这些"现象"，起了种种"意象"，都用卦来表出。这些符号，每个或代表一种"现象"，或代表一种"意象"。例如☲是火，☵是水，是两种物象；☲☵是未济（失败），☵☲是既济（成功），是两种意象。

后来的圣人从这物象意象上，又生出别的新意象来，例如☴☵（涣）代表一个"风行水上"（或"木在水上"）的意象。后人从这意象上忽然想到一个"船"的意象，因此便造出船来。所以说：

刳木为舟，剡木为楫，……盖取诸涣。

又如☳☶（小过）代表一个"上动下静"的意象。后人见了这个观念，忽然想到一种上动下静的物事的意象，因此便造出杵臼来。所以说：

断木为杵，掘地为臼，……盖取诸小过。

又如☱☴（大过）代表一个"泽灭木"的意象。后人见了这个意象，忽然发生两个意象：一是怕大水浸没了他的父母的葬地，若不封不树，便认不出来了；一是怕大水把那柴裹的死尸浸烂了。因此便生出"棺椁"的意象来，造作棺椁，以免"泽灭木"的危险。所以说：

诸子哲学　37

> 古之葬者，厚衣之以薪，葬之中野，不封不树，丧期无数。后世圣人易之以棺椁，盖取诸大过。

又如☱(夬)代表"泽上于天"，是一个大雨的意象。后人见了，忽然生出一个普及博施的意象。因此又想起古代结绳的法子，既不能行远，又不能传后，于是便又生出一个普及博施的"书契"的意象。从这个观念上，才有书契文字的制度。所以说：

> 上古结绳而治。后世圣人易之以书契，……盖取诸夬。

以上所说古代器物制度的原起，未必件件都合着历史的事实。但是孔子对于"象"的根本学说，依我看来，是极明白无可疑的了。这个根本学说是人类种种的器物制度都起于种种的"意象"。

六十四章《象传》全是这个道理，例如☶(蒙)是一个"山下山泉"的意象。山下出泉，是水的源头。后人见了，便生出一个"儿童教育"的意象。所以说："蒙，君子以果行育德。"又如☱(随)和☷(复)，一个代表"雷在泽中"，一个代表"雷在地下"，都是收声蛰伏的雷。后人见了，因生出一个"休息"的意象。所以由"随"象上，生出夜晚休息的习惯；又造出用牛马引重致远以节省人力的制度。由"复"象上，也生出"七日来复"，"至日闭关，商旅不行，后不省方"的假期制度。又如☴(姤)代表"天下有风"的意象，后人因此便想到"天下大行"的意象，于是造出"施命诰四方"的制度。又如☷(观)代表"风行地上"和上文的"姤"象差不多。后人从这个意象上，便造出"省方观民设教"的制度。又如☷(谦)代表"地中有山"，山在地下，是极卑下的意象。后人见了这个意象，便想到人事高下多寡的不均平，于是便发生一种"捊多益寡，称物平施"的观念。又如☶(大畜)代表"天在山中"，山中看天，有如井底观天，是一个"识见鄙陋"的意象。后人因此便想到补救陋识的方法，所以说："天在山中，大畜，君子以多识前言往行，以畜其德。"

以上所说，不过是随便乱举几卦作例。但是据这些例看来，已可见孔子的意思，不但说一切器物制度，都是起于种种意象，并且说一切人生道德礼俗也都是从种种意象上发生出来的。

因为"象"有如此重要，所以说：

> 易有圣人之道四焉，……以制器者尚其象。
> 形而上者谓之道，形而下者谓之器。化而裁之谓之变。推而行之谓之通。举而措之天下之民谓之事业。

又说：

> 是故阖户谓之坤，辟户谓之乾。一阖一辟谓之变，往来不穷谓之通。见乃谓之象，形乃谓之器。制而用之谓之法。利用出入民咸用之谓之神。

那种种开阖往来变化的"现象"，到了人的心目中，便成"意象"。这种种"意象"，有了有形体的仿本，便成种种"器"。制而用之，便成种种"法"（法是模范标准）。举而措之天下之民，便成种种"事业"。到了"利用出入民咸用之"的地位，便成神功妙用了。

"象"的重要既如上文所说，可见"易也者，象也"一句，真是一部《易经》的关键。一部《易经》，只是一个"象"字。古今说易的人，不懂此理，却去讲那些"分野""爻辰""消息""太一""太极"，……种种极不相干的谬说，所以越讲越不通了。（清代汉学家过崇汉学，欲重兴汉诸家易学。惠栋、张惠言，尤多钩沈继绝之功。然汉人易学实无价值，焦赣、京房、翼奉之徒，皆"方士"也。郑玄、虞翻皆不能脱去汉代"方士"的臭味。王弼注《易》扫空汉人陋说，实为易学一大革命。其注虽不无可议，然高出汉学百倍矣。惠张诸君之不满意于宋之"道士易"是也。其欲复兴汉之"方士易"则非也。）

这是《易》的第二个基本观念。

诸子哲学　39

第三，辞。《易经》六十四卦，三百八十四爻，每卦每爻都有一个"象"，但是单靠"象"也还不够。因为：

> 易有四象（适按此处象与辞对称，不当有"四"字。此涉上文而误也。因此一字，遂使诸儒聚讼"四象"是何物，终不能定。若衍此字，则毫不废解矣），所以示也。系辞焉，所以告也。圣人立象以尽意，设卦以尽情伪，系辞焉以尽其言。

"象"但可表示各种"意象"。若要表示"象"的吉凶动静，须要用"辞"。例如☷☶（谦）但可表示"地中有山"的意象，却不能告人这"象"的吉凶善恶。于是作为卦辞道：

> ☷☶谦亨，君子有终。

这便可指出一卦的吉凶悔吝了。又如谦卦的第一爻，是一个阴爻，在谦卦的最下层，真可谓谦之又谦、损之又损了。但单靠这一画，也不能知道他的吉凶，所以须有爻辞道：

> 初六，谦谦君子，用涉大川，吉。

这便指出这一爻的吉凶了。
"辞"的作用在于指出卦象或爻象的吉凶。所以说：

> 系辞焉以断其吉凶。

又说：

> 辨吉凶者存乎辞。

辞字从辭，《说文》云："辭，讼也（段依《广韵》作'说也'）。从辭，犹理辜也。"朱骏声说："分争辩讼谓之辞。后汉《周纡传》'善为辞案条教'注，辞案，犹今案牍也。"辞的本义是争讼的"断语""判辞"。《易经》的"辞"，都含"断"字"辨"字之意。在名学上，象只是"词"（Term），是"概念"（Concept），辞即是"辭"，亦称"判断"（Judgment）。例如"谦亨"一句，谦是"所谓"，亨是"所以谓"，合起来成为一辞。用"所以谓"来断定"所谓"，故叫作辞（西文 Judgment 本义也是讼狱的判辞）。

《系辞传》有辞的界说道：

> 是故卦有大小，辞有险易。辞也者，各指其所之。

"之"是趋向，卦辞爻辞都是表示一卦或一爻的趋向如何，或吉或凶，或亨或否，叫人见了便知趋吉避凶。所以说："辞也者，各指其所之。"又说：

> 圣人有以见天下之赜，而拟诸形容，象其物宜，是故谓之象。圣人有以见天下之动，而观其会通，以行其典礼，系辞焉以断其吉凶，是故谓之爻（爻字似当作辞。下文作辞，可证）。极天下之赜者，存乎卦；鼓天下之动者，存乎辞。

象所表示的是"天下之赜"的形容物宜，辞所表示的是"天下之动"的会通吉凶。象是静的，辞是动的；象表所"像"，辞表何之。

"天下之动"的动，便是"活动"，便是"动作"。万物变化，都由于"动"，故说：

> 吉凶悔吝者，生乎动者也。

又说：

诸子哲学

> 吉凶者，失得之象也。悔吝者，忧虑之象也。
>
> 吉凶者，言乎其失得也。悔吝者，言乎其小疵也。

动而"得"，便是吉；动而"失"，便是凶；动而有"小疵"，便是悔吝。"动"有这样重要，所以须有那些"辞"来表示各种"意象"动作时的种种趋向，使人可以趋吉避凶，趋善去恶。能这样指导，便可鼓舞人生的行为。所以说："鼓天下之动者，存乎辞。"又说：

> 天地之大德曰生。圣人之大宝曰位。何以守位曰人，何以聚人曰财。理财正辞，禁民为非，曰义。

辞的作用，积极一方面，可以"鼓天下之动"；消极一方面，可以"禁民为非"。

这是《易经》的第三个基本观念。

这三个观念，易、象、辞，便是《易经》的精华。孔子研究那时的卜筮之《易》，竟能找出这三个重要的观念：第一，万物的变动不穷，都是由简易的变作繁赜的。第二，人类社会的种种器物制度礼俗，都有一个极简易的原起，这个原起便是"象"。人类的文明史，只是这些"法象"实现为制度文物的历史。第三，这种种"意象"变动作用时，有种种吉凶悔吝的趋向，都可用"辞"表示出来，使人动作都有仪法标准，使人明知利害，不敢为非。——这就是我的《易论》。我且引一段《系辞传》：

> 圣人有以见天下之赜，而拟诸形容，象其物宜，是故谓之"象"。圣人有以见天下之动，而观其会通，以行其典礼，系辞焉以断其吉凶，是故谓之爻（爻似当作辞）。言天下之至赜而不可亚也（亚字从荀本）。言天下之至动而不可乱也。拟之而后言，仪之而后动（仪旧作议。《释文》云："陆姚桓元荀柔之作仪。"适按作仪是也。仪，法也。与上文拟字对文）。拟

仪以成其变化。

"象"与"辞"都是给我们模拟仪法的模范。

四、正名主义

孔子哲学的根本观念，依我看来，只是上篇所说的三个观念：第一，一切变迁都是由微变显，由简易变繁赜。所以说：

> 臣弑其君，子弑其父，非一朝一夕之故，其所由来者渐矣，由辨之不早辨也。《易》曰："履霜坚冰至"，盖言顺也。

知道一切变迁都起于极微极细极简易的，故我们研究变迁，应该从这里下手。所以说：

> 夫易，圣人之所以极深而研几也。（韩注："极未形之理曰深，适动微之会曰几。"）唯深也，故能通天下之志；唯几也，故能成天下之务。

"深"是隐藏未现的。"几"字《易系辞》说得最好：

> 几者，动之微，吉凶之先见者也。（旧无凶字，义不可通。今按孔颖达《正义》云："诸本或有凶字者，其定本则无也。"是唐时尚有有凶字之本。今据增。）

孔子哲学的根本观念，只是要"知几"，要"见几"，要"防微杜渐"。大凡人生哲学（即伦理学），论人生行为的善恶，约分两大派：一派注重"居心"，注重"动机"；一派注重行为的效果影响。孔子的人生哲学，属于"动机"一派。

第二，人类的一切器物制度礼法，都起于种种"象"。换言之，"象"便是一切制度文物的"几"。这个观念，极为重要。因为"象"的应用，在心理和人生哲学一方面就是"意"，就是"居心"（孟子所谓"以仁存心，以礼存心"之存心），就是俗话说的"念头"。在实际一方面，就是"名"，就是一切"名字"（郑玄说，古曰名，今曰字）。"象"的学说，于孔子的哲学上，有三层效果：（一）因为"象"是事物的"动机"，故孔子的人生哲学，极注重行为的"居心"和"动机"。（二）因为"象"在实际上，即是名号名字，故孔子的政治哲学主张一种"正名"主义。（三）因为"象"有仿效模范的意思，故孔子的教育哲学和政治哲学，又注重标准的榜样行为，注重正己以正人，注重以德化人。

第三，积名成"辞"，可以表示意象动作的趋向，可以指出动作行为的吉凶利害，因此可以作为人生动作的向导。故说：

> 理财正辞，禁民为非，曰义。

"正辞"与"正名"只是一事。孔子主张"正名""正辞"，只是一方面要鼓天下之动，一方面要禁民为非。

以上所说，是孔子哲学的重要大旨。如今且先说"正名主义"。

正名主义，乃是孔子学说的中心问题。这个问题的重要，见于《论语·子路》篇：

> 子路曰："卫君待子而为政，子将奚先？"
> 子曰："必也正名乎！"（马融注，正百事之名。）
> 子路曰："有是哉，子之迂也！奚其正？"
> 子曰："野哉由也！君子于其所不知，盖阙如也。名不正，则言不顺。言不顺，则事不成。事不成，则礼乐不兴。礼乐不兴，则刑罚不中。刑罚不中，则民无所措手足。故君

子名之必可言也,言之必可行也。君子于其言,无所苟而已矣。"

请看名不正的害处,竟可致礼乐不兴,刑罚不中,百姓无所措手足。这是何等重大的问题!如今且把这一段仔细研究一番。

怎么说"名不正,则言不顺"呢?"言"是"名"组合成的。名字的意义若没有正当的标准,便连话都说不通了。孔子说:

觚不觚,觚哉?觚哉?

"觚"是有角之形。(《汉书·律历志》:"成六觚"。苏林曰:"六觚,六角也。"又《郊祀志》:"八觚宣通,象八方"。师古曰:"觚,角也。"班固《西都赋》:"上觚棱而楼金爵。"注云:"觚,八觚,有隅者也。"可证。)故有角的酒器叫作"觚"。后来把觚字用泛了,凡酒器可盛三升的,都叫作"觚",不问他有角无角。所以孔子说:"现在觚没有角了。这也是觚吗?这也是觚吗?"不是觚的都叫作"觚",这就是言不顺。且再举一例。孔子说:

政者,正也。子率以正,孰敢不正?

政字从正,本有正意。现今那些昏君贪官的政府,也居然叫作"政",这也是"言不顺"了。

这种现象,是一种学识思想界昏乱"无政府"的怪现象。语言文字(名)是代表思想的符号。语言文字没有正确的意义,还用什么来做是非真假的标准呢?没有角的东西可叫作"觚",一班暴君污吏可叫作"政",怪不得少正卯、邓析一般人,要"以非为是,以是为非,是非无度,而可与不可日变"(用《吕氏春秋》语)了。

孔子当日眼见那些"邪说暴行",以为天下的病根在于思想界没有公认的是非真伪的标准。所以他说:

诸子哲学 45

> 天下有道，则庶人不议。

他的中心问题，只是要建设一种公认的是非真伪的标准。建设下手的方法便是"正名"。这是儒家公有的中心问题。试引荀卿的话为证：

> 今圣王没，名守慢，奇辞起，名实乱，是非之形不明，则虽守法之吏，诵数之儒，亦皆乱也。……异形离心交喻，异物名实互纽；贵贱不明，同类不别：如是，则志必有不喻之患，而事必有困废之祸。（《荀子·正名》篇）

不正名则"志必有不喻之患，而事必有困废之祸"，这两句可作孔子"名不正则言不顺，言不顺则事不成"两句的正确注脚。

怎么说"事不成则礼乐不兴，礼乐不兴则刑罚不中"呢？这是说是非真伪善恶若没有公认的标准，则一切别的种种标准如礼乐刑罚之类，都不能成立。正如荀卿说的："名守慢，奇辞起，名实乱，是非之形不明，则虽守法之吏，诵数之儒，亦皆乱也。"

"正名"的宗旨，只要建设是非善恶的标准，已如上文所说。这是孔门政治哲学的根本理想。《论语》说：

> 齐景公问政于孔子，孔子对曰："君君臣臣，父父子子。"公曰："善哉！信如君不君，臣不臣，父不父，子不子，虽有粟，吾得而食诸？"

"君君臣臣父父子子"，也只是正名主义。正名的宗旨，不但要使觚的是"觚"，方的是"方"，还须要使君真是君，臣真是臣，父真是父，子真是子。不君的君，不臣的臣，不子的子，和不觚的觚，有角的圆是同样的错谬。

如今且看孔子的正名主义如何实行。孟子说：

> 世衰道微，邪说暴行有作。臣弑其君者有之，子弑其父者有之。孔子惧，作《春秋》。《春秋》，天子之事也。是故孔子曰："知我者，其唯《春秋》乎！罪我者，其唯《春秋》乎！"

又说：

> 昔者禹抑洪水而天下平。周公兼夷狄，驱猛兽，而百姓宁。孔子成《春秋》而乱臣贼子惧。

一部《春秋》便是孔子实行正名的方法。《春秋》这部书，一定是有深意"大义"的，所以孟子如此说法。孟子又说：

> 王者之迹熄而诗亡，诗亡，然后《春秋》作。晋之《乘》，楚之《梼杌》，鲁之《春秋》，一也。其事则齐桓晋文，其文则史。孔子曰："其义则丘窃取之矣。"

庄子《天下》篇也说："春秋以道名分。"这都是论《春秋》最早的话，该可相信。若《春秋》没有什么"微言大义"，单是一部史书，那真不如"断烂朝报"了。孔子不是一个全无意识的人，似乎不至于做出这样极不可读的史书。

论《春秋》的真意，应该研究《公羊传》和《谷梁传》，晚出的《左传》最没有用。我不主张"今文"，也不主张"古文"，单就《春秋》而论，似乎应该如此主张。

《春秋》正名的方法，可分三层说：

第一，正名字。《春秋》的第一方法，是要订正一切名字的意义。这是言语学、文法学的事业。今举一例，《春秋》说：

> 僖公十有六年，春王正月，戊申朔，陨石于宋，五。

是月，六鹢退飞，过宋都。

（《公羊传》）曷为先言"陨"而后言"石"？陨石记闻，闻其磌然，视之则"石"，察之则"五"。是月者何？仅逮是月也。……曷为先言"六"而后言"鹢"？六鹢退飞，记见也。视之则"六"，察之则"鹢"，徐而察之，则退飞。……

（《谷梁传》）陨石于宋，五。先"陨"而后"石"，何也？"陨"而后"石"也。于宋四境之内曰"宋"。后数，散辞也，耳治也。是月，六鹢退飞过宋都。"是月也"，决不日而月也。"六鹢退飞过宋都"，先数聚辞也，目治也。……君子之于物，无所苟而已。石鹢且犹尽其辞，而况于人乎？故五石六鹢之辞不设，则王道不亢矣。

（董仲舒《春秋繁露·深察名号》篇）《春秋》辨物之理以正其名，名物如其真，不失秋毫之末，故名陨石则后其"五"，言退鹢则先其"六"。圣人之谨于正名如此。"君子于其言，无所苟而已矣。"五石六鹢之辞是也。

"《春秋》辨物之理以正其名，名物如其真"，这是正名的第一义。古书辨文法上词性之区别，莫如《公羊》《谷梁》两传。《公羊传》讲词性更精。不但名词（如车马曰赗，货财曰赙，衣服曰襚之类），动词（如春曰苗，秋曰蒐，冬曰狩，春曰祠，夏曰礿，秋曰尝，冬曰烝，直来曰来，大归曰来归等），分别得详细，并且把状词（如既者何，尽也）、介词（如及者何，累也）、连词（如遂者何，生事也，乃者何，难之也，之类）之类，都仔细研究文法上的作用。所以我说《春秋》的第一义，是文法学、言语学的事业。

第二，定名分。上一条是"别同异"，这一条是"辨上下"。那时的周天子久已不算什么东西。楚、吴都已称王，此外各国也多拓地灭国，各自称雄。孔子眼见那纷争无主的现象，回想那封建制度最盛时代，井井有条的阶级社会，真有去古日远的感慨。所以《论语》说：

孔子谓季氏八佾舞于庭,是可忍也,孰不可忍也!

读这两句,可见他老人家气得胡子发抖的神气!《论语》又说:

三家者,以《雍彻》。子曰:"相维辟公,天子穆穆",奚取于三家之堂?

孔子虽明知一时做不到那"天下有道,礼乐征伐自天子出"的制度,他却处处要保存那纸上的封建阶级。所以《春秋》于吴、楚之君,只称"子",齐、晋只称"侯",宋虽弱小,却称"公"。践土之会,明是晋文公把周天子叫来,《春秋》却说是"天王狩于河阳"。周天子的号令,久不行了,《春秋》每年仍旧大书"春王正月"。这都是"正名分"的微旨。《论语》说:

子贡欲去告朔之饩羊,子曰:"赐也,尔爱其羊,我爱其礼。"

这便是《春秋》大书"春王正月"一类的用意。

第三,寓褒贬。《春秋》的方法,最重要的,在于把褒贬的判断寄托在记事之中。司马迁《史记·自序》引董仲舒的话道:

夫《春秋》上明三王之道,下辨人事之纪,别嫌疑,明是非,定犹豫,善善恶恶,贤贤贱不肖,……王道之大者也。

善善恶恶,贤贤贱不肖,便是褒贬之意。上面说"辞"字本有判断之意,故"正辞"可以"禁民为非"。《春秋》的"书法",只是要人看见了生畏惧之心,因此趋善去恶。即如《春秋》书弑君三十六次,中间很有个分别,都寓有"记者"褒贬的判断。如下举的例:

（例一）（隐四年三月戊申）卫州吁弑其君完。

（例二）（隐四年九月）卫人杀州吁于濮。

（例三）（桓二年春王正月戊申）宋督弑其君与夷及其大夫孔父。

（例四）（文元年冬十月丁未）楚世子商臣弑其君頵（公谷皆作髡）。

（例五）（六十六年）宋人弑其君杵臼。

（例六）（文十八年冬）莒弑其君庶其。

（例七）（宣二年秋九月乙丑）晋赵盾弑其君夷皋。

（例八）（成十八年春王正月庚申）晋弑其君州蒲。

即举此八例，可以代表《春秋》书弑君的义例。（例一）与（例三、四、七）同是书明弑者之名，却有个分别。（例一）是指州吁有罪。（例三）带着褒奖与君同死的大夫。（例四）写"世子商臣"以见不但是弑君，又是弑父，又是世子弑父。（例七）虽与（例一）同式，但弑君的人，并不是赵盾，乃是赵穿。因为赵盾不讨贼，故把弑君之罪责他。这四条是称臣弑君之例。（例二、五、六、八）都是称君不称弑者之例，却也有个分别。（例二）称"卫人"，又不称州吁为君，是讨贼的意思，故不称弑，只称杀。又明说"于濮"，濮是陈地，不是卫地，这是说卫人力不能讨贼，却要借助于外国人。（例五）也称"宋人"，是责备被弑的君有该死之罪，但他究竟是正式的君主，故称"其君"。（例六）与（例八）都称"国"弑君之例，称"人"还只说"有些人"，称"国"便含有"全国"的意思。故称国弑君，那被弑之君，一定是罪大恶极的了。（例六）是太子仆弑君，又是弑父（据《左传》）。因为死者罪该死，故不著太子仆弑君弑父之罪。（例八）是栾书中行偃使程滑去弑君的。因为君罪恶太甚，故不罪弑君的人，却说这是国民的公意。

这种褒贬的评判，如果真能始终一致，本也很有价值。为什么呢？因为这种书法，不单是要使"乱臣贼子"知所畏惧，并且教人知道君罪该死，弑君不为罪；父罪该死，弑父不为罪（如上所举的例六是）。这是何等精神！只可惜《春秋》一书，有许多自相矛盾的书法。如鲁国几次弑君，却不敢直书。于是后人便生出许多"为尊者讳，为亲者讳，为贤者讳"等等文过的话，便把《春秋》的书法弄得没有价值了。这种矛盾之处，或者不是孔子的原文，后来被"权门"干涉，方才改了的。我想当日孔子那样称赞晋国的董狐（宣二年《左传》），岂有破坏自己的书法？但我这话，也没有旁的证据，只可算一种假设的猜想罢了。

总论 《春秋》的三种方法——正名字、定名分、寓褒贬——都是孔子实行"正名""正辞"的方法。这种学说，初看去觉得是很幼稚的。但是我们要知道这种学说，在中国学术思想上，有绝大的影响。我且把这些效果，略说一二，作为孔子正名主义的评判。

1. 语言文字上的影响。孔子的"君子于其言，无所苟而已矣"一句话，实是一切训诂书的根本观念。故《公羊》《谷梁》，都含有字典气味。董仲舒的书更多声音通假的训诂（如名训"鸣以出命"号謞、训效，民训瞑，性训生之类）。也有从字形上着想的训诂（如说王字为三画而连其中。《说文解字》引之）。大概孔子的正名说，无形之中，含有提倡训诂书的影响。

2. 名学上的影响。自从孔子提出"正名"的问题之后，古代哲学家都受了这种学说的影响。以后如荀子的"正名论"，法家的"正名论"，不用说了。即如墨子的名学，便是正名论的反响。杨朱的"名无实，实无名"，也是这种学说的反动。我们简直可以说孔子的正名主义，实是中国名学的始祖。正如希腊苏格拉底的"概念说"，是希腊名学的始祖。

3. 历史上的影响。中国的历史学几千年来，很受了《春秋》的影响。试读司马迁《史记·自序》及司马光《资治通鉴》论"初命三晋为诸侯"一段，及朱熹《通鉴纲目》的正统书法各段，便可知《春秋》的势力了。《春秋》那部书，只可当作孔门正名主义的参考书看，却不可当作一部模范的史书看。后来的史家把《春秋》当作史的模

诸子哲学

范,便大错了。为什么呢?因为历史的宗旨在于"说真话,记实事"。《春秋》的宗旨,不在记实事,只在写个人心中对于实事的评判。明是赵穿弑君,却说是赵盾弑君。明是晋文公召周天子,却说是"天王狩于河阳"。这都是个人的私见,不是历史的实事。后来的史家崇拜《春秋》太过了,所以他们作史,不去讨论史料的真伪,只顾讲那"书法"和"正统"种种谬说。《春秋》的余毒就使中国只有主观的历史,没有物观的历史。

五、一以贯之

《论语》说孔子对子贡道:

> 赐也,汝以予为多学,而识之者与?
> 对曰:然,非与?
> 曰:非也,予一以贯之。(十五)

何晏注这一章最好。他说:

> 善有元,事有会。天下殊途而同归,百虑而一致。知其元,则众善举矣。故不待学而一知之。

何晏所引,乃《易·系辞传》之文。原文是:

> 子曰:天下何思何虑?天下同归而殊途,一致而百虑。天下何思何虑?

韩康伯注这一条,也说:

> 苟识其要，不在博求。一以贯之，不虑而尽矣。

《论语》又说：

> 子曰：参乎吾道，一以贯之。
> 曾子曰：唯。
> 子出，门人问曰：何谓也？
> 曾子曰：夫子之道，忠恕而已矣。（四）

"一以贯之"四个字，当以何晏所说为是。孔子认定宇宙间天地万物，虽然头绪纷繁，却有系统条理可寻。所以"天下之至赜"和"天下之至动"，都有一个"会通"的条理，可用"象"与"辞"表示出来。"同归而殊途，一致而百虑"，也只是说这个条理系统。寻得出这个条理系统，便可用来综贯那纷繁复杂的事物。正名主义的目的，在于"正名以正百物"，也只是这个道理。一个"人"字，可包一切人；一个"父"字，可包一切做父的。这便是繁中的至简，难中的至易。所以孔门论知识，不要人多学而识之。孔子明说"多闻，择其善者而从之，多见而识之"，不过是"知之次也"（七）。可见真知识，在于能寻出事物的条理系统，即在于能"一以贯之"。贯字本义为穿，为通，为统。"一以贯之"即是后来荀子所说的"以一知万"，"以一持万"。这是孔子的哲学方法。一切"知几"说，"正名"主义，都是这个道理。

自从曾子把"一以贯之"解作"忠恕"，后人误解曾子的意义，以为忠恕乃是关于人生哲学的问题，所以把"一以贯之"也解作"尽己之心，推己及人"，这就错了。"忠恕"两字，本有更广的意义。《大戴礼·三朝记》说：

> 知忠必知中，知中必知恕，知恕必知外。……内思毕心（一作必）曰知中。中以应实曰知恕，内恕外度曰知外。

诸子哲学　53

章太炎作《订孔》下，论忠恕为孔子的根本方法，说：

> 心能推度曰恕，周以察物曰忠。故夫闻一以知十，举一隅而以三隅反者，恕之事也。……周以察物，举其征符，而辨其骨理者，忠之事也。……"身观焉"，忠也。"方不障"，恕也。(《章氏丛书·检论三》。"身观焉，方不障"见《墨子·经说下》。)

太炎这话发前人所未发。他所据的《三朝记》虽不是周末的书，但总可算得一部古书。恕字本训"如"(《仓颉篇》)。《声类》说："以心度物曰恕。"恕即是推论（Inference），推论总以类似为根据。如《中庸》说：

> 伐柯伐柯，其则不远。执柯以伐柯，睨而视之，犹以为远。

这是因手里的斧柄与要砍的斧柄同类，故可由这个推到那个。闻一知十，举一反三，都是用类似之点，作推论的根据。恕字训"如"，即含此意。忠字太炎解作亲自观察的知识(《墨子·经说下》："身观焉，亲也。")，《周语》说："考中度衷为忠。"又说："中能应外，忠也。"中能应外为忠，与《三朝记》的"中以应实曰知恕"同意。可见忠恕两字意义本相近，不易分别。《中庸》有一章上文说"忠恕违道不远"，是忠恕两字并举。下文紧接"施诸己而不愿，亦勿施于人"，下文又说"所求乎子以事父"一大段，说的都只是一个"恕"字。此可见"忠恕"两字，与"恕"字同意，分知识为"亲知"（即经验）与"说知"（即推论），乃是后来墨家的学说。太炎用来解释忠恕两字，恐怕有点不妥。我的意思，以为孔子说的"一以贯之"和曾子说的"忠恕"，只是要寻出事物的条理统系，用来推论，要使人闻一知十，举一反三。这是孔门的方法论，不单是推己及人的人生哲学。

孔子的知识论，因为注重推论，故注意思虑。《论语》说：

> 学而不思则罔，思而不学则殆。（二）

学与思两者缺一不可。有学无思，只可记得许多没有头绪条理的物事，算不得知识。有思无学，便没有思的材料，只可胡思乱想，也算不得知识。但两者之中，学是思的预备，故更为重要。有学无思，虽然不好，但比有思无学害还少些。所以孔子说，多闻多见，还可算得是"知之次也"。又说：

> 吾尝终日不食，终夜不寝，以思。无益，不如学也。（十五）

孔子把学与思两事看得一样重，初看去似乎无弊。所以竟有人把"学而不思则罔，思而不学则殆"两句来比康德的"感觉无思想是瞎的，思想无感觉是空的"。但是孔子的"学"与康德所说的"感觉"略有不同。孔子的"学"并不是耳目的经验。看他说"多闻，多见而识之"（识通志），"好古敏以求之"，"信而好古"，"博学于文"，哪一句说的是实地的观察经验？墨家分知识为三种：一是亲身的经验，二是推论的知识，三是传授的知识。孔子的"学"只是读书，只是文字上传授来的学问。所以他的弟子中，那几个有豪气的，都不满意于这种学说。那最爽快的子路驳孔子道：

> 有民人焉，有社稷焉，何必读书，然后为学？（十一）

这句话孔子不能驳回，只得骂他一声"佞者"罢了。还有那"堂堂乎"的子张也说：

> 士见危授命，见得思义，祭思敬，丧思哀，其可已矣。（十九）

这就是后来陆九渊一派重"尊德性"而轻"道问学"的议论了。

所以我说孔子论知识注重"一以贯之",注重推论,本来很好。只可惜他把"学"字看作读书的学问,后来中国几千年的教育,都受这种学说的影响,造成一国的"书生"废物,这便是他的流弊了。

以上说孔子的知识方法。

"忠恕"虽不完全属于人生哲学,却也可算得是孔门人生哲学的根本方法。《论语》上子贡问可有一句话可以终身行得的吗?孔子答道:

> 其恕乎。己所不欲,勿施于人。(十五)

这就是《大学》的絜矩之道:

> 所恶于上,毋以使下;所恶于下,毋以事上;所恶于前,毋以先后;所恶于后,毋以从前;所恶于右,毋以交于左;所恶于左,毋以交于右。此之谓絜矩之道。

这就是《中庸》的忠恕:

> 忠恕违道不远。施诸己而不愿,亦勿施于人。君子之道四,丘未能一焉。所求乎子以事父,未能也;所求乎臣以事君,未能也;所求乎弟以事兄,未能也;所求乎朋友,先施之,未能也。

这就是孟子说的"善推其所为":

> 老吾老,以及人之老;幼吾幼,以及人之幼。……古之人所以大过人者,无他焉,善推其所为而已矣。(一)

这几条都只说了一个"恕"字。恕字在名学上是推论，在人生哲学一方面，也只是一个"推"字。我与人同是人，故"己所不欲，勿施于人"，故"所恶于上，毋以使下"，故"所求乎子以事父"，故"老吾老，以及人之老"。只要认定我与人同属的类——只要认得我与人的共相——便自然推己及人。这是人生哲学上的"一以贯之"。

上文所说"恕"字只是要认得我与人的"共相"。这个"共相"即是"名"所表示。孔子的人生哲学，是和他的正名主义有密切关系的。古书上说，楚王失了一把宝弓，左右的人请去寻他。楚王说："楚人失了，楚人得了，何必去寻呢？"孔子听人说这话，叹息道："何不说'人失了，人得了？'何必说'楚人'呢？"这个故事很有道理。凡注重"名"的名学，每每先求那最大的名。"楚人"不如"人"的大，故孔子要楚王爱"人"。故"恕"字《说文》训仁（训仁之字，古文作忎。后乃与训如之恕字混耳）。《论语》记仲弓问仁，孔子答语有"己所不欲，勿施于人"一句，可见仁与恕的关系。孔门说仁虽是爱人（《论语》十三。《说文》：仁，亲也），却和后来墨家说的"兼爱"不相同。墨家的爱是"无差等"的爱，孔门的爱是"有差等"的爱，故说："亲亲之杀"。看儒家丧服的制度，从三年之丧，一级一级地降到亲尽无服，这便是"亲亲之杀"。这都由于两家的根本观念不同。墨家重在"兼而爱之"的兼字，儒家重在"推恩足以保四海"的推字，故同说爱人，而性质截然不同。

仁字不但是爱人，还有一个更广的义。今试举《论语》论仁的几条为例。

颜渊问仁，子曰："克己复礼为仁。"……颜渊曰："请问其目。"子曰："非礼勿视，非礼勿听，非礼勿言，非礼勿动。"

仲弓问仁，子曰："出门如见大宾，使民如承大祭。己所不欲，勿施于人。在邦无怨，在家无怨。"

司马牛问仁，子曰："仁者其言也讱。"（以上十二）

樊迟问仁，子曰："居处恭，执事敬，与人忠。"（十三）

以上四条，都不止于爱人。细看这几条，可知仁即是做人的道理。克己复礼；出门如见大宾，使民如承大祭；居处恭，执事敬，与人忠：都只是如何做人的道理。故都可说是仁。《中庸》说："仁者，人也。"《孟子》说："仁也者，人也。"（七下）孔子的名学注重名的本义，要把理想中标准的本义来改正现在失了原意的事物。例如"政者正也"之类。"仁者人也"，只是说仁是理想的人道，做一个人须要能尽人道。能尽人道，即是仁。后人如朱熹之流，说"仁者无私心而合天理之谓"，乃是宋儒的臆说，不是孔子的本意。蔡子民《中国伦理学史》说孔子所说的"仁"，乃是"统摄诸德，完成人格之名"。这话甚是。《论语》记子路问成人，孔子答道：

若臧武仲之知，公绰之不欲，卞庄子之勇，冉求之艺，文之以礼乐，亦可以为成人矣。（十四）

成人即是尽人道，即是"完成人格"，即是仁。

孔子又提出"君子"一个名词，作为人生的模范。"君子"，本义为"君之子"，乃是阶级社会中贵族一部分的通称。古代"君子"与"小人"对称，君子指士以上的上等社会，小人指士以下的小百姓。试看《国风》《小雅》所用"君子"，与后世小说书中所称"公子""相公"有何分别？后来封建制度渐渐破坏，"君子""小人"的区别，也渐渐由社会阶级的区别，变为个人品格的区别。孔子所说君子，乃是人格高尚的人，乃是有道德，至少能尽一部分人道的人。故说：

君子而不仁者有矣夫，未有小人而仁者也。（十四）

这是说君子虽未必能完全尽人道，但是小人绝不是尽人道的人。又说：

君子道者三，我无能焉：仁者不忧，知者不惑，勇者不惧。（十四）

司马牛问君子，子曰：君子不忧不惧。……内省不疚，夫何忧何惧？（十二）

子路问君子，子曰：修己以敬，……修己以安人，……修己以安百姓。（十四）

凡此皆可见君子是一种模范的人格。孔子的根本方法，在于指出一种理想的模范，作为个人及社会的标准，使人"拟之而后言，仪之而后动"。他平日所说"君子"便是人生品行的标准。

上文所说人须尽人道。由此理推去，可说做父须要尽父道，做儿子须要尽子道，做君须要尽君道，做臣须要尽臣道。故《论语》说：

齐景公问政于孔子。孔子对曰："君君臣臣，父父子子。"公曰："善哉！信如君不君，臣不臣，父不父，子不子，虽有粟，吾得而食诸？"（十二）

又《易经·家人卦》说：

家人有严君焉，父母之谓也。父父子子，兄兄弟弟，夫夫妇妇，而家道正。正家而天下定矣。

这是孔子正名主义的应用。君君臣臣，父父子子，便是使家庭社会国家的种种阶级、种种关系，都能"顾名思义"，做到理想的标准地步。这个标准地步，就是《大学》上说的"止于至善"。《大学》说：

为人君，止于仁；为人臣，止于敬；为人子，止于孝；为人父，止于慈；与国人交，止于信。

诸子哲学　　59

这是伦常的人生哲学。"伦"字《说文》云:"辈也,一曰道也。"《曲礼》注:"伦犹类也。"《论语》"言中伦",包注:"道也,理也。"孟子注:"伦,序也。"人与人之间,有种种天然的,或人为的交互关系。如父子,如兄弟,是天然的关系。如夫妻,如朋友,是人造的关系。每种关系便是一"伦"。第一伦有一种标准的情谊行为。如父子之恩,如朋友之信,这便是那一伦的"伦理"。儒家的人生哲学,认定个人不能单独存在,一切行为都是人与人交互关系的行为,都是伦理的行为。故《中庸》说:

天下之达道五,曰:君臣也,父子也,夫妇也,昆弟也,朋友之交也。五者,天下之达道也。

"达道"是人所共由的路(参看《论语》十八,子路从而后一章)。因为儒家认定人生总离不了这五条达道,总逃不出这五个大伦,故儒家的人生哲学,只要讲明如何处置这些伦常的道理,只要提出种种伦常的标准伦理。如《左传》所举的六顺:君义、臣行、父慈、子孝、兄爱、弟敬;如《礼运》所举的十义:父慈、子孝、兄良、弟悌、夫义、妇听、长惠、幼顺、君仁、臣忠;如《孟子》所举的五伦:父子有亲、君臣有义、夫妇有别、长幼有序、朋友有信。故儒家的人生哲学,是伦理的人生哲学。后来孟子说墨子兼爱,是无父;杨子为我,是无君。无父无君,即是禽兽。孟子的意思,其实只是说墨家和杨氏(老庄各家近于杨氏)的人生哲学,或是极端大同主义,或是极端个人主义,都是非伦理的人生哲学。我讲哲学,不用"伦理学"三个字,却称"人生哲学",也只是因为"伦理学"只可用于儒家的人生哲学,而不可用于别家。

孔子的人生哲学,不但注重模范的伦理,又还注重行为的动机。《论语》说:

视其所以,观其所由,察其所安,人焉廋哉?人焉廋哉?(二)

这一章乃是孔子人生哲学很重要的学说，可惜旧注家多不曾懂得这一章的真义。"以"字何晏解作"用"，说"言视其所行用"，极无道理。朱熹解作"为"，说"为善者为君子，为恶者为小人"，也无道理。"以"字当作"因"字解。《邶风》："何其久也，必有以也。"《左传》昭十三年："我之不共，鲁故之以。"又老子："众人皆有以。"此诸"以"字，皆作因为解。凡"所以"二字连用，"以"字总作因为解。孔子说观察人的行为，须从三个方面下手：第一，看他因为什么要如此做；第二，看他怎么样做，用的什么方法；第三，看这种行为，在做的人身心上发生何种习惯、何种品行。（朱熹说第二步为"意之所从来"是把第二步看作第一步了。说第三步道："安所乐也。所由虽善，而心之所乐者，不在于是。则亦伪耳，岂能久而不变哉"，却很不错。）第一步是行为的动机，第二步是行为的方法，第三步是行为所发生的品行。这种三面都到的行为论，是极妥善无弊的。只可惜孔子有时把第一步的动机看得很重，所以后来的儒家，便偏向动机一方面，把第二步、第三步都抛弃不顾了。孔子论动机的话，如下举诸例：

今之孝者，是谓能养。至于犬马，皆能有养。不敬何以别乎？（二）
人而不仁，如礼何？人而不仁，如乐何？（二）
苟志于仁矣，无恶也。（四）

动机不善，一切孝悌礼乐都只是虚文，没有道德的价值。这话本来不错（即墨子也不能不认"意"的重要。看《耕柱》篇第四节），但孔子生平，痛恨那班聚敛之臣、斗筲之人的谋利政策，故把义利两桩分得太分明了。他说：

放于利而行，多怨。（四）
君子喻于义，小人喻于利。（四）

诸子哲学　61

但也却并不是主张"正其谊不谋其利"的人。《论语》说：

> 子适卫冉有仆。子曰："庶矣哉！"冉有曰："既庶矣，又何加焉？"子曰："富之。"曰："既富矣，又何加焉？"曰："教之。"（十四）

这岂不是"仓廪实而后知礼节，衣食足而后知荣辱"的政策吗？可见他所反对的利，乃是个人自营的私利。不过他不曾把利字说得明白，《论语》又有"子罕言利"的话，又把义利分作两个绝对相反的物事，故容易被后人误解了。

但我以为与其说孔子的人生哲学注重动机，不如说他注重养成道德的品行。后来的儒家只为不能明白这个区别，所以有极端动机的道德论。孔子论行为，分动机、方法、品行三层，已如上文所说。动机与品行都是行为的"内容"。我们论道德，大概分内容和外表两部。譬如我做了一件好事，若单是为了这事结果的利益，或是为了名誉，或是怕惧刑罚笑骂，方才做去，那都是"外表"的道德。若是因为我觉得理该去做，不得不去做，那便是属于"内容"的道德。内容的道德论，又可分两种：一种偏重动机，认定"天理"（如宋儒中之主张天理人欲论者），或认定"道德的律令"（如康德），有绝对无限的尊严，善的理该去做，恶的理该不去做。一种注重道德的习惯品行，习惯已成，即是品行（习惯，Habit；品行，Character）。有了道德习惯的人，见了善自然去做，见了恶自然不去做。例如良善人家的子弟，受了良善的家庭教育，养成了道德的习惯，自然会得善去恶，不用勉强。

孔子的人生哲学，依我看来，可算得是注重道德习惯一方面的。他论人性道：

> 性相近也，习相远也，唯上智与下愚不移。（十七）

"习"即是上文所说的习惯。孔子说:

> 吾未见好德如好色者也。(九)
> 已矣乎! 吾未见好德如好色者也! (十五)

这两章意同而辞小异,可见这是孔子常说的话。他说不曾见好德如好色的人,可见他不信好德之心是天然有的。好德之心虽不是天然生就的,却可以培养得成。培养得纯熟了,自然流露,便如好色之心一般,毫无勉强。《大学》上说的"如恶恶臭,如好好色",便是道德习惯已成时的状态。孔子说:

> 知之者,不如好之者。好之者,不如乐之者。(六)

人能好德恶不善,如好好色,如恶恶臭,便是到了"好之"的地位。道德习惯变成了个人的品行,动容周旋,无不合理,如孔子自己说的"从心所欲,不逾矩",那便是已到"乐之"的地位了。

这种道德的习惯,不是用强迫手段可以造成的。须是用种种教育涵养的工夫方能造得成。孔子的正名主义,只是要寓褒贬,别善恶,使人见了善名,自然生爱;见了恶名,自然生恶。人生无论何时何地,都离不了名。故正名是极大的德育利器(参看《荀子·正名》篇及《尹文子·大道》篇)。此外孔子又极注重礼乐。他说:

> 兴于诗,立于礼,成于乐。(八)
> 不学诗,无以言。……不学礼,无以立。(十六)
> 诗,可以兴,可以观,可以群,可以怨。……人而不为《周南》《召南》,其犹正墙面而立也欤。(十七)
> 恭而无礼则劳(有子曰,恭近于礼,远耻辱也),慎而无礼则葸,勇而无礼则乱,直而无礼则绞。(八)

诸子哲学　63

诗与礼乐都是陶融身心，养成道德习惯的利器。故孔子论政治，也主张用"礼让为国"。又主张使弦歌之声，遍于国中。此外孔子又极注重模范人格的感化。《论语》说：

> 季康子问政于孔子曰："如杀无道，以就有道，何如？"孔子对曰："子为政，焉用杀；子欲善，而民善矣。君子之德风，小人之德草，草上之风必偃。"（十三）
>
> 为政以德，譬如北辰，居其所而众星共之。（二）

因此他最反对用刑治国。他说：

> 道之以政，齐之以刑，民免而无耻。道之以德，齐之以礼，有耻且格。（二）

墨子

(节选)

一、墨子略传

墨子名翟姓墨。有人说他是宋人，有人说他是鲁人。今依孙诒让说，定他为鲁国人。

墨子大概生在周敬王二十年与三十年之间（公元前500至公元前490年），死在周威烈王元年与十年之间（公元前425至公元前416年）。墨子生时约当孔子五十岁六十岁之间（孔子生公元前551年）。到吴起死时，墨子已死了差不多四十年了。

以上所说墨子的生地和生时，很可注意。他生当鲁国，又当孔门正盛之时。所以他的学说，处处和儒家有关系。《淮南要略》说：

> 墨子学儒者之业，受孔子之术，以为其礼烦扰而不悦，厚葬靡财而贫民，（久）服伤生而害事。

墨子究竟曾否"学儒者之业，受孔子之术"，我们虽不能决定，但是墨子所受的儒家的影响，一定不少。(《吕氏春秋·当染》篇说史角之后在于鲁，墨子学焉。可见墨子在鲁国受过教育。)我想儒家自孔子死后，那一班孔门弟子不能传孔子学说的大端，都去讲究那丧葬小节。请看《礼记·檀弓》篇所记孔门大弟子子游、曾子的种种故事，哪一桩不是争一个极小极琐碎的礼节？("如曾子吊于负夏"及"曾子袭裘而吊""子游裼裘而吊"诸条。)再看一部《仪礼》，那种烦琐的礼仪，真可令今人骇怪。墨子生在鲁国，眼见这种种怪现状，怪不得他要反对儒家，自创一种新学派。墨子攻击儒家的坏处，约有四端：

儒之道足以丧天下者四政焉：儒以天为不明，以鬼为不神，天鬼不说。此足以丧天下。又厚葬久丧，重为棺椁，多为衣衾，送死若徙，三年哭泣，扶然后起，杖然后行，耳无闻，目无见。此足以丧天下。又弦歌鼓舞，习为声乐。此足以丧天下。又以命为有，贫富，寿夭，治乱，安危，有极矣，不可损益也。为上者行之，必不听治矣；为下者行之，必不从事矣。此足以丧天下。(《墨子·公孟》篇)

这个儒墨的关系是极重要不可忽略的。因为儒家不信鬼〔孔子言："未知生，焉生死"，"未能事神，焉能事鬼"。又说："敬鬼神而远之"。《说苑》十八记子贡问死人有知无知，孔子曰："吾欲言死者有知耶，恐孝子顺孙妨生以送死也。欲言死者无知，恐不孝子孙弃亲不葬也。赐欲知死人有知无知也，死徐自知之，犹未晚也。"此犹是怀疑主义（Agnosticism）。后来的儒家直说无鬼神。故《墨子·公孟》篇的公孟子曰："无鬼神。"此直是无神主义（Atheism）〕，所以墨子倡"明鬼"论。因为儒家厚葬久丧，所以孟子倡"节葬"论。因为儒家重礼乐，所以墨子倡"非乐"论。因为儒家信天命(《论语》子夏说："死生有命，富贵在天。"孔子自己也说："不知命，无以为君子也。"又说："道之将行也欤，命也。道之将废也欤，命也。")，所以墨子倡

"非命"论。

墨子是一个极热心救世的人,他看见当时各国征战的惨祸,心中不忍,所以倡为"非攻"论。他以为从前那种"弭兵"政策(如向戌的弭兵会),都不是根本之计。根本的"弭兵",要使人人"视人之国,若视其国;视人之家,若视其家;视人之身,若视其身"。这就是墨子的"兼爱"论。

但是墨子并不是一个空谈弭兵的人,他是一个实行非攻主义的救世家。那时公输般替楚国造了一种云梯,将要攻宋。墨子听见这消息,从鲁国起程,走了十日十夜,赶到郢都去见公输般。公输般被他一说说服了,便送他去见楚王,楚王也被他说服了,就不攻宋了(参看《墨子·公输》篇)。公输般对墨子说:"我不曾见你的时候,我想得宋国。自从我见了你之后,就是有人把宋国送给我,要是有一毫不义,我都不要了。"墨子说:"……那样说来,仿佛是我已经把宋国给了你了。你若能努力行义,我还要把天下送给你咧。"(《鲁问》篇)

看他这一件事,可以想见他一生的慷慨好义。有一个朋友劝他道:"如今天下的人都不肯做义气的事,你何苦这样尽力去做呢?我劝你不如罢了。"墨子说:"譬如一个人有十个儿子,九个儿子好吃懒做,只有一个儿子尽力耕田。吃饭的人那么多,耕田的人那么少,那一个耕田的儿子便该格外努力耕田才好。如今天下的人都不肯做义气的事,你正该劝我多做些才好。为什么反来劝我莫做呢?"(《贵义》篇)这是何等精神!何等人格!那反对墨家最厉害的孟轲道:"墨子兼爱,摩顶放踵利天下,为之。"这话本有责备墨子之意,其实是极恭维他的话。试问中国历史上,可曾有第二个"摩顶放踵利天下为之"的人么?

墨子是一个宗教家。他最恨那些儒家一面不信鬼神,一面却讲究祭礼丧礼。他说:"不信鬼神,却要学祭礼,这不是没有客却行客礼么?这不是没有鱼却下网么?"(《公孟》篇)所以墨子虽不重丧葬祭祀,却极信鬼神,还更信天。他的"天"却不是老子的"自然",也不是孔子的"天何言哉?四时行焉,百物生焉"的天。墨子的天,是

诸子哲学　　67

有意志的。天的"志"就是要人兼爱。凡事都应该以"天志"为标准。

墨子是一个实行的宗教家。他主张节用，又主张废乐，所以他教人要吃苦修行。要使后世的墨者，都要"以裘褐为衣，以跂蹻为服，日夜不休，以自苦为极"。这是"墨教"的特色。《庄子·天下》篇批评墨家的行为，说：

> 墨翟禽滑厘之意则是，其行则非也。将使后世之墨者，必自苦，以腓无胈胫无毛相进而已矣。乱之上也，治之下也。

又却不得不称赞墨子道：

> 虽然墨子真天下之好也。将求之不得也，虽枯槁不舍也。才士也夫！

认得这个墨子，才可讲墨子的哲学。

《墨子》书今本有五十三篇，依我看来，可分作五组：

第一组，自《亲士》到《三辩》，凡七篇，皆后人假造的（黄震、宋濂所见别本，此七篇题曰经）。前三篇全无墨家口气，后四篇乃根据墨家的余论所作的。

第二组，《尚贤》三篇，《尚同》三篇，《兼爱》三篇，《非攻》三篇，《节用》两篇，《节葬》一篇，《天志》三篇，《明鬼》一篇，《非乐》一篇，《非命》三篇，《非儒》一篇，凡二十四篇。大抵皆墨者演墨子的学说所作的。其中也有许多后人加入的材料。《非乐》《非儒》两篇更可疑。

第三组，《经》上、下，《经说》上、下，《大取》《小取》，六篇。不是墨子的书，也不是墨者记墨子学说的书。我以为这六篇就是《庄子·天下》篇所说的"别墨"做的。这六篇中的学问，决不是墨子时代所能发生的。况且其中所说和惠施、公孙龙的话最为接近。惠施、公孙龙的学说差不多全在这六篇里面。所以我以为这六篇是惠施、公孙龙时代的"别墨"做的。我从来讲墨学,把这六篇提出,等到后来讲"别墨"的时候才讲他们。

第四组,《耕柱》《贵义》《公孟》《鲁问》《公输》,这五篇,乃是墨家后人把墨子一生的言行辑聚来做的,就同儒家的《论语》一般。其中有许多材料比第二组还更为重要。

第五组,自《备城门》以下到《杂守》,凡十一篇。所记都是墨家守城备敌的方法,于哲学没什么关系。

研究墨学的,可先读第二组和第四组,后读第三组,其余二组,可以不必细读。

二、墨子的哲学方法

儒墨两家根本上不同之处,在于两家哲学的方法不同,在于两家的"逻辑"不同。《墨子·耕柱》篇有一条最形容得出这种不同之处。

> 叶公子高问政于仲尼,曰:"善为政者若之何?"仲尼对曰:"善为政者,远者近之,而旧者新之。"(《论语》作"近者悦,远者来。")

> 子墨子闻之曰:"叶公子高未得其问也,仲尼亦未得其所以对也。叶公子高岂不知善为政者之远者近之而旧者新之哉?问所以为之若之何也。……"

这就是儒墨的大区别,孔子所说是一种理想的目的,墨子所要的是一个"所以为之若之何"的进行方法。孔子说的是一个"什么",墨子说的是一个"怎样",这是一个大分别。《公孟》篇又说:

> 子墨子问于儒者,曰:"何故为乐?"曰:"乐以为乐

也。"子墨子曰:"子未我应也。今我问曰:'何故为室?'曰:'冬避寒焉,夏避暑焉,室以为男女之别也。'则子告我为室之故矣。今我问曰:'何故为乐?'曰:'乐以为乐也。'是犹曰:'何故为室?'曰:'室以为室也。'"

儒者说的还是一个"什么",墨子说的是一个"为什么"。这又是一个大分别。

这两种区别,皆极重要。儒家最爱提出一个极高的理想的标准,作为人生的目的,如论政治,定说"君君、臣臣、父父、子子";或说"近者悦,远者来"。这都是理想的目的,却不是进行的方法。如人生哲学则高悬一个"止于至善"的目的,却不讲怎样能使人止于至善。所说细目,如"为人君,止于仁;为人臣,止于敬;为人父,止于慈;为人子,止于孝;与国人交,止于信。"全不问为什么为人子的要孝,为什么为人臣的要敬;只说理想中的父子君臣朋友是该如此如此的。所以儒家的议论,总要偏向"动机"一方面。"动机"如俗话的"居心"。

孟子说的"君子之所以异于人者,以其存心也,君子以仁存心,以礼存心",存心是行为的动机。《大学》说的诚意,也是动机。儒家只注意行为的动机,不注意行为的效果。推到了极端,便成董仲舒说的"正其谊不谋其利,明其道不计其功"。只说这事应该如此做,不问为什么应该如此做。

墨子的方法,恰与此相反。墨子处处要问一个"为什么"。例如造一所房子,先要问为什么要造房子。知道了"为什么",方才可知道"怎样做"。知道房子的用处是"冬避寒焉,夏避暑焉,室以为男女之别",方才可以知道怎样布置构造始能避风雨寒暑,始能分别男女内外。人生的一切行为,都是如此。如今人讲教育,上官下属都说应该兴教育,于是大家都去开学堂,招学生。大家都以为兴教育就是办学堂,办学堂就是兴教育,从不去问为什么该兴教育。因为不研究教育是为什么的,所以办学和视学的人也无从考究教育的优劣,更无从考究改良教育的方法。我去年回到内地，有人来说，我们村里该开一个学堂。我问他为什么我们村里该办学堂呢？他说：某村某村都有学堂了，所以我们这里也该开一个。这就是墨子说的"是犹曰：何故为室？曰：室以为室也"的理论。

墨子以为无论何种事物、制度、学说、观念，都有一个"为什么"。换言之，事事物物都有一个用处。知道那事物的用处，方才可以知道他的是非善恶。为什么呢？因为事事物物既是为应用的，若不能应用，便失了那事那物的原意了，便应该改良了。例如墨子讲"兼爱"，便说：

> 用而不可，虽我亦将非之。且焉有善而不可用者？（《兼爱下》）

这是说能应"用"的便是"善"的；"善"的便是能应"用"的。譬如我说这笔"好"，为什么"好"呢？因为能中写，所以"好"。又如我说这会场"好"，为什么"好"呢？因为他能最合开会讲演的用，所以"好"。这便是墨子的"应用主义"。

应用主义又可叫作"实利主义"。儒家说："义也者，宜也。"宜即是"应该"。凡是应该如此做的，便是"义"。墨家说："义，利也。"（《经上》篇。参看《非攻》下首段）便进一层说，说凡事如此做去便可有利的即是"义的"。因为如此做才有利，所以"应该"如此做。义所以为"宜"，正因其为"利"。

墨子的应用主义，所以容易被人误会，都因为人把这"利"字"用"字解错了。这"利"字并不是"财利"的利，这"用"也不是"财用"的用。墨子的"用"和"利"都只指人生行为而言。如今且让他自己下应用主义的界说：

> 子墨子曰："言足以迁行者常之，不足以迁行者勿常。不足以迁行而常之，是荡口也。"（《贵义》篇）

子墨子曰："言足以复行者常之，不足以举行者勿常。不足以举行而常之，是荡口也。"（《耕柱》篇）

这两条同一意思，迁字和举字同意。《说文》说："迁，登也。"《诗经》有"迁于乔木"，《易》有"君子以见善则迁"，皆是"升高""进步"之意，和"举"字"抬高"的意思正相同（后人不解"举"字之义，故把"举行"两字连读，作一个动词解。于是又误改上一"举"字为"复"字）。六个"行"字，都该读去声，是名词，不是动词。六个"常"字，都与"尚"字通用（俞樾解《老子》"道可道非常道"一章说如此）。"常"是"尊尚"的意思。这两章的意思，是说无论什么理论，什么学说，须要能改良人生的行为，始可推尚。若不能增进人生的行为，便不值得推尚了。

墨子又说：

今瞽者曰："钜者，白也（俞云，钜当作岂。岂者皑之假字）。黔者，黑也。"虽明目者无以易之。兼白黑，使瞽取焉，不能知也。故我曰"瞽不知白黑"者，非以其名也，以其取也。

今天下之君子之名仁也，虽禹汤无以易之。兼仁与不仁，而使天下之君子取焉，不能知也。故我曰："天下之君子不知仁"者，非以其名也，亦以其取也。（《贵义》篇）

这话说得何等痛快？大凡天下人没有不会说几句仁义道德的话的，正如瞎子虽不曾见过白黑，也会说白黑的界说。须是到了实际上应用的时候，才知道口头的界说是没有用的。高谈仁义道德的人，也是如此。甚至有许多道学先生一味高谈王霸义利之辨，却实在不能认得韭菜和麦的分别。有时分别义利，辨人毫芒，及事到临头，不是随波逐流，便是手足无措。所以墨子说单知道几个好听的名词，或几句虚空的界说，算不得真"知识"。真"知识"在于能把这些观念来应用。

这就是墨子哲学的根本方法。后来王阳明的"知行合一"说,与此说多相似之点。阳明说:"未有知而不行者。知而不行,只是未知。"很像上文所说"故我曰:天下之君子不知仁者,非以其名也,亦以其取也"之意。但阳明与墨子有绝不同之处。阳明偏向"良知"一方面,故说:"尔那一点良知,是尔自家的准则。尔意念着处,他是便知是,非便知非。"墨子却不然,他的是非的"准则",不是心内的良知,乃是心外的实用。简单说来,墨子是主张"义外"说的,阳明是主张"义内"说的(义外义内说,见《孟子·告子》篇)。阳明的"知行合一"说,只是要人实行良知所命令。墨子的"知行合一"说,只是要把所知的能否实行来定所知的真假,把所知的能否应用来定所知的价值。这是两人的根本区别。

墨子的根本方法,应用之处甚多,说得最畅快的,莫如《非攻》上篇。我且把这一篇妙文,抄来做我的"墨子哲学方法论"的结论罢。

> 今有一人,入人园圃,窃其桃李,众闻则非之,上为政者得则罚之。此何也?以亏人自利也。至攘人犬豕鸡豚者,其不义又甚入人园圃窃桃李。是何故也?以亏人愈多,其不仁兹甚,罪益厚。至入人栏厩,取人牛马者,其不仁义又甚攘人犬豕鸡豚。此何故也?以其亏人愈多。苟亏人愈多,其不仁兹甚,罪益厚。至杀不辜人也,扡其衣裘,取戈剑者,其不义又甚入人栏厩取人马牛。此何故也?以其亏人愈多,苟亏人愈多,其不仁兹甚矣,罪益厚。当此天下之君子皆知而非之,谓之"不义"。今至大为"不义"攻国,则弗知非从而誉之,谓之"义"。此可谓知义与不义之别乎?杀一人,谓之不义,必有一死罪矣;若以此说往,杀十人,十重不义,必有十死罪矣;杀百人,百重不义,必有百死罪矣。当此,天下之君子皆知而非之,谓之"不义"。今至大为不义

诸子哲学　73

攻国，则弗知非，从而誉之，谓之"义"。情不知其不义也，故书其言以遗后世。若知其不义也，夫奚说书其不义以遗后世哉？今有人于此，少见黑曰黑，多见黑曰白，则以此人不知白黑之辩矣。少尝苦曰苦，多尝苦曰甘，则必以此人为不知甘苦之辩矣。今小为非则知而非之，大为非攻国，则不知非，从而誉之，谓之义。此可谓知义与不义之辩乎？是以知天下之君子也，辩义与不义之乱也。

三、三表法

上节讲的，是墨子的哲学方法。本节讲的，是墨子的论证法。上章是广义的"逻辑"，本章是那"逻辑"的应用。

墨子说：

言必立仪。言而毋仪，譬犹运钧之上而言朝夕者也，是非利害之辩不可得而明知也。故言必有三表。何谓三表？……有本之者，有原之者，有用之者。
于何本之？上本之于古者圣王之事。
于何原之？下原察百姓耳目之实。
于何用之？发以为刑政，观其中国家百姓人民之利。

此所谓言有三表也（《非命》上。参考《非命》中、下。《非命》中述三表有误。此盖后人所妄加）。

这三表之中，第一和第二有时倒置。但是第三表（实地应用）总是最后一表。于此可见墨子的注重"实际应用"了。

这个论证法的用法，可举《非命》篇作例。

第一表，本之于古者圣王之事。墨子说：

然而今天下之士君子，或以命为有。盖（同盍）尝尚观于圣王之事？古者桀之所乱，汤受而治之。纣之所乱，武王受而治之。此世未易，民未渝，在于桀纣则天下乱，在于汤武则天下治，岂可谓有命哉？……先王之宪，亦尝有曰"福不可请而祸不可讳，敬无益，暴无伤"者乎？……先生之刑，亦尝有曰"福不可请而祸不可讳，敬无益，暴无伤"者乎？……先生之誓，亦尝有曰"福不可请而祸不可讳，敬无益，暴无伤"者乎？……（《非命》上）

第二表，原察百姓耳目之实。墨子说：

我所以知命之有亡者，以众人耳目之情知有亡。有闻之，有见之，谓之有。莫之闻，莫之见，谓之亡。……自古以及今，……亦尝有见命之物闻命之声者乎？则未尝有也。……（《非命》中）

第三表，发以为刑政观其中国家百姓人民之利。最重要的还是这第三表。

墨子说：

执有命者之言曰："上之所赏，命固且赏，非贤故赏也。上之所罚，命固且罚，非暴故罚也。"……是故治官府则盗窃，守城则崩叛；君有难则不死，出亡则不送。……昔上世之穷民，贪于饮食，惰于从事，是以衣食之财不足，而饥寒冻馁之忧至。不知曰："我罢不肖，从事不疾"；必曰："吾命固且贫。"昔上世暴王……亡失国家，倾覆社稷，不知曰："我罢不肖，为政不善"；必曰："吾命固失之。"……今用执有命者之言，则上不听治，下不从事。上不听治，则政乱；下不从事，则财用不足。……此特凶言之所自生而暴人之道

也。(《非命》上)

学者可参看《明鬼》下篇这三表的用法。

如今且仔细讨论这三表的价值。我们且先论第三表。第三表是"实际上的应用",这一条的好处,上章已讲过了。如今且说他的流弊。这一条的最大的流弊在于把"用"字"利"字解得太狭了,往往有许多事的用处或在几百年后始可看出;或者虽用在现在,他的真用处不在表面上,却在骨子里。譬如《墨子·非乐》,说音乐无用。为什么呢?因为(一)费钱财,(二)不能救百姓的贫苦,(三)不能保护国家,(四)使人变成奢侈的习惯。后来有一个程繁驳墨子道:

昔者诸侯倦于听治,息于钟鼓之乐……农夫春耕夏耘秋收冬藏,息于瓴缶之乐。今夫子曰"圣王不为乐",此譬之犹马驾而不税,弓张而不弛,无乃非有血气者之所不能至邪?(《三辩》)

这一问也从实用上做根据。墨子生来是一个苦行救世的宗教家,性有所偏,想不到音乐的功用上去,这便是他的非乐论的流弊了。

次论第二表。这一表(百姓耳目之实)也有流弊:(一)耳目所见所闻,是有限的。有许多东西,例如《非命》篇的"命"是看不见听不到的。(二)平常人的耳目最易错误迷乱。例如鬼神一事,古人小说上说得何等凿凿有据。我自己的朋友也往往说曾亲眼看见鬼,难道我们就可断定有鬼么?(看《明鬼》篇)但是这一表虽然有弊,却极有大功用。因为中国古来哲学不讲耳目的经验,单讲心中的理想。例如老子说的:

不出户,知天下。不窥牖,知天道。其出弥远,其知弥少。

孔子虽说"学而不思则罔,思而不学则殆",但是他所说的

"学",大都是读书一类,并不是"百姓耳目之实"。直到墨子始大书特书地说道:

> 天下之所以察知有兴无之道者,必以众之耳目之实知有与亡为仪者也。诚或闻之见之,则必以为有。莫闻莫见,则必以为无。(《明鬼》)

这种注重耳目的经验,便是科学的根本。

次说第一表。第一表是"本之于古者圣王之事"。墨子最恨儒者"复古"的议论,所以《非儒》篇说:

> 儒者曰:"君子必古言服,然后仁。"
> 应之曰:"所谓古之言服者,皆尝新矣。而古人言之服之,则非君子也。"

墨子既然反对"复古",为什么还要用"古者圣王之事"来做论证的标准呢?

原来墨子的第一表和第三表是同样的意思,第三表说的是现在和将来的实际应用,第一表说的是过去的实际应用。过去的经验阅历,都可为我们做一面镜子。古人行了有效,今人也未尝不可仿效;古人行了有害,我们又何必再去上当呢?所以说:

> 凡言凡动,合于三代圣王尧舜禹汤文武者,为之。
> 凡言凡动,合于三代暴王桀纣幽厉者,舍之。(《贵义》)

这并不是复古守旧,这是"温故而知新","彰往而察来"。《鲁问》篇说:

> 彭轻生子曰:"往者可知,来者不可知。"子墨子曰:"藉

诸子哲学 77

设而亲在百里之外，则遇难焉。期以一日也，及之则生，不及则死。今有固车良马于此，又有驽马四隅之轮于此，使子择焉，子将何乘？"对曰："乘良马固车，可以速至。"子墨子曰："焉在不知来？"（从卢校本）

这一条写过去的经验的效用。例如"良马固车可以日行百里"，"驽马四隅之轮不能行路"，都是过去的经验。有了这种经验，便可知道我如今驾了"良马固车"，今天定可趋一百里路。这是"彰往以察来"的方法。一切科学的律令，都与此同理。

四、墨子的宗教

上文所讲，乃是墨子学说的根本观念。其余的兼爱、非攻、尚贤、尚同、非乐、非命、节用、节葬，都是这根本观念的应用。墨子的根本观念，在于人生行为上的应用。既讲应用，须知道人生的应用千头万绪，绝不能预先定下一条"施诸四海而皆准，行诸百世而不悖"的公式。所以墨子说：

凡入国，必择务而从事焉。国家乱，则语之尚贤尚同。国家贫，则语之节用节葬。国家憙音湛湎，则语之非乐非命。国家淫僻无礼，则语之尊天事鬼。国家务夺侵凌，则语之兼爱非攻。故曰择务而从事焉。（《鲁问》）

墨子是一个创教的教主。上文所举的几项，都可称为"墨教"的信条。如今且把这几条分别陈说如下。

第一，天志。墨子的宗教，以"天志"为本。他说：

我有天志，譬若轮人之有规，匠人之有矩。轮匠执其规矩以度天下之方圆，曰：中者是也，不中者非也。今天下之士君子之书不可胜载，言语不可胜计；上说诸侯，下说列士。其于仁义，则大相远也。何以知之？曰：我得天下之明法度以度之。（《天志》上。参考《天志》中、下及《法仪》篇）

这个"天下之明法度"便是天志。但是天的志是什么呢？墨子答道：

天欲人之相爱相利而不欲人之相恶相贼也。（《法仪》篇。《天志》下说："顺天之意何若。曰：兼爱天下之人。"与此同意）

何以知天志便是兼爱呢？墨子答道：

以其兼而爱之兼而利之也。奚以知天之兼而爱之兼而利之也？以其兼而有之兼而食之也。（《法仪》篇。《天志》下意与此同百语繁，故不引）

第二，**兼爱**。天的志要人兼爱，这是宗教家的墨子的话。其实兼爱是件实际上的要务。墨子说：

圣人以治天下为事者也，不可不察乱之所自起。当（通尝）察乱何自起？起不相爱。……盗爱其室，不爱其异室，故窃异室以利其室。贼爱其身，不爱人，故贼人以利其身。……大夫各爱其家，不爱异家，故乱异家以利其家。诸侯各爱其国，不爱异国，故攻异国以利其国。……察此何自起，皆起不相爱。若使天下……视人之室若其室，谁窃？视人身若其身，谁贼？……视人家若其家，谁乱？视人之国若其国，谁攻？……故天下兼相爱则治，交相恶则乱。（《兼爱》上）

诸子哲学　　79

《兼爱》中、下两篇都说因为要"兴天下之利,除天下之害",所以要兼爱。

第三,非攻。不兼爱是天下一切罪恶的根本,而天下罪恶最大的,莫如"攻国"。天下人无论怎样高谈仁义道德,若不肯"非攻",便是"明小物而不明大物"(读《非攻》上)。墨子说:

> 今天下之所(以)誉义(旧作善,今据下文改)者,……为其上中天之利,而中中鬼之利,而下中人之利,故誉之欤?……虽使下愚之人必曰:将为其上中天之利,而中中鬼之利,而下中人之利,故誉之。……今天下之诸侯,将犹多皆(不)免攻伐并兼,则是(有)(此字衍文)誉义之名而不察其实也。此譬犹盲者之与人同命黑白之名而不能分其物也。则岂谓有别哉?(《非攻》下)

墨子说:"义便是利"(《墨经》上也说:"义,利也。"此乃墨家遗说)。义是名,利是实。义是利的美名,利是义的实用。兼爱是"义的",攻国是"不义的",因为兼爱是有利于天鬼国家百姓的,攻国是有害于天鬼国家百姓的。所以《非攻》上只说得攻国的"不义",《非攻》中下只说得攻国的"不利"。因为不利,所以不义。你看他说:

> 计其所自胜,无所可用也。计其所得,反不如所丧者之多。

又说:

> 虽四五国则得利焉,犹谓之非行道也。譬之医之药人之有病者然。今有医于此,和合其祝药之于天下之有病者而药之。万人食此,若医四五人得利焉,犹谓之非行药也。(《非攻》中、下)

可见墨子说的"利"不是自私自利的"利",是"最大多数的最大幸福"。这是"兼爱"的真义,也便是"非攻"的本意。

第四,明鬼。儒家讲丧礼祭礼,并非深信鬼神,不过是要用"慎终追远"的手段来做到"民德归厚"的目的。所以儒家说"有义不义,无祥不祥"(《公孟》篇)。这竟和"作善,降之百祥;作不善,降之百殃"的话相反对了(《易·文言》:"积善之家必有余庆,积不善之家必有余殃。"乃是指人事的常理,未必指着一个主宰祸福的鬼神天帝)。墨子是一个教主,深恐怕人类若没有一种行为上的裁制力,便要为非作恶。所以他极力要说明鬼神不但是有的,并且还能作威作福,"能赏贤而罚暴"。他的目的要人知道:

吏治官府之不洁廉,男女之为无别者,有鬼神见之;民之为淫暴寇乱盗贼,以兵刃毒药水火退(孙诒让云:退是迓之讹,迓通御),无罪人乎道路,夺人车马衣裘以自利者,有鬼神见之。(《明鬼》)

墨子明鬼的宗旨,也是为实际上的应用,也是要"民德归厚"。但是他却不肯学儒家"无鱼而下网"的手段,他是真信有鬼神的。

第五,非命。墨子既信天,又信鬼,何以不信命呢?原来墨子不信命定之说,正因为他深信天志,正因为他深信鬼神能赏善而罚暴。老子和孔子都把"天"看作自然而然的"天行",所以以为凡事都由命定,不可挽回。所以老子说"天地不仁",孔子说"获罪于天,无所祷也"。墨子以为天志欲人兼爱,不欲人相害,又以为鬼神能赏善罚暴,所以他说能顺天之志,能中鬼之利,便可得福;不能如此,便可得祸。祸福全靠个人自己的行为,全是各人的自由意志招来的,并不由命定。若祸福都由命定,那便不做好事也可得福;不做恶事,也可得祸了。若人人都信命定之说,便没有人努力去做好事了("非命"说之论证)。

第六,节葬短丧。墨子深恨儒家一面不信鬼神,一面却又在死人

诸子哲学　　81

身上做出许多虚文仪节。所以他对于鬼神，只注重精神上的信仰，不注重形式上的虚文。他说儒家厚葬久丧有三大害：（一）国家必贫；（二）人民必寡；（三）刑政必乱（看《节葬》篇）。所以他定为丧葬之法如下：

> 桐棺三寸，足以朽体。衣衾三领，足以覆恶。（《节葬》）。及其葬也，下毋及泉，上毋通臭（《节葬》）。无椁，死无服（《庄子·天下》篇），为三日之丧（《公孟》篇。《韩非子·显学》篇作"冬日冬服，夏日夏服，服丧三月"。疑墨家各派不同，或为三日，或为三月）。而疾而服事，人为其所能以交相利也。（《节葬》）

第七，非乐。墨子的非乐论上文已约略说过。墨子所谓"乐"，是广义的"乐"。如《非乐》上所说："乐"字包括"钟鼓琴瑟竽笙之声"，"刻镂文章之色"，"刍豢煎炙之味"，"高台厚榭邃野之居"。可见墨子对于一切"美术"，如音乐、雕刻、建筑、烹调等等，都说是"奢侈品"，都是该废除的。这种观念固是一种狭义功用主义的流弊，但我们须要知道墨子的宗教"以自苦为极"，因要"自苦"，故不得不反对一切美术。

第八，尚贤。那时的贵族政治还不曾完全消灭，虽然有些奇才杰士，从下等社会中跳上政治舞台，但是大多数的权势终在一般贵族世卿手里，就是儒家论政，也脱不了"贵贵""亲亲"的话头。墨子主张兼爱，所以反对种种家庭制度和贵族政治。他说：

> 今王公大人有一裳不能制也，必藉良工；有一牛羊，不能杀也，必藉良宰。……逮至其国家之乱，社稷之危，则不知使能以治之。亲戚，则使之。无故富贵，面目姣好，则使之。（《尚贤》中）

所以他讲政治，要"尊尚贤而任使能。不党父兄，不偏贵富，不嬖颜色。贤者举而上之，富而贵之，以为官长。不肖者抑而废之，贫而贱之，以为徒役"（《尚贤》中）。

第九，尚同。墨子的宗教，以"天志"为起点，以"尚同"为终局。天志就是尚同，尚同就是天志。

尚同的"尚"字，不是"尚贤"的尚字。尚同的尚字和"上下"的上字相通，是一个状词，不是动词。"尚同"并不是推尚大同，乃是"取法乎上"的意思。

墨子生在春秋时代之后，眼看诸国相征伐，不能统一。那王朝的周天子，是没有统一天下的希望的了。那时"齐晋楚越四分中国"，墨子是主张非攻的人，更不愿四国之中哪一国用兵力统一中国。所以他想要用"天"来统一天下。他说：

> 古者民始生未有刑政之时，盖其语，人异义。是以一人则一义，二人则二义，十人则十义。其人兹众，其所谓"义"者亦兹众。是以人是其义，以非人之义，故交相非也。是以……天下之乱，若禽兽然。

> 夫明乎天下之所以乱者，生于无政长，是故选天下之贤可者，立以为天子。……又选择天下之贤可者，置立之，以为三公。天子三公既已立，以天下为博大，远国异土之民，是非利害之辨，不可一二而明知，故画分万国，立诸侯国君。……又选择其国之贤可者，立之以为正长。

> 正长既已具，天子发政于天下之百姓，言曰：闻善而不善，皆以靠其上。上之所是，必皆是之；所非，必皆非之。上有过，则规谏之；下有善，则傍荐之（孙说傍与访通，是也。古音访与傍同声）。上同而不下比者，此上之所赏而下之所誉也。……（《尚同》上）

"上之所是，必皆是之；所非，必皆非之；上同而不下比"，这叫作"尚同"。要使乡长"壹同乡之义",国君"壹同国之义",天子"壹同天下之义"。但是这还不够。为什么呢?因为天子若成了至高无上的标准,又没有限制,岂不成了专制政体。所以墨子说:

> 夫既上同乎天子而未上同乎天者,则天菑将犹未止也。……故古者圣王明天鬼之所欲,而避天鬼之所憎;以求兴天下之利,除天下之害。(《尚同》中)

所以我说"天志就是尚同,尚同就是天志"。天志尚同的宗旨,要使各种政治的组织之上,还有一个统一天下的"天"。所以我常说,墨教如果曾经做到欧洲中古的教会的地位,一定也会变成一种教会政体;墨家的"钜子"也会变成欧洲中古的"教王"(Pope)。

以上所说九项,乃是"墨教"的教条,在哲学史上,本来没有什么重要。依哲学史的眼光看来,这九项都是墨学的枝叶。墨学的哲学的根本观念,只是前两节所讲的方法。墨子在哲学史上的重要,只在于他的"应用主义"。他处处把人生行为上的应用作为一切是非善恶的标准。兼爱、非攻、节用、非乐、节葬、非命,都不过是几种特别的应用。他又知道天下能真知道"最大多数的最大幸福"的,不过是少数人,其余的人都只顾眼前的小利,都只"明小物而不明大物"。所以他主张一种"贤人政治",要使人"上同而不下比"。他又恐怕这还不够,他又是一个很有宗教根性的人,所以主张把"天意的志"作为"天下之明法",要使天下的人都"上同于天"。因此哲学家的墨子便变成墨教的教主了。

杨朱

一、《杨朱》篇

《列子》的第七篇名为《杨朱》篇，所记的都是杨朱的言语行事。《列子》这部书是最不可信的，但是我看这一篇似乎还可信。其中虽有一些不可靠的话，大概是后人加入的（如杨朱见梁王谈天下事一段，年代未免太迟了。杨朱大概不及见梁称王），但这一篇的大体似乎可靠。第一，杨朱的"为我主义"是有旁证的（如《孟子》所说），此书说他的为我主义颇好。第二，书中论"名实"的几处，不是后世所讨论的问题，确是战国时的问题。第三，《列子》八篇之中只有这一篇专记一个人的言行。或者当时本有这样一种记杨朱言行的书，后来被编造《列子》的人糊涂拉入《列子》里面，凑成八篇之数。此如张仪说秦王的书（见《战国策》），如今竟成了《韩非子》的第一篇。

以上三种理由，虽不甚充足，但当时有这一种极端的为我主义，这是我们所公认的。当时实有杨朱这个人，这也是我们所公认的。所以我们不妨暂且把《杨朱》篇来代表这一派学说。

二、杨朱

杨朱的年代颇多异说。有的说他上可以见老聃，有的说他下可以见梁王。据《孟子》所说，那时杨朱一派的学说已能和儒家墨家三分中国，大概那时杨朱已死了。《杨朱》篇记墨子弟子禽子与杨朱问答，此节以哲学史的先后次序看来，似乎不甚错。大概杨朱的年代当在公元前440年与公元前360年之间。

杨朱的哲学，也是那个时势的产儿。当时的社会政治都是很纷乱的，战事连年不休，人民痛苦不堪。这种时代发生一种极端消极的哲学，是很自然的事。况且自老子以后，"自然主义"逐渐发达。老子一方面主张打破一切文物制度，归于无知无欲的自然状态；但老子一方面又说要"虚其心，实其腹""为腹不为目""甘其食，美其服"。可见老子所攻击的是高等的欲望，他并不反对初等的嗜欲。后来杨朱的学说便是这一种自然主义的天然趋势了。

三、无名主义

杨朱哲学的根本方法在于他的无名主义。他说：

> 实无名，名无实。名者，伪而已矣。

又说：

> 实者，固非名之所与也。

中国古代哲学史上，"名实"两字乃是一个极重要的问题。如今先解释这两个字的意义，再略说这个问题的历史。按《说文》："实，富也。从宀贯，贯为货物。"又："寔，止也（段玉裁改作'正也'，非也），从宀，是声。"止字古通"此"字。《说文》："此，止也。"《诗经·召南》毛传与《韩奕》郑笺皆说："寔，是也。"又《春秋》桓六年，"寔来。"《公羊传》曰："寔来者何？犹云是人来也。"《谷梁传》曰："寔来者，是来也。"寔字训止，训此，训是，训是人，即是白话的"这个"。古文实寔两字通用。《公孙龙子》说："天地与其所产焉，物也。物以物其所物而不过焉，实也。"名学上的"实"字，含有"寔"字"这个"的意思和"实"字"充实"的意思。两义合起来说，"实"即是"这个物事"。天地万物每个都是一个"实"。每一个"实"的称谓便是那实的"名"。《公孙龙子》说："夫名，实谓也。"同类的实，可有同样的名。你是一个实，他是一个实，却同有"人"的名。如此看来，可以说实是个体的，特别的；名是代表实的、共相的（虽私名〈本名〉也是代表共相的。例如"梅兰芳"代表今日的梅兰芳和今年去年前年的梅兰芳。类名更不用说了）。有了代表共相的名，可以包举一切同名的事物。所以在人的知识上，名的用处极大。老子最先讨论名的用处，但老子主张"无知无欲"，故要人复归于"无名之朴"。孔子深知名的用处，故主张正名，以为若能正名，便可用全称的名，来整治个体的事物。儒家所注重的名器、礼仪、名分等等，都是正名的手续。墨子注重实用，故提出一个"实"字，攻击当时的君子"誉义之名而不察其实"。杨朱更趋于极端，他只承认个体的事物（实），不认全称的名，所以说："实无名，名无实。实者，伪而已矣。"伪是"人为的"。一切名都是人造的，没有实际的存在，故说"实无名，名无实"。这种学说，最近西洋的"唯名主义"（Nominalism）。唯名主义以为"名"不过是人造的空名，没有实体，故唯名论其实即是无名论。无名论的应用有两种趋势：一是把一切名器礼文都看作人造的虚文。一是只认个人的重要，轻视人伦的关系，故趋于个人主义。

四、为我

杨朱的人生哲学只是一种极端的"为我主义"。杨朱在哲学史上占一个重要的位置，正因为他敢提出这个"为我"的观念，又能使这个观念有哲学上的根据。他说：

> 有生之最灵者，人也。人者，爪牙不足以供守卫，肌肤不足以自捍御，趋走不足以逃利害，无毛羽以御寒暑，必将资物以为养，性任智而不恃力。故智之所贵，存我为贵；力之所贱，侵物为贱。

这是为我主义的根本观念。一切有生命之物，都有一个"存我的天性"。植物动物都同具此性，不单是人所独有。一切生物的进化，形体的变化，机能的发达，都由于生物要自己保存自己，故不得不变化，以求适合于所居的境地。人类智识发达，群众的观念也更发达，故能于"存我"观念之外，另有"存群"的观念；不但要保存自己，还要保存家族、社会、国家；能保存得家族、社会、国家，方才可使自己的生存格外稳固。后来成了习惯，社会往往极力提倡爱群主义，使个人崇拜团体的尊严，终身替团体尽力，从此遂把"存我"的观念看作不道德的观念。试看社会提倡"殉夫""殉君""殉社稷"等等风俗，推尊为道德的行为，便可见存我主义所以不见容的原因了。其实存我观念本是生物天然的趋向，本身并无什么不道德。杨朱即用这个观念作为他的"为我主义"的根据。他又恐怕人把自我观念看作损人利己的意思，故刚说："智之所贵，存我为贵。"忙接着说："力之所贱，侵物为贱。"他又说：

> 古之人损一毫利天下不与也。悉天下奉一身不取也。人人不损一毫，人人不利天下，天下治矣。

杨朱的为我主义,并不是损人利己。他一面贵"存我",一面又贱"侵物";一面说"损一毫利天下不与也",一面又说"悉天下奉一身不取也"。他只要"人人不损一毫,人人不利天下"。这是杨朱的根本学说。

五、悲观

杨朱主张为我。凡是极端为我的人,没有一个不抱悲观的。你看杨朱说:

> 百年寿之大齐。得百年者,千无一焉。设有一者,孩提以逮昏老,几居其半矣。夜眠之所弭,昼觉之所遗,又几居其半矣。痛疾、哀苦、亡失、忧惧,又几居其半矣。量十数年之中,逌然而自得,亡介焉之虑者,亦亡一时之中尔。则人之生也奚为哉?奚乐哉?为美厚尔,为声色尔。而美厚复不可常厌足,声色不可常玩闻,乃复为刑赏之所禁劝,名法之所进退。遑遑尔,竞一时虚誉,规死后之余荣;偊偊尔,慎耳目之观听,惜身意之是非;徒失当年之至乐,不能自肆于一时,重囚累梏,何以异哉?
>
> 太古之人,知生之暂来,知死之暂住。故从心而动,不违自然所好;当身之娱,非所去也,故不为名所劝。从性而游,不逆万物所好;死后之名,非所取也,故不为刑所及。名誉先后,年命多少,非所量也。

又说:

> 万物所异者,生也。所同者,死也。生则贤愚贵贱,是所异也。死则臭腐消灭,是所同也。……十年亦死,百年亦

死；仁圣亦死，凶愚亦死。生则尧舜，死则腐骨；生则桀纣，死则腐骨。腐骨一也，孰知其异？且趣当生，奚遑死后？

大概这种厌世的悲观，也都是时势的反动。痛苦的时势，生命财产朝不保夕，自然会生出两种反动：一种是极端苦心孤行的救世家，像墨子、耶稣一流人；一种就是极端悲观的厌世家，像杨朱一流人了。

六、养生

上文所引"从心而动，不违自然所好……从性而游，不逆万物所好"，已是杨朱养生论的大要。杨朱论养生，不要太贫，也不要太富。太贫了"损生"，太富了"累身"。

然则……其可焉？在曰：可在乐生，可在逸身。善乐生者不窭，善逸身者不殖。

又托为管夷吾说养生之道：

肆之而已，勿壅勿阏。……恣耳之所欲听，恣目之所欲视，恣鼻之所欲向，恣口之所欲言，恣体之所欲安，恣意之所欲行。

又托为晏平仲说送死之道：

既死岂在我哉？焚之亦可，沉之亦可，瘗之亦可，露之亦可，衣薪而弃诸沟壑亦可，衮衣绣裳而纳诸石椁亦可：唯所遇焉。

杨朱所主张的只是"乐生""逸身"两件。他并不求长寿，也不求不死。

> 孟孙阳问杨子曰："有人于此，贵生爱身以蕲不死，可乎？"曰："理无不死。"
> "以蕲久生，可乎？"曰："理无久生。……且久生奚为？五情所好恶，古犹今也；四体安危，古犹今也；世事苦乐，古犹今也；变易治乱，古犹今也。既见之矣，既闻之矣，百年犹厌其多，况久生之苦也乎？"
> 孟孙阳曰："若然，速亡愈于久生，则践锋刃，入汤火，得所志矣。"杨子曰："不然。既生则废而任之，究其所欲以俟于死。将死则发而任之，究其所之以放于尽。无不废，无不任，何遽迟速于其间乎？"

不求久生不死，也不求速死，只是"从心而动，任性而游"。这是杨朱的"自然主义"。

诸子哲学　91

别墨

（节选）

《墨辩》论知识

知识论起于老子、孔子，到"别墨"始有精密的知识论。

《墨辩》论"知"，分为三层：

"知，材也。"（《经上》）说曰："知材，知也者，所以知也。而（不）必知（旧脱不字，今据下文"而不必得"语法增）若明。"这个"知"是人"所以知"的才能（材才通）。有了这官能，却不必便有知识。譬如眼睛能看物，这是眼睛的"明"，但是有了这"明"，却不必有所见。为什么呢？因为眼须见物，才是见；知有所知，才是知。（此所谓知，如佛家所谓"根"。）

"知，接也。"（《经上》）说曰："知，知也者，以其知过物而能貌之若见。"这个"知"是"感觉"（Sensation）。人本有"所以知"的官能，遇着外面的物事，便可以知道这物事的态貌，才可发生一种"感觉"。譬如有了眼睛，见着物事，才有"见"的感觉。（此所谓知，如佛家所谓"尘"。此所谓接，如佛家所谓"受"。）

"恕，明也。"(《经上》。旧作怨，今依顾千里校改）说曰："恕，恕（旧皆作怨）也者，以其知论物而其知之也著，若明。"这个"恕"是"心知"，是"识"。有了"感觉"，还不算知识。譬如眼前有一物瞥然飞过，虽有一种"感觉"，究竟不是知识。须要能理会得这飞过的是什么东西（论译"理会"最切。王念孙校《荀子·正名》篇："辞也者，兼异实之名以论一意也。"谓论当作谕。谕，明也。其说亦可通，但不改亦可通），须要明白这是何物（著，明也），才可说有了知觉。(此所谓恕，如佛家所谓"识"。）如《经上》说：

闻，耳之聪也。循所闻而得其意，心之察也。言，口之利也。执所言而意得见，心之辩也。

所以"知觉"含有三个分子：一是"所以知"的官能，二是由外物发生的感觉，三是"心"的作用。要这三物通力合作，才有"知觉"。

但是这三物如何能同力合作呢？这中间须靠两种作用：一个是"久"，一个是"宇"。《墨辩》说：

久，弥异时也。(《经上》）说曰：久，合古今旦莫。（校改）
宇，弥异所也。(《经上》）说曰：宇，冡东西南北。（校改冡即蒙字）

久即是"宙"，即是"时间"。宇即是"空间"（Time and Space）。须有这两种的作用，方才可有知觉。《经下》说：

不坚白，说在无久与宇。坚白，说在因（原文有误读处，今正。因疑作盈）。说曰：无坚得白，必相盈也。

《经上》说：

>坚白不相外也。说曰：坚（白）异处不相盈，相非（通排），是相外也。

我们看见一个白的物事，用手去摸，才知道他又是坚硬的。但是眼可以见白，而不可得坚；手可以得坚，而不可见白。何以我们能知道这是一块"坚白石"呢？这都是心知的作用。知道刚才的坚物，就是此刻的白物，是时间的组合。知道坚白两性相盈，成为一物，是空间的组合。这都是心知的作用，有这贯串组合的心知，方才有知识。

有了久与宇的作用，才有"记忆"。《墨辩》叫作"止"，止即是"志"。古代没有去声，所以止志通用（《论语》："多见而识之"，"贤者识其大者"。古本皆作志）。久的作用，于"记忆"更为重要。所以《经下》说：

>知而不以五路，说在久。说曰：智以目见，而目以火见，而火不见。唯以五路知。久，不当以火见，若以火。
>（参看章炳麟《原名》篇说此条）

"五路"即是"五官"。先由五路知物，后来长久了，虽不由五路，也可见物。譬如昨天看梅兰芳的戏，今天虽不在吉祥园，还可以想起昨天的戏来。这就是记忆的作用了。

知识又须靠"名"的帮助。《小取》篇说："名以举实。"《经上》说：

>举，拟实也。说曰：举，告。以文名举彼实也。

"拟"是《易·系辞传》"圣人有以见天下之赜而拟诸形容，像其物宜"的拟。例如我们用一个"人"字代表人的一切表德，所以见了一个人，便有"人"的概念，便知道他是一个"人"。记得一个"人"的概念，便可认得一切人，正不须记人人的形貌状态等等。又如"梅兰芳"一个概念，也代表梅兰芳的一切表德。所以我对你说"梅兰芳"，你便知道了，正不用细细描摹他的一切形容状态。如《经下》说：

> （火）必热，说在顿。说曰：见火谓火热也，非以火之热。

一个"火"字便包含火的热性。所以远远见火，便可说那火是热的，正不必等到亲自去感觉那火的热焰。"火必热，说在顿。"顿字也是记忆的意思。这是名字的大用处。

《墨辩》分"名"为三种：

> 名：达、类、私（《经上》）。说曰：名。"物"，达也。有实必待文名（旧误作多）也。命之"马"，类也。若实也者，必以是名也。命之"臧"，私也。是名也，止于是实也。

"达名"是最普及的名字，例如"物"字。"类名"是一类物事的名称，例如"牛""马""人"，凡是属这一类的，都可用这一类的"类名"。所以说："若实也者，必以是名也。""私名"是"本名"。例如"臧获""梅兰芳"皆是这一个个人的名字，不可移用于别人（臧获皆当日的人名，本是私名，后人误以为仆役之类名，非也。此如"梅香"本是私名，后以名此者多，遂成女婢之类名矣。又如"丫头"亦是私名，今亦成类名矣）。所以说："是名也，止于是实也。"

知识的种类。《墨辩》论"知道"的分别，凡有三种：

> 知：闻、说、亲（《经上》）。说曰：知，传受之闻也。方不㢴，说也。身观焉，亲也。

第一种是别人传授给我的，故叫作"闻"。第二种是由推论得来

诸子哲学　95

的，故叫作"说"（《经上》："说，所以明也"）。第三种是自己亲身经历来的，故叫作"亲"。如今且分别解说如下：

闻。这个"闻"字，有两种意思。《经上》说：

> 闻：传、亲。说曰：或告之，传也。身观焉，亲也。

一种是"传闻"，例如人说有鬼，我也说有鬼，这是"把耳朵当眼睛"的知识。一种是"亲闻"，例如听见一种声音，知道他是钟声，或是锣声，这是亲自经历来的知识，属于上文的第三种，不属于第一种。

说亲。科学家最重经验（墨子说的"百姓耳目之实"），但是耳目五官所能亲自经历的，实在不多。若全靠"亲知"，知识便有限了，所以须有"推论"的知识。《经下》说：

> 闻所不知若所知，则两知之。说曰：闻，在外者，所不知也。或曰："在室者之色，若是其色。"是所不知若所知也。犹白若黑也，谁胜是？若其色也若白者，必白。今也知其色之若白也，故知其白也。夫名，以所明正所不知，不以所不知疑（同拟。拟，举寔也。说见上文）。所明，若以尺度所不知长。

> 外亲知也。室中，说知也。

此说一个人立屋之外，不知屋子里人是什么颜色。有人说："屋里的人的颜色，同这个人一样。"若这个人是白的，我便知道屋里人也是白的了。屋外的白色，是亲自看见的；屋里的白色，是由"推论"得知的。有了推论，便可坐在屋里，推知屋外的事；坐在北京，推知世界的事；坐在天文台上，推知太阳系种种星球的事。所以说："方不障，说也。"这是《墨辩》的一大发明（亲即佛家所谓"现量"，说即"比量"传近似"圣教量"而略有不同也）。

实验主义（应用主义），墨子的"应用主义"，要人把知识来应用。所以知与不知的分别，"非以其名也，以其取也"。这是墨子学说的精彩。到了"别墨"，也还保存这个根本观念。《经下》说：

> 知其所以不知说在以名取。说曰：我有若视，曰知。杂所知与所不知而问之，则必曰，是所知也，是所不知也。取去俱能之是两知之也。

这和所引《墨子·贵义》篇瞽者论黑白一段相同。怎样能知道一个人究竟有知无知呢？这须要请他去实地试验，须请他用他已知的"名"去选择。若他真能选择得当，"取去俱能之"，那才是真知识。

但是《墨辩》的人生哲学，虽也主张"知行合一"，却有两层特别的见解。这些"别墨"知道人生的行为，不是完全受"知识"的节制。"知识"之外，还有"欲望"，不可轻视。所以《经上》说：

> 为，穷知而悬于欲也。

"为"便是行为。他说行为是知识的止境，却又是倚赖着"欲"的。《经说》上说这一条道：

> 为，欲斵其指（孙说，斵，是斵之讹），智不知其害，是智之罪也。若智之慎之也，无遗于害也，而犹欲斵之，则离之（孙说，离即罹）。……是不以所疑止所欲也。

懂得这个道理，然后可懂得"别墨"的新"乐利主义"。墨子已有"义即是利"的意思，但是他却没有明白细说。到了"别墨"，才有完满的"乐利主义"。《经上》说：

> 义，利也。利，所得而喜也。害，所得而恶也。

这比说"义即是利"又进一层，直指利害的来源，在于人情的喜恶。就是说善恶的来源，在于人情的欲恶。所以一切教育的宗旨，在于要使人有正当的欲恶。欲恶一正，是非善恶都正了。所以《经上》说：

> 欲正，权利；恶正，权害。（《大取》篇云："于所体之中而权轻重之谓权"）

乐利主义之公式。但是如何才是正当的欲恶呢？《大取》篇有一条公式道：

> 利之中取大，害之中取小。……利之中取大，非不得已也。害之中取小，不得已也。
>
> 所未有而取焉，是利之中取大也。于所既有而弃焉，是害之中取小也。……害之中取小也，非取害也，取利也。其所取者，人之所执也。遇盗人而断指以免身，利也。其遇盗人，害也。断指与断腕，利于天下相若，无择也。死生利若一，无择也。……于事为之中而权轻重之谓求。求，为之（之通是），非也。害之中取小，求为义为非义也。……

细看这个公式的解说，便知"别墨"的乐利主义并不是自私自利，乃是一种为天下的乐利主义。所以说："断指与断腕，利于天下相若，无择也。"可以见"利之中取大，害之中取小"，原只是把天下"最大多数的最大幸福"做一个前提。

论辩

辩的界说。墨家的"辩"，是分别是非真伪的方法。《经上》说：

> 辩，争彼也。辩胜，当也。说曰：辩，或谓之牛，或谓之非牛，是争彼也。是不俱当。不俱当，必或不当。不当若犬。

《经说下》说：

> 辩也者或谓之是，或谓之非，当者胜也。

"争彼"的"彼"字，当是"佊"字之误（其上有"攸，不可两不可也"，攸字亦佊字之误。叚钣形近而误）。佊字《广雅释诂》二云："衺也。"王念孙疏证云："《广韵》引《埤苍》云：'佊，邪也'；又引《论语》'子西佊哉'。今《论语》作彼。"据此可见佊误为彼的例。佊字与"诐"通。《说文》："诐，辩论也。古文以为颇字。从言，皮声。"诐、颇、佊，皆同声相假借。后人不知佊字，故又写作"驳"字。现在的"辩驳"，就是古文的"争佊"。先有一个是非意见不同，一个说是，一个说非，便"争佊"起来了。怎样分别是非的方法，便叫作"辩"。

辩的用处及辩的根本方法。《小取》篇说：

> 夫辩者，将以明是非之分，审治乱之纪，明同异之处，察名实之理，处利害，决嫌疑。焉（焉，乃也）摹略万物之然，论求群言之比；以名举实，以辞抒意，以说出故；以类取，以类予；有诸己，不非诸人；无诸己，不求诸人。

这一段先说辩的目的，共有六项：（一）明是非，（二）审治乱，（三）明同异，（四）察名实，（五）处利害，（六）决嫌疑。"摹略万物之然，论求群言之比"两句，总论"辩"的方法，"摹略"有探讨搜求的意义（《太玄》注："摹者，索而得之。"又："摹，索取也。"《广雅·释诂》三："略，求也。"又《方言》二："略，求也。就室曰搜

诸子哲学 99

，于道曰略。"孙引俞正燮语未当）。论辩的人须要搜求观察万物的现象，比较各种现象交互的关系，然后把这些现象和这种种关系，都用语言文字表示出来。所以说："以名举实，以辞抒意，以说出故。"种种事物，都叫作"实"。实的称谓，便是"名"。所以《经说下》说："所以谓，名也。所谓，实也。"例如说"这是一匹马"，"这"便是实，"一匹马"便是名。在文法上和法式的论理上，实便是主词（Subject），名便是表词（Predicate），合名与实，乃称为"辞"（Proposition or Judgment）（辞或译"命题"，殊无道理）。单有名，或单有实，都不能达意。有了"辞"，才可达意。但是在辩论上，单有了辞，还不够用。例如我说《管子》一部书不是管仲做的"，人必问我："何以见得呢？"我必须说明我所以发这议论的理由。这个理由，便叫作"故"（说详下）。明"故"的辞，便叫作"说"（今人译为"前提"Premise）。《经上》说："说，所以明也。"例如：

"《管子》"（实）是"假的"（名）。……（所立之辞）
因为《管子》书里有许多管仲死后的故事。……（说）

怎么叫作"以类取，以类予"呢？这六个字又是"以名举实，以辞抒意，以说出故"的根本方法。取是"举例"，予是"断定"。凡一切推论的举例和断语，都把一个"类"字做根本。"类"便是"相似"（《孟子》："故凡同类者，举相似也"），例如我认得你是一个"人"，他和你相似，故也是"人"，那株树不和你相似，便不是"人"了。即如名学中最普通的例：

孔子亦有死。为什么呢？
因为孔子是一个"人"。
因为凡是"人"都有死。

这三个"辞"和三个"辞"的交互关系，全靠一个"类"字（参看附图）。印度因明学的例，更为明显：

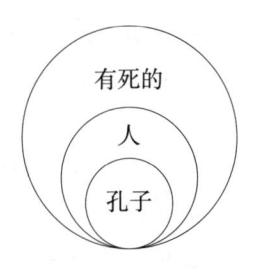

```
       有死的
         人
        孔子
```

声是无常的（无常谓不能永远存在），……（宗）
因为声是做成的，………………………（因）
凡是做成的都是无常的，例如瓶……（喻体/喻依）

如下图："声"与"瓶"同属于"做成的"一类，"做成的"又属于"无常的"一类，这叫作"以类予"。在万物之中，单举"瓶"和"声"相比，这是"以类取"。一切推论是归纳，是演绎，都把一个"类"字做根本。所以《大取》篇说：

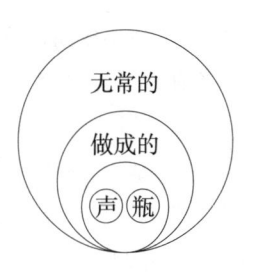

```
     无常的
     做成的
     声 瓶
```

夫辞以类行者也。立辞而不明于其类，则必困矣。

一切论证的谬误，都只是一个"立辞而不明于其类"。

故。 上文说的"以说出故"的"故"乃是《墨辩》中一个极重要的观念，不可不提出细说一番。《经上》说：

故所得而后成也。说曰：故，小故，有之不必然，无之必不然。体也，若有端。大故，有之必（然），无（之必不）然。若见之成见也。（孙诒让补然字及之必不三字，是也。今从之。唯孙移体也五字，则非。）

　　《说文》："故，使为之也。"用棍敲桌，可使桌响；用棍打头，可使头破。故的本义是"物之所以然"，是成事之因。无此因，必无此果，所以说："故，所得而后成也。"如《庄子·天下》篇："黄缭问天地所以不坠不陷，风雨雷霆之故。"引申出来，凡立论的根据，也叫作"故"。如上文引的"以说出故"的故，是立论所根据的理由。《墨辩》的"故"，总括这两种意义。《经说》解此条，说"故"有大小的分别。小故是一部分的因。例如人病死的原因很复杂，有甲、乙、丙、丁等，单举其一，便是小故。有这小故，未必便死；但是若缺这一个小故，也决不致死。故说："小故，有之不必然，无之必不然。"因为他是一部分的因，故又说："体也，若有端。"（体字古义为一部分。《经上》说："体，分于兼也。"兼是全部，体是一部分。《经说》曰："体，若二之一，尺之端也。"尺是线，端是点。二分之一，线上之点，皆一部分。）大故乃各种小故的总数，如上文所举甲、乙、丙、丁之和，便是大故。各种原因都完全了，自然发生结果。所以说："大故，有之必然，无之必不然。"譬如人见物须有种种原因，如眼光所见的物，那物的距离，光线、传达光线的媒介物，能领会的心知等等（印度哲学所谓"九缘"是也）。此诸"小故"，合成"大故"，乃可见物，故说"若见之成见也"。

　　以上说"故"字的意义。《墨辩》的名学，只是要人研究"物之所以然"（《小取》篇所谓"摹略万物之然"），然后用来做立说的根据。凡立论的根据，所以不能正确，都只是因为立论的人见理不明，把不相干的事物，牵合在一处，强说他们有因果的关系；或是因为见理不完全，把一部分的小故，看作了全部的大故。科学的推论，只是要求这种大故；谨严的辩论，只是能用这种大故做根据。再看《经下》说：

> 物之所以然，与所以知之，与所以使人知之，不必同。说在病。说曰：物或伤之，然也。见之，智也。告之，使知也。

"物之所以然"，是"故"。能见得这个故的全部，便是"智"。用所知的"故"，作立说的"故"，方是"使人知之"。但是那"物之所以然"是一件事，人所寻出的"故"又是一件事。两件事可以相同，但不见得一定相同。如"物之所以然"是甲、乙、丙三因，见者以为是丁、戊，便错了，以为单是甲，也错了。故立说之故，未必真是"有之必然，无之必不然"的故。不能如此，所举的故便不正确，所辩论的也就没有价值了。

法。《墨辩》还有一个"法"的观念很重要。《经上》说：

> 法，所若而然也。说曰：意、规、员，三也，俱可以为法。

法字古文作佱从亼（即集合之集）从正，本是一种模子。《说文》："法，刑也。模者，法也。范者，法也。型者，铸器之法也。"法如同铸钱的模子，把铜汁倒进去，铸成的钱，个个都是一样的。这是法的本义。所以此处说："法，所若而然也。"若，如也。同法的物事，如一个模子里铸出的钱，都和这模子一样。"所若而然"便是"仿照这样去做，就是这样"。譬如画圆形，可有三种模范。第一是圆的概念，如"一中同长为圆"，可叫作圆的"意"。第二是作圆的"规"。第三是已成的圆形，依着模仿，也可成圆形。这三种都可叫作"法"。法即是模范，即是法象。依"法"做去，自生同样效果。故《经下》说：

诸子哲学　103

一法者之相与也尽类，若方之相合也。说在方。说曰：
一方尽类，俱有法而异，或木或石，不害其方之相合也。尽
类，犹方也，物俱然。

这是说同法的必定同类。这是墨家名学的一个重要观念。上文说"故"是"物之所以然"，是"有之必然"。今说"法"是"所若而然"。把两条界说合起来看，可见故与法的关系。一类的法即是一类所以然的故。例如用规写圆，即是成圆之故，即是作圆之法。依此法做，可作无数同类的圆。故凡正确的故，都可作为法；依他做去，都可发生同样的效果。若不能发生同类的效果，即不是正确之故。科学的目的只是要寻出种种正确之故，要把这些"故"列为"法则"（如科学的律令及许多根据于经验的常识），使人依了做去可得期望的效果。名学的归纳法是根据于"有之必然"的道理，去求"所以然"之故的方法。名学的演绎法是根据于"同法的必定同类"的道理，去把已知之故作立论之故（前提），看他是否能生出同类的效果。懂得这两个大观念——故与法——方才可讲《墨辩》的名学。

辩的七法。 以上说一切论辩的根本观念。如今且说辩的各种方法。《小取》篇说：

或也者，不尽也。
假也者，今不然也。
效也者，为之法也。所效者，所以为之法也。故中效，则是也；不中效，则非也。此效也。
辟也者，举也物而以明之也。
侔也者，比辞而俱行也。
援也者，曰子然，我奚独不可以然也。
推也者，以其所不取之同于其所取者予之也。是犹谓"也者同也"，吾岂谓"也者异也"。

这七种今分说于下：

（一）或也者，不尽也。《经上》说："尽，莫不然也。"或字即古域字，有限于一部分之意。例如说"马或黄或白"，黄白都不能包举一切马的颜色，故说"不尽"。《易文言》说："或之者，疑之也。"不能包举一切，故有疑而不决之意。如说"明天或雨或晴""他或来或不来"，都属此类。

（二）假也者，今不然也。假是假设，如说"今夜若起风，明天定无雨"。这是假设的话，现在还没有实现，故说"今不然也"。

这两条是两种立辞的方法，都是"有待之辞"。因为不能斩截断定，故未必即引起辩论。

（三）效也者，为之法也。所效者，所以为之法也。故（故即"以说出故"之故，即前提）中效则是也，不中效则非也。效是"效法"的效，法即是上文"法，所若而然也"的法。此处所谓"效"，乃是"演绎法"的论证（又译外籀）。这种论证，每立一辞，须设这辞的"法"，作为立辞的"故"。凡依了做去，自然生出与辞同样的效果的，便是这辞的"法"。这法便是辞所仿效。所设立辞之"故"，须是"中效"（"中效"即是可作模范，可以被仿效。中字如"中看不中吃"之中）的"法"；若不可效法，效法了不能生出与所立的辞同类的效果，那个"故"便不是正确的故了。例如说：

这是圆形。何以故？因这是"规写交"的（用《经说上》语）。

"这是圆形"，是所立的辞（因明学所谓宗）。"规写交的"，是辞所根据的"故"。依这"故"做，皆成圆形，故是"中效"的法，即是正确的故。因明学论"因"须有"遍是宗法性"也是这个道理。窥基作《因明论疏》，说此处所谓"宗法"，乃是宗的"前陈"之法，不是"后陈"之法（前陈即实，后陈即名），这话虽不错，但仔细说来，须说因是宗的前陈之法，宗的后陈又是这因的法。如上例，"规写交

诸子哲学　105

的"是这个圆之法;"圆形"又是"规写交的"之法(因规写交的皆是圆形,但圆形未必是用规写交的)。

上文说过,凡同法的必定同类。依此理看来,可以说求立辞的法即是求辞的类。三支式的"因",三段论法的"中词"(Middle Term),其实只是辞的"实"(因明学所谓宗之前陈)所属的类,如说"声是无常,所作性故"。所作性是声所属的类。如说"孔子必有死,因他是人",人是孔子的类名。但这样指出的类,不是胡乱信手拈来的,须恰恰介于辞的"名"与"实"之间,包含着"实",又正包含在"名"里,故西洋逻辑称他为"中词"。

因为同法必定同类,故演绎法的论证,不必一定用三支式(三支式,又名三段论法)。因明学有三支,西洋逻辑自亚里士多德以来,也有三段论法。其式如下:

印度三支	孔子必有死,因孔子是一个人,凡"人"皆有死。例如舜。	西洋三段	凡"人"皆有死,孔子是一个"人",故孔子必有死。

这种论式固是极明显完密,但《墨辩》所说的"效",实在没有规定"三支"的式子。章太炎的《原名》篇说墨家也有三支。其说如下:

《墨经》以因为故。其立量次第:初因,次喻体,次宗,悉异印度大秦。《经》曰:"故,所得而后成也。"《说》曰:"故,小故,有之不必然,无之必不然。体也,若有端。大故,有之必无然。(〔原注〕案无是羡文)若见之成见也。"夫分于兼之谓体;无序而最前之谓端。特举为体,分二为节,之谓见(〔原注〕皆见《经上》及《经说上》。本云:"见:体、尽。"《说》曰:"见。时者,体也。二者,尽也。"按时读为特，尽读为节。《管子·弟子职》曰："圣之高下，乃承厥火。"以圣为烬，与此以尽为节同例。特举之则为一体，分二之则为数节）。今设为量曰："声是所作（因），凡所作者皆无常（喻体），故声无常（宗）。初以因，因局，故谓之小故（〔原注〕犹今人译为小前提者）。无序而最前，故拟之以端。次之喻体，喻体通，故谓之大故（〔原注〕犹今人译为大前提者）。"此"凡所作"，体也；彼"声所作"，节也。故拟以见之成见（〔原注〕上见谓体，下见谓节）。

太炎这一段话，未免太牵强了。《经说上》论大故小故的一节，不过是说"故"有完全与不完全的分别（说详上文），并不是说大前提与小前提。太炎错解了"体也若有端"一句，故以为是说小前提在先之意。其实"端"即是一点，并无先后之意（看《墨子间诂》解"无序而最前"一句）。太炎解"见"字更错了（看上文解"若见之成见也"一句）。《经上》说：

见：体尽。说曰：时者，体也。二者，尽也。

此说见有两种：一是体见，一是尽见。孙诒让说时字当读为特，极是。《墨辩》说"体，分于兼也"，又"尽，莫不然也"（皆见《经上》）。体见是一部分的见，尽见是统举的见。凡人的知识，若单知一物，但有个体的知识，没有全称的知识。如莎士比亚（Shakespeare）的"暴风"一本戏里的女子，生长在荒岛上，所见的男子只有他父亲一个人，他决不能有"凡人皆是……"的统举的观念。至少须见了两个以上同类的物事，方才可有统举的观念，方才可有全称的辞。因明学的"喻依"（如说："凡所作者，皆是无常，犹如瓶等。"瓶等即是喻依。以瓶喻声也），与古因明学的"喻"，都是此理。今举古因明的例如下（此例名五分作法）：

诸子哲学　107

宗　声是无常。
因　所作性故。
喻　犹如瓶等。
合　瓶所作性，瓶是无常；声所作性，声亦无常。
结　是故得知，声是无常。

单说一个"所作"之物，如"声"，只可有一部分的知识，即是上文所谓"特者，体也"。若有了"瓶"等"所作"之物为推论的根据，说"瓶是所作，瓶是无常；声是所作，声亦无常"。这虽是"类推"（Analogy）的式子，已含有"归纳"（Induction）的性质，故可作全称的辞道："凡所作者，皆是无常。"这才是统举的知识，即是上文所说的"二者，尽也"。太炎强把"尽"字读为节字（此类推法之谬误），以为墨家有三支式的证据，其实是大错的。《墨辩》的"效"，只要能举出"中效的故"，——因明所谓因，西洋逻辑所谓小前提，——已够了，正不必有三支式。何以不必说出"大前提"呢？因为大前提的意思，已包含在小前提之中。如说"孔子必有死，因孔子是人"。我所以能提出"人"字作小前提，只为我心中已含有"凡人皆有死"的大前提。换言之，大前提的作用，不过是要说明小前提所提出的"人"，乃是介于"孔子"与"有死"的两个名词之间的"中间"。但是我若不先承认"人"是"孔子"与"有死"两者之间的"中词"，我决不说"因孔子是人"的小前提了，故大前提尽可省去（古因明之五分作法也没有大前提）。

以上说"效"为演绎法的论证。

（四）辟也者，举也物而以明之也。也物即他物。把他物来说明此物，叫作譬。《说苑》有一段惠施的故事，可引来说明这一节：

梁王谓惠子曰："愿先生言事则直言耳，无譬也。"惠子曰："今有人于此，而不知弹者，曰：弹之状何若？应曰：弹之状如弹，则谕乎？"王曰："未谕也。""于是更应曰：弹之状如弓,而以竹为弦,则知乎?"王曰:"可知矣。"惠子曰:"夫说者固以其所知谕其所不知而使人知之,今王曰无譬,则不可矣。"

(五)侔也者,比辞而俱行也。侔与辟都是"以其所知谕其所不知而使人知之"的方法,其间却有个区别。辟是用那物说明这物;侔是用那一种辞比较这一种辞。例如公孙龙对孔穿说:

龙闻楚王……丧其弓,左右请求之。王曰:"止。楚王遗弓,楚人得之,又何求乎?"仲尼闻之曰:"……亦曰'人亡之,人得之'而已。何必楚?"若此仲尼异"楚人"于所谓"人"。夫是仲尼异"楚人"于所谓"人",而非龙异"白马"于所谓"马",悖(《公孙龙子》一)。

这便是"比辞而俱行"。

辟与侔皆是"使人知之"的方法。说话的人,已知道那相比的两件,那听的人却知道一件。所以那说话的人须要用那已知的来比喻那不知道的。因此这两种法子,但可说是教人的方法,或是谈说的方法,却不能作为科学上发明新知识的方法。

(六)援也者,曰子然,我奚独不可以然也。《说文》:"援,引也。"现今人说"援例",正是此意。近人译为类推(Analogy)。其实"类推"不如"援例"的明白切当。援例乃是由这一件推知那一件,由这一个推知那一个。例如说:

《广韵》引《论语》"子西彼哉"。今《论语》作"彼哉"。因此可见《墨辩》"辩争彼也"的"彼"字或者也是"伋"字之误。

又如说:

诸子哲学　109

《庄子》《列子》"人又反入于机。万物皆出于机，皆入于机。"这三个"机"字皆当作"几"。《易·系辞传》："圣人之所以极深而研几也。"《释文》云："几本或作机。"这是几误为机的例。

"援例"的推论的结果，大都是一个"个体"事物的是非，不能常得一条"通则"。但是"援例"的推论，有时也会有与"归纳"法同等的效能，也会由个体推知通则。例如见张三吃砒霜死了，便可知李大若吃砒霜也会死。这种推论，含有一个"凡吃砒霜的必死"的通则。这种由一个个体推知通则的"援例"，在《墨辩》另有一个名目，叫作"擢"。《经下》说：

擢虑不疑，说在有无。《说》曰：擢，疑无谓也。臧也今死，而春也得之又死也，可（之又两字旧作"文文"，今以意改）。

《说文》："擢，引也。"与"援"同义。此类的推论，有无易见，故不用疑。例如由臧之死可推知春的死，与上文吃砒霜的例相同（孙诒让读擢为榷非也）。

（七）推也者，以其所不取之同于其所取者予之也。是犹谓"也者同也"，吾岂谓"也者，异也"。"也者，同也"，"也者，异也"，上两也字，都是"他"字。这个"推"便是"归纳法"，亦名"内籀法"。上文说过，"取"是举例，"予"是断定。归纳法的通则，是"观察了一些个体的事物，知道他们是如此，遂以为凡和这些已观察了的例同样的事物，也必是如此"。那些已观察了的例，便是"其所取者"。那些没有观察了的物事，便是"其所未取"。说那些"所未取"和这些"所取者"相同，因此便下一个断语，这便是"推"。我们且把钱大昕发明"古无轻唇音只有重唇音"一条通则的方法引来作例（轻唇音如 f、v 等音，重唇音如 b、p 等音）。

1. 举例（以类取）——"其所取者"：

（1）《诗》"凡民有丧，匍匐救之"，《檀弓》引作"扶服"，《家语》引作"扶伏"。又"诞实匍匐"，《释文》本亦作"扶服"。《左传》昭十二年"奉壶觞以蒲伏焉"，《释文》："本又作匍匐。蒲本又作扶。"昭二十一年"扶伏而击之"，《释文》："本或作匍匐。"……

（2）古读扶如酺，转为蟠（证略，下同）。

（3）服又转为犕。……

（4）服又转为暋（音暴）。……

（5）伏抱互相训，而声亦相转，此伏羲所以为庖牺。……

（6）伏又与逼通。……

（7）古音负如背，亦如倍。……《书·禹贡》"至于陪尾"，《史记》作"负尾"，《汉书》作"倍尾"。……

（8）古读附如部。……

（9）苻即蒲字。……

（10）古读佛如弼。……

（11）古读文如门。……

（12）古读弗如不。……

（13）古读拂如弼。……

（14）古读繁如馨。……

（15）古读蕃如卞。……藩如播。……

（16）古读偾如奔。……读纷如豳。……

（17）古读甫如圃。……

（18）古读方如旁。……

（19）古读逢如蓬。……

（20）古读封如邦。……

（21）古读勿如没。……

（22）古读非如颁。……

（23）古读匪如彼。……

（24）古文妃与配同。……

诸子哲学 111

（25）腓与膑同。……

（26）古音微如眉。……

（27）古读无如模，……又转如毛，……又转为末。……

（28）古读反如变。……

（29）古读馥如苾。……（以下诸例略）

2. 断语（以类予）——"以其所未取之同于其所取者，予之"：

凡轻唇之音（非敷奉微），古读皆为重唇音（帮滂并明）。我把这一条长例，几乎全抄下来，因为我要读者知道中国"汉学家"的方法，很有科学的精神，很合归纳的论理。

"推"的界说的下半段"是犹谓他者同也，吾岂谓他者异也"，又是什么意思呢？人说"那些不曾观察的，都和这些已观察了的相同"（他者同也），我若没有正确的"例外"，便不能驳倒这通则，便不能说"那些并不和这些相同"（他者异也）。例如上文"古无轻唇音"一条，我若不能证明古有轻唇音，便不能说"这二三十个例之外的轻唇音字古时并不读重唇"。

以上为七种"辩"的方法。"或"与"假"系"有待的"辞，不很重要。"效"是演绎法，由通则推到个体，由"类"推到"私"。"辟"与"侔"都用个体说明别的个体，"援"由个体推知别的个体，"推"由个体推知通则。这四种——辟、侔、援、推——都把个体的事物作推论的起点，所以都可以叫作"归纳的论辩"。

这七种之中，"推"最为重要。所以现在且把"推"的细则详说于下。

"推"（归纳）的细则。 自密尔（Mill）以来，归纳的研究法，大概分为五种：1. 求同；2. 求异；3. 同异交得；4. 求余；5. 共变。

这五术，其实只有同异两件。"求余"便是"求异"，"共变"也就是"同异交得"的一种。《墨辩》论归纳法，只有同、异、同异交得三法。

1. 同。《经上》说："同异，而俱于之一也"（之同"是"）。此言观察的诸例，虽有异体，却都有相同的一点。寻得这一点，便是求同。

2. 异。《墨辩》没有异的界说。我们可依上文"同"的界说,替他补上一条道:"异,同而俱于是二也。"所观察的诸例,虽属相同,但有一点或几点却不相同。求得这些不同之点,便是求异法。

3. 同异交得。《经上》云:"同异交得知有无。"这是参用同异两术以求知有无的方法。物的"同异有无"很不易知道,须要参用同异两种才可不致走入迷途。《经上》说:

> 法同则观其同,法异则观其宜止,因以别道。说曰:法取同,观巧转。法取彼择此,问故观宜。以人之有黑者有不黑者也,止黑人;与以人之有爱于人,有不爱于人,止爱(于)人:是孰宜止?彼举然者,以为此其然也,则举不然者而问之。

《经说下》云:

> 彼以此其然也,说"是其然也"。我以此其不然也,疑"是其然也"。

这两段都说该用"否定的例"(不然者)来纠正推论的错误。例如人说"共和政体但适用于小国,不适用于大国",又举瑞士、法兰西……为证。我们该问"你老先生为什么不举美国呢?"这里面便含有"同异交得"的法子。《经下》又说:

> 狂举不可以知异,说在有不可。说曰:狂举。牛马虽异(旧作"牛狂与马唯异",此盖由举字初误作与牛两字。后之写者,误删一牛字,以其不成文,又误移牛字于句首耳。唯通虽字),以"牛有齿,马有尾",说牛之非马也,不可。是俱有不偏有偏无有。曰牛之与马不类,用"牛有角,马无角",是类不同也。

诸子哲学

"偏有偏无有"的偏字，当作遍字（吾友张君崧年说）。《易经·益卦·上九象》曰："莫益之，偏辞也。"孟喜本作"遍辞也"，可见遍偏两字古相通用。这一段说的"遍有遍无有"，即是因明学说的"同品定有性，异品遍无性"。如齿，如尾，是牛马所同有，故不能用作牛马的"差德"。今说"牛有角，马无角"，是举出"牛遍有，马遍无有"的差德了。这种差德，在界说和科学的分类上，都极重要。其实只是一个"同异交得"的法子。

以上说《墨辩》论"辩"的方法。《小取》篇还有论各种论辩的许多谬误，现今不能细讲了。

《墨辩》概念。 《墨辩》六篇乃是中国古代第一奇书，里面除了论"知"论"辩"的许多材料之外，还有无数有价值的材料。今把这些材料分类约举如下：

1. 论算学。如"一少于二而多于五"诸条。
2. 论形学（几何）。如"平，同高也"；"中，同长也"；"圆，一中同长也"；"方，柱隅四讙也"诸条。
3. 论光学。如"二，临鉴而立，景到，多而若少，说在寡区"；"景之大小，说在地缶远近"诸条。
4. 论力学。如"力，形之所以奋也"；"力，重之谓，下与重奋也"诸条。（以上四项，吾友张君准现着《墨经诠损》专论之。）
5. 论心理学。如"生，形与知处也"；"卧，知无知也"；"梦，卧而以为然也"诸条。
6. 论人生哲学。如"仁，体爱也"；"义，利也"；"礼，敬也"；"孝，利亲也"；"利，所得而喜也；害，所得而恶也"诸条。
7. 论政治学。如"君，臣萌（同氓）通约也"；"功，利民也"；"罪，犯禁也"诸条。
8. 论经济学。如"买无贵，说在仮其贾"。说曰："买，刀粜相为贾。刀轻则粜不贵，刀重则粜不易。王刀无变，粜有变。岁变粜则岁变刀。"又说"贾宜则雠，说在尽"。说曰："贾，尽也者，尽去其

（所）以不雠也。其所以不雠去，则雠，正贾也。"这都是中国古经济学最精彩的学说。

以上八类，不过略举大概，以表示《墨辩》内容的丰富。因限于篇幅，只好从略了（吾另有《墨辩新诂》一书）。

如今且说墨家名学的价值。依我看来，墨家的名学在世界的名学史上，应该占一个重要的位置。法式的（Formal）一方面，自然远不如印度的因明和欧洲逻辑，但这是因为印度和欧洲的"法式的逻辑"都经过千余年的补绽工夫，故有完密繁复的法式。墨家的名学前后的历史大概至多不出二百年，二千年来久成绝学，怪不得他不会有发达的法式了。平心而论，墨家名学所有法式上的缺陷，未必就是他的弱点，未必不是他的长处。印度的因明学，自陈那以后，改古代的五分作法为三支，法式上似更完密了；其实古代的五分作法还带有归纳的方法，三支便差不多全是演绎法，把归纳的精神都失了。古代的"九句因"，很有道理；后来法式更繁，于是宗有九千二百余过，因有百十七过，喻有八十四过，名为精密，其实是大退步了。欧洲中古的学者，没有创造的本领，只能把古希腊的法式的论理演为种种样式。法式越繁，离亚里士多德的本意越远了。墨家的名学虽然不重法式，却能把推论的一切根本观念，如"故"的观念，"法"的观念，"类"的观念，"辩"的方法，都说得很明白透彻。有学理的基本，却没有法式的累赘。这是第一长处。印度希腊的名学多偏重演绎，墨家的名学却能把演绎归纳一样看重。《小取》篇说"推"一段及论归纳的四种谬误一段，近世名学书也不过如此说法。墨家因深知归纳法的用处，故有"同异之辩"，故能成一科学的学派。这是第二长处。

再说墨家名学在中国古代哲学史上的重要。儒家极重名，以为正名便可以正百物了。当时的个人主义一派，如杨朱之流，以为只有个体的事物，没有公共的名称："名无实，实无名，名者伪而已矣。"这两派绝对相反：儒家的正名论，老子、杨朱的无名论，都是极端派。"别墨"于两种极端派之间，别寻出一种执中的名学。他们不问名是否有实，实是否有名，他们单提出名与实在名学上的作用。故说："所

诸子哲学

谓，实也；所以谓，名也。"实只是"主词"（Subject），名只是"表词"（Predicable），都只有名学上的作用，不成为"本体学"（本体学原名Ontology，谕万物本体的性质与存在诸问题）的问题了（别墨以前的实，乃是西洋哲学所谓Substance，名即所谓Universals，皆有本体学的问题，故有"有名""无名"之争）。这是墨家名学的第一种贡献。中国的学派只有"别墨"这一派研究物的所以然之故。根据同异有无的道理，设为效、辟、侔、援、推各种方法。墨家名学的方法，不但可为论辩之用，实有科学的精神，可算得"科学的方法"。试看《墨辩》所记各种科学的议论，可以想见这种科学的方法应用。这是墨家名学的第二种贡献。墨家论知识，注重经验，注重推论。看《墨辩》中论光学和力学的诸条，可见墨家学者真能做许多实地试验。这是真正科学的精神，是墨学的第三种贡献。墨家名学论"法"的观念，上承儒家"象"的观念，下开法家"法"的观念。这是墨家名学的第四种贡献。

总而言之，古代哲学的方法论，莫如墨家的完密。墨子的实用主义和三表法，已是极重要的方法论。后来的墨者论"辩"的各法，比墨子更为精密，更为完全。从此以后，无论哪一派的哲学，都受这种方法论的影响。荀子的《正名》篇虽攻击当时的辩者，其实全是墨学的影响。孟子虽诋骂墨家，但他书中论方法的各条（如《离娄》篇首章及"博学而详说之""天下之言性也，则故而已矣"诸章），无一不显出墨学的影响。庄子的名学，也是墨家辩者的反动。至于惠施公孙龙一般人，都是直接的墨者，更不用说了。

惠施

一、惠施传略

惠施曾相梁惠王。梁惠王死时，惠施还在（《战国策》），惠王死在公元前319年。又据《吕氏春秋》（二十一）齐梁会于徐州，相推为王，乃是惠施的政策。徐州之会在公元前334年。据此看来，惠施的时代大约在公元前380年与公元前300年之间。《庄子·天下》篇说："惠施多方，其书五车。"又说有一个人叫作黄缭的，问天地所以不坠不陷和风雨雷霆之故，惠施"不辞而应，不虑而对，遍为万物说"。只可惜那五车的书和那"万物说"，都失掉了，我们所知道的，不过是他的几条残缺不完的学说。

二、惠施"厤物之意"

惠施的学说，如今所传，尽在《庄子·天下》篇中。原文是：

> 惠施……厤物之意（《释文》曰，厤古历字，……分别历说之）。曰：
> 至大无外，谓之大一；至小无内，谓之小一。
> 无厚不可积也，其大千里。
> 天与地卑，山与泽平（孙诒让曰：卑与比通，《广雅·释诂》曰：比，近也）。
> 日方中方睨，物方生方死。
> "大同"而与"小同"异，此之谓"小同异"。万物毕同毕异，此之谓"大同异"。
> 南方无穷而有穷。
> 今日适越而昔来。
> 连环可解也。
> 我知天下之中央：燕之北，越之南，是也。
> 泛爱万物，天地一体也。

诸子哲学

三、十事的解说

这十事的解说，自古以来，也不知共有多少种。依我个人的意思看来，这十事只是"泛爱万物，天地一体也"一个大主义。前九条是九种辩证，后一条是全篇的断案。前九条可略依章太炎《明见》篇，分为三组：

第一组，论一切"空间"的分割区别，都非实有。（1）（2）（3）（6）（7）（8）（9）

第二组，论一切"时间"的分割区别，都非实有。（1）（4）（7）

第三组，论一切同异都非绝对的。（5）

三组的断案："泛爱万物，天地一体也。"

第一，论"空间"。 一切分割区别都非实有。"空间"（Space）古人都叫作"宇"，《尸子》及《淮南子》注都说"上下四方"是宇。《经上》说：

宇，弥异所也。《经说》曰：宇冢东西南北。（旧作"宇东西家南北。"王引之校删家字，非也。家是冢字之误。冢即蒙字。写者不识，误改写家，又以其不可通，乃移下两字，以成三字句耳。）

"宇"与"所"有别。"东方""西南角""这里""那里"都是"所"。"所"只是"宇"的一部分。弥满上下四方，总名为"宇"，故说"宇蒙东西南北"。宇是无穷无极，没有间断，不可分析的。所以惠施说："其大无外，谓之大一。"此是"宇"的总体。但是平常人都把"宇"分成种种单位，如东方、西方、一分、一厘、一毫、一忽之类，故惠施又说："其小无内，谓之小一。"这是"所"，都是"宇"的一部分。其实分到极小的单位（小一），还只是这个"宇"。所以惠施又说："无厚不可积也，其大千里。"分割"空间"到了一线，线又割成点，是"无厚不可积"了，却还是这"其大无外"的"宇"的一部分。所以那"无厚不可积"的和那"其大千里"的，只是一物，只是那无穷无极，不可割断的"空间"。

《墨辩》又说：

> 宇或徙（或即域宇）。《经说》曰："宇，南北在旦，有（同又）在莫。宇徙久。"
>
> 或，过名也。说在实。《经说》曰："或，知是之非此也，有（同又）知是之不在此也，然而谓此'南北'。过而以已为然。始也谓此'南方'，故今也谓此'南方'。"

这两段说"宇"是动移不歇的。《经上》说："动，或徙也。"域徙为动，故"宇或徙"是说地动。我们依着指南针定南北东西，却不知道"空间"是时刻移动的。早晨的南北，已不是晚间的南北了。我们却只叫"南北"，这实是"过而以已为然"，不过是为实际上的便利，其实都不是客观的实在区别。

当时的学者，不但知道地是动的，并且知道地是圆的。如《周髀算经》（此是晚周的书，不是周初的书）说："日运行处极北，北方日中，南方夜半。日在极东，东方日中，西方夜半。日在极南，南方日中，北方夜半。日在极西，西方日中，东方夜半。"这虽说日动而地不动，但似含有地圆的道理。又如《大戴礼记·天员》篇（此篇不是曾子的书，当是秦汉人造出来的），辩"天圆地方"之说，说："如诚天圆而地方，则是四角之不揜也。"这分明是说地圆的。

惠施论空间，似乎含有地圆和地动的道理，如说："天下之中央，燕之北，越之南，是也。"燕在北，越在南。因为地是圆的，所以无论哪一点，无论是北国之北，南国之南，都可说是中央。又说："南方无穷而有穷。"因为地圆，所以南方可以说有穷，可以说无穷。南方无穷，是地的真形；南方有穷，是实际上的假定。又如"天与地卑，山与泽平"，更明显了。地圆旋转，故上面有天，下面还有天；上面有泽，下面还有山。又如"今日适越而昔来"，即是《周髀算经》所

诸子哲学　119

说"东方日中,西方夜半;西方日中,东方夜半"的道理。我今天晚上到越,在四川西部的人便要说我"昨天"到越了。

如此看来,可见一切空间的区别,都不过是我们为实际上的便利起的种种区别,其实都不是实有的区别,认真说来,只有一个无穷无极不可分断的"宇"。那"连环可解也"一条,也是此理。《战国策》记秦王把一套玉连环送与齐国的君王后请他解开,君王后用铁锤一敲,连环都碎了,叫人答复秦王说连环已解了。这种解连环的方法,很有哲学的意义。所以连环解与不解,与"南方无穷而有穷"同一意思。

以上说"空间"一切区别完了。

第二,论"时间"。 一切分割区别都非实有。"时间"(Time)古人或叫作"宙",或叫作"久"。《尸子》与《淮南子》注都说"古往今来"是"宙"。《经上》说:

久,弥异时也。《经说》曰:久,合古今旦莫(旧作"今久古今且莫",王引之改旦为旦,又删上今字。适按今字是合字或亼字之误。写者误以为今字,又移于上,成三字句耳。今校正)。

"久"是"时"的总名。一时、一刻、千年、一刹那,是时。弥满"古今旦莫","古往今来",总名为"久"。久也是无穷无极不可割断的,故也可说"其大无外,谓之大一;其小无内,谓之小一"。大一是古往今来的"久",小一是极小单位的"时"。无论把时间分割成怎样小的"小一",还只是那无穷无极不可分割的时间。所以一切时间的分割,只是实际上应用的区别,并非实有。惠施说:"日方中方睨,物方生方死。"才见日中,已是日斜;刚是现在,已成过去。即有上寿的人,千年的树,比起那无穷的"久",与"方中方睨"的日光有何分别?竟可说"方生方死"了。"今日适越而昔来",虽关于"空间",也关于"时间"。东方夜半,西方日中;今日话越,在西方人说来，便成昨日。凡此都可见一切时分，都由人定，并非实有。

第三，论一切同异都非绝对的。　科学方法最重有无同异。一切科学的分类（如植物学与动物学的分类），都以同异为标准。例如植物的分类：

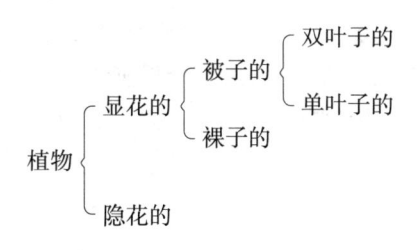

```
                      ┌ 被子的 ┌ 双叶子的
              ┌ 显花的┤        └ 单叶子的
              │      └ 裸子的
      植物────┤
              └ 隐花的
```

但是这样区别，都不过是为实际上的便利起见，其实都不是绝对的区别。惠施说："大同而与小同异，此之谓小同异。"例如松与柏是"大同"，松与蔷薇花是"小同"，这都是"小同异"。一切科学的分类，只是这种"小同异"。从哲学一方面看来，便是惠施所说"万物毕同毕异"。怎么说"万物毕异"呢？原来万物各有一个"自相"，例如一个胎里生不出两个完全同样的弟兄；一根树上生不出两朵完全一样的花；一朵花上找不出两个完全同样的花瓣；一个模子里铸不出两个完全同样的铜钱。这便是万物的"自相"。《墨辩》说："二必异，二也。"这个"二性"便是"自相"。有自相所以"万物毕异"。但是万物虽各有"自相"，却又都有一些"共相"。例如男女虽有别，却同是人；人与禽兽虽有别，却同是动物；动物与植物虽有别，却同是生物……这便是万物的"共相"。有共相，故万物可说"毕同"。毕同毕异，"此之谓大同异"。可见一切同异都不是绝对的区别。

结论。惠施说一切空间时间的分割区别，都非实有；一切同异，都非绝对。故下一断语道："天地一体也。"天地一体即是后来庄子所说：

诸子哲学

> 天下莫大于秋毫之末，而太山为小；莫寿于殇子，而彭祖为夭。天地与我并生，而万物与我为一。（《齐物论》）

因为"天地一体"，故"泛爱万物"。

"泛爱万物"，即是极端的兼爱主义。墨子的兼爱主义，我已说过，是根据于"天志"的。墨家的"宗教的兼爱主义"，到了后代，思想发达了，宗教的迷信便衰弱了，所以兼爱主义的根据也不能不随着改变。惠施是一个科学的哲学家，他曾做"万物说"，说明"天地所以不坠不陷，风雨雷霆之故"，所以他的兼爱主义别有科学——哲学的根据。

公孙龙及其他辩者

一、公孙龙传略

《吕氏春秋》说公孙龙劝燕昭王偃兵（《审应览》七），又与赵惠王论偃兵（《审应览》一），说燕昭王在破齐之前。燕昭王破齐在公元前284年至公元前279年。《战国策》又说信陵君破秦救赵时（公元前257年），公孙龙还在，曾劝平原君勿受封。公孙龙在平原君门下，这是诸书所共纪，万无可疑的。所以《战国策》所说，似乎可靠。依此看来，公孙龙大概生于公元前325年至公元前315年之间。那时惠施已老了。公孙龙死时，当在公元前250年左右。

此说和古来说公孙龙年岁的，大不相同。我以为公孙龙决不能和惠施辩论，又不在庄子之前，《庄子》书中所记公孙龙的话都是后人乱造的。《庄子·天下》篇定是战国末年人造的。《天下》篇并不曾明说公孙龙和惠施辩论，原文但说：

> 惠施以此为大观于天下而晓辩者。天下之辩者，相与乐

之（此下纪辩者二十一事），……辩者以此与惠施相应，终身无穷。桓团公孙龙，辩者之徒，饰人之心，易人之意，能胜人之口，不能服人之心。……

此段明说"与惠施相应"的乃是一班"辩者"，又明说"桓团公孙龙"乃是"辩者之徒"，可见公孙龙不曾和惠施辩论。此文的"辩者"，乃是公孙龙的前辈，大概也是别墨一派。公孙龙最出名的学说是"白马非马""臧三耳"两条。如今这两条都不在这二十一事之中。可见与惠施相应的"辩者"，不是公孙龙自己，是他的前辈。后来公孙龙便从这些学说上生出他自己的学说来。后来这些"辩者"一派，公孙龙最享盛名，后人把这些学说笼统都算是他的学说了（如《列子·仲尼》篇）。我们既不知那些"辩者"的姓名（桓团即《列子·仲尼》篇之韩檀，一音之转也），如今只好把《天下》篇的二十一事和《列子·仲尼》篇的七事，一齐都归作"公孙龙及其他辩者"的学说。

二、公孙龙子

今所传《公孙龙子》有六篇，其中第一篇乃是后人所加的《传略》，第三篇也有许多的错误，第二篇最易读，第四篇错误更多，须与《墨子·经下》《经说下》参看，第五、第六篇亦须与《经下》《经说下》参看，才可懂得。

三、《庄子·天下》篇的二十一事（《列子·仲尼》篇的七事附见）

（1）卵有毛。
（2）鸡有三足（《孔丛子》有"臧三耳"）。
（3）郢有天下。

诸子哲学

（4）犬可以为羊。

（5）马有卵。

（6）丁子有尾。

（7）火不热。

（8）山出口。

（9）轮不蹍地。

（10）目不见。

（11）指不至，至不绝（《列子》亦有"指不至"一条）。

（12）龟长于蛇。

（13）矩不方，规不可以为圆。

（14）凿不围枘。

（15）飞鸟之影，未尝动也（《列子》亦有"影不移"一条）。

（16）镞矢之疾，而有不行不止之时。

（17）狗非犬（《列子》有"白马非马"。与此同意。说详下）。

（18）黄马，骊牛，三。

（19）白狗黑。

（20）孤驹未尝有母（《列子》作"孤犊未尝有母"）。

（21）一尺之棰，日取其半，万世不竭（《列子》作"物不尽"）。此外《列子》尚有"意不心""发引千钧"两条。

四、总论

这些学说，前人往往用"诡辩"两字一笔抹杀。近人如章太炎极推崇惠施，却不重这二十一事，太炎说：

> 辩者之言独有"飞鸟""镞矢""尺棰"之辩，察明当人意。"目不见""指不至""轮不蹍地"亦几矣。其他多失伦。夫辩说者，务以求真，不以乱俗也。故曰"狗无色"可，云"白狗黑"则不可。名者所以召实，非以名为实也。故曰"析

狗至于极微则无狗"可，云"狗非犬"则不可。(《明见》篇）

太炎此说似乎有点冤枉这些辩者了。我且把这二十一事分为四组（第八条未详，故不列入），每组论一个大问题。

第一，论空间时间一切区别都非实有。（3）（9）（15）（16）（21）
第二，论一切同异都非绝对的。这一组又分两层：
  （甲）从"自相"上看来，万物毕异。（13）（14）（17）
  （乙）从"共相"上看来，万物毕同。（1）（5）（6）（12）
第三，论知识。（2）（7）（10）（11）（18）
第四，论名。（4）（19）（20）

五、论空间时间一切区别都非实有

惠施也曾有此说，但公孙龙一般人的说法更为奥妙。（21）条说"一尺之棰，日取其半，万世不竭"。这一条可引《墨子·经下》来参证。《经下》说：

> 非半弗斱则不动，说在端。《经说》曰：斱半，进前取也。前则中无为半，犹端也。前后取，则端中也。斱必半，毋与非半，不可斱也。

这都是说中分一线，又中分剩下的一半，又中分一半的一半，……如此做法，终不能分完。分到"中无为半"的时候，还有一"点"在，故说"前则中无为半，犹端也"。若前后可取，则是"点"在中间，还可分析，故说"前后取，则端中也"。司马彪注《天下》篇云："若其可析，则常有两；若其不可析，其一常在。"与《经说下》所说正合。《列子·仲尼》篇直说是"物不尽"。魏牟解说道："尽物者常有。"这是说，若要割断一物（例如一线），先须经过这线的一半，又须过一半的一半，以此递进，虽到极小的一点，终有余剩，不到绝对的零点。因此可见一切空间的分割区别，都非实有，实有的空间是无穷无尽，不可分析的。

（16）条说："镞矢之疾，而有不行不止之时。"说飞箭"不止"，是容易懂得的。如何可说他"不行"呢？今假定箭射过百步需三秒钟。可见他每过一点，需时三秒之几分之几。既然每过一点必需时若干，可见他每过一点必停止若干时。司马彪说："形分止，势分行。形分明者行迟，势分明者行速。"从箭的"势"看去，箭是"不止"的。从"形"看去，箭是"不行"的。譬如我们看电影戏，见人马飞动，其实只是一张一张不动的影片，看影戏时只见"势"不见"形"，故觉得人马飞动，男女跳舞。影戏完了，再看那取下的影片，只见"形"，不见"势"，始知全都是节节分断，不连络，不活动的片段。

（15）条说："飞鸟之影，未尝动也。"《列子·仲尼》篇作"影不移"。魏牟解说道："影不移，说在改也。"《经下》也说：

　　景不从，说在改为。《经说》曰：景，光至景亡。若在，万古息。

这是说，影处处改换，后影已非前影。前影虽看不见，其实只在原处。若用照相快镜一步一步地照下来，便知前影与后影都不曾动。

（9）条"轮不蹍地"，与上两条同意，不过（9）条是从反面着想。从"势"一方面看来，车轮转时，并不蹍地；鸟飞时，只成一影；箭行时，并不停止。从"形"一方面看来，车轮转处，处处蹍地；鸟飞时，鸟也处处停止，影也处处停止；箭行时，只不曾动。

（3）条"郢有天下"，即是庄子所说"天下莫大于秋毫之末，而太山为小"之意。郢虽小，天下虽大，比起那无穷无极的空间来，两者都无甚分别，故可说"郢有天下"。

这几条所说只要证明空间时间一切区别都是主观的区别，并非实有。

六、论一切同异都非绝对的

（甲）从自相上看来，万物毕异。

《经下》说："一法者之相与也，尽类，若方之相合也。"这是从"共相"上着想，故可说同法的必定相类，方与方相类，圆与圆相类。但是若从"自相"上着想，一个模子铸不出两个完全相同的钱；一副规做不出两个完全相同的圆；一个矩做不出两个完全相同的方。故（13）条说："矩不方，规不可以为圆。"（14）条"凿不围枘"，也是此理。我们平常说矩可为方，规可为圆，凿恰围枘：这都不过是为实际上的便利，姑且假定如此，其实是不如此的。（17）条"狗非犬"，也是这个道理。《尔雅》说："犬未成豪曰狗。"《经下》说：

狗，犬也。而"杀狗非杀犬也"可。

《小取》篇说：

盗人，人也。多盗，非多人也。无盗，非无人也。……爱盗，非爱人也。杀盗，非杀人也。

这几条说的只是一个道理。从"共相"上着想，狗是犬的一部，盗是人的一部，故可说："狗，犬也。""盗人，人也。"但是若从"自相"的区别看来，"未成豪"的犬（邵晋涵云："犬子生而长毛未成者为狗"），始可叫作"狗"（《曲礼》疏云：通而言之，狗、犬通名。若分而言之，则大者为犬，小者为狗）。偷东西的人，始可叫作"盗"。故可说："杀狗非杀犬也""杀盗非杀人也"。

公孙龙的"白马非马"说，也是这个道理。《公孙龙子·白马》篇说：

"马"者，所以命形也。"白"者，所以命色也。……求"马"，黄黑马皆可致。求"白马"，黄黑马不可致。……黄黑马一也，而可以应"有马"，不可以应"有白马"。是白马之非马，审矣。……"马"者，无取于色，故黄黑马皆可以应。"白马"者，有去取于色，黄黑马皆以所色去，故唯白马独可以应耳。

这一段说单从物体"自相"的区别上着想，便和泛指那物体的"类名"不同。这种议论，本极容易懂，今更用图表示上文所说：

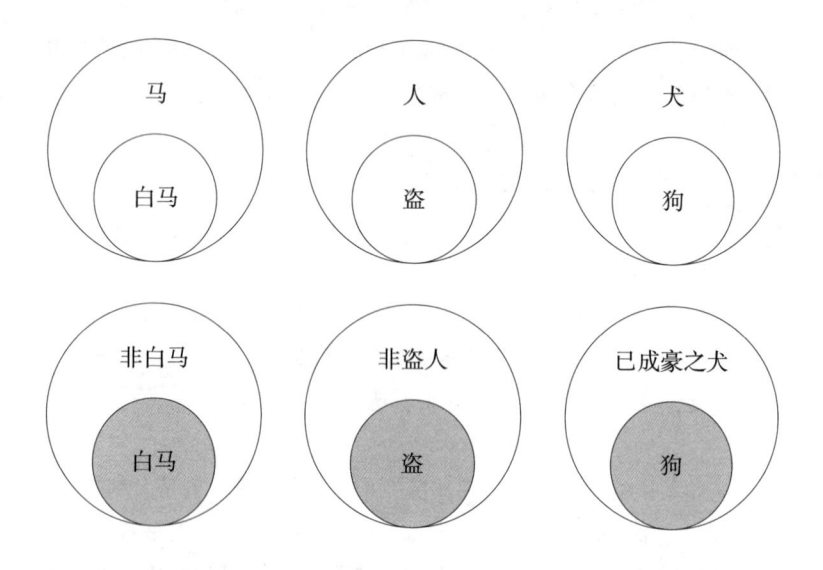

（乙）从共相上看来，万物毕同。

（1）条说："卵有毛。"这条含有一个生物学的重要问题。当时很有人研究生物学，有一派生物进化论说：

万物皆种也，以不同形相禅（《庄子·寓言》）。

> 种有几（几即是极微细的种子。几字从丝，丝字从8，本像胚胎之形）。……万物皆出于几（今作机，误。下几字同），皆入于几（《庄子·至乐》）。

这学说的大意是说生物进化都起于一种极微细的种子，后来渐渐进化，"以不同形相禅"，从极下等的微生物，一步一步地进到最高等的人（说详《庄子·至乐》篇及《列子·天瑞》篇）。因为生物如此进化，可见那些种子里面，都含有万物的"可能性"（亦名潜性），所以能渐渐地由这种"可能性"变为种种物类的"现形性"（亦名显性）。又可见生物进化的前一级，便含有后一级的"可能性"。故可说："卵有毛。"例如鸡卵中已含有鸡形；若卵无毛，何以能变成有毛的鸡呢？反过来说，如（5）条的"马有卵"，马虽不是"卵生"的，却未必不曾经过"卵生"的一种阶级。又如（6）条的"丁子有尾"。成玄英说楚人叫虾蟆作丁子。虾蟆虽无尾，却曾经有尾的。第（12）条"龟长于蛇"，似乎也指龟有"长于蛇"的"可能性"。

以上（甲）（乙）两组，一说从自性上看去，万物毕异；一说从根本的共性上看去，从生物进化的阶级上看去，万物又可说毕同。观点注重自性，则"狗非犬""白马非马"；观点注重共性，则"卵有毛""马有卵"。于此可见，一切同异的区别都不是绝对的。

七、论知识

以上所说，论空间时间一切区别都非实有，论万物毕同毕异，与惠施大旨相同。但公孙龙一班人从这些理论上，便造出一种很有价值的知识论。他们以为这种区别同异，都由于心神的作用，所以（7）条说"火不热"，（10）条说"目不见"。若没有能知觉的心神，虽有火也不觉热，虽有眼也不能见物了。（2）条说"鸡有三足"。司马彪说鸡的两脚需"神"方才可动，故说"三足"。公孙龙又说"臧三耳"，依司马彪说，臧的第三只耳朵也必是他的心神了。《经上》篇说:"闻,耳之聪也。循所闻而意得见,心之察也。"正是此意。

《公孙龙子》的《坚白论》,也可与上文所说三条互相印证。《坚白论》的大旨是说,若没有心官做一个知觉的总机关,则一切感觉都是散漫不相统属的;但可有这种感觉和那种感觉,决不能有连络贯串的知识。所以说"坚白石二"。若没有心官的作用,我们但可有一种"坚"的感觉和一种"白"的感觉,决不能有"一个坚白石"的知识。所以说:

无坚得白,其举也二。无白得坚,其举也二。

视不得其所坚而得其所白者,无坚也。拊不得其所白而得其所坚者,无白也。……得其白,得其坚,见与不见离。(见)不见离,一二不相盈,故离。离也者,藏也。(见不见离一,二不相盈故离。旧本有脱误。今据《墨子·经说下》考正)

古来解这段的人都把"离"字说错了。本书明说:"离也者,藏也。"离字本有"连属"的意思,如《易·象传》说:"离,丽也。日月丽乎天,百谷草木丽乎土。"又如《礼记》说:"离坐离立,毋往参焉。"眼但见白,而不见坚,手可得坚,而不见白。所见与所不见相藏相附丽,始成的"一"个坚白石。这都是心神的作用,始能使人同时"得其坚,得其白"。

(18)条"黄马骊牛三",与"坚白石二"同意。若没有心神的作用,我们但有一种"黄"的感觉,一种"骊"的感觉和一种高大兽形的感觉,却不能有"一匹黄马"和"一只骊牛"的感觉,故可说"黄马骊牛三"。

最难解的是(11)条"指不至,至不绝"。我们先须考定"指"字的意义。《公孙龙子》的《指物》篇用了许多"指"字,仔细看来,似乎"指"字都是说物体的种种表德,如形色等等。《指物》说:

> 物莫非指，而指非指天下无指，物无可以谓物非指者，天下无物，可谓指乎？（无物之无，旧作而。今依俞樾校改）

我们所以能知物，全靠形色、大小等等"物指"。譬如白马，除了白色和马形，便无"白马"可知，故说"物莫非指"，又说"天下无指，物无可以谓物"，这几乎成了极端的唯心论了。故又转一句说"而指非指"，又说"天下无物，可谓指乎？"这些"指"究竟是物的指。没有指固不可谓物，但是若没有"物"，也就没有"指"了。有这一转，方才免了极端的唯心论。

（11）条的"指"字也作物的表德解。我们知物，只须知物的形色等等表德。并不到物的本体，也并不用到物的本体。即使要想知物的本体，也是枉然，至多不过从这一层物指进到那一层物指罢了。例如我们知水，只是知水的性质。化学家更进一层，说水是氢氧二气做的，其实还只是知道氢气、氧气的重量作用等等物指。即使更进一层，到了氢气、氧气的元子或电子，还只是知道元子、电子的性质作用，终竟不知元子、电子的本体。这就是（11）条的"指不至，至不绝"。正如算学上的无穷级数，再也不会完的。

以上所说，为公孙龙一班人的知识论。知识须有三个主要部分：一方面是物，一方面是感觉认识的心神，两方面的关系，发生物指与感觉，在物为"指"，在心为"知"（此知是《经上》"知，接也"之知），其实是一事。这三部分之中，最重要的，还只是知物的心神。一切物指，一切区别同异，若没有心神，便都不能知道了。

八、论名

有了"物指"，然后有"名"。一物的名乃是代表这物一切物指的符号。如"火"代表火的一切性质，"梅兰芳"代表梅兰芳的一切状态性质，有了正确的"名"，便可由名知物，不须时时处处直接见物了。如我说"平行线"，听者便知是何物。故"正名"一件事，于知识思想上极为重要。古代哲学家，自孔子到荀子，都极注重"正名"，都因此故。《公孙龙子》有《名实论》中说道：

> ……正其所实者，正其名也。其名正，则唯乎其彼此焉（唯，应也）。谓彼而不唯乎彼，则"彼"谓不行。谓此而不唯乎此，则"此"谓不行。……故彼彼止于彼，此此止于此，可彼此而彼且此，此彼而此且彼，不可。夫名，实谓也。知此之非此也，知此之不在此也，则不谓也。

这段说"正名"极明白。《荀子·正名》篇说名未制定之时，有"异形离心交喻，异物名实互纽"的大害，上文（4）条说"犬可以为羊"，又（19）条说"白狗黑"，是说犬羊黑白，都系人定的名字。当名约未定之时，呼犬为羊，称白为黑，都无不可。这就是"异形离心交喻，异物名实互纽"；就是《公孙龙子》所说"彼此而彼且此，此彼而此且彼"了。

若有了公认正确的名，自然没有这种困难。（20）条说"孤驹未尝有母"，《列子》作"孤犊未尝有母"。魏牟解说道："有母非孤犊也。"这是说"孤犊"一名，专指无母之犊，犊有母时，不得称孤；犊称孤时，决不会有母了。这便是"彼彼止于彼，此此止于此"。一切正确之名，都要如此，不可移易。

九、结论

以上说公孙龙及"辩者"二十一事完了。这班人的学说，以为一切区别同异，都起于主观的分别都非绝对的。但在知识思想上，这种区别同异却不可无有。若没有这些分别同异的"物指"，便不能有知识了。故这些区别同异，虽非实有，虽非绝对的，却不可不细为辨别，要使"彼彼止于彼，此此止于此"。有了正确之"名"，知识学术才可有进步。

公孙龙一班人的学说，大旨虽然与惠施相同，但惠施的学说归到一种"泛爱万物"的人生哲学，这班人的学说归到一种"正名"的名学。这是他们的区别。但公孙龙到处劝人"偃兵"，大概也是信兼爱非攻的人，可知他终是墨家一派。

墨学结论

我们已讲了墨学的两派：一是宗教的墨学，一是科学——哲学的墨学。如今且讲墨学的灭亡和所以灭亡的原因。

当韩非之时，墨学还很盛。所以《韩非子·显学》篇说："世之显学，儒墨也。"韩非死于秦始皇十四年，当公元前233年。到司马迁做《史记》时，不过一百五十年，那时墨学早已消灭，所以《史记》中竟没有墨子的列传。《孟子·荀卿列传》中说到墨子的一生，只有二十四个字。那轰轰烈烈，与儒家中分天下的墨家，何以消灭得这样神速呢？这其中的原因，定然很复杂，但我们可以悬揣下列的几个原因：

第一，由于儒家的反对。墨家极力攻击儒家，儒家也极力攻击墨家。孟子竟骂墨子兼爱为"无父"，为"禽兽"。汉兴以后，儒家当道，到汉武帝初年竟罢黜百家，独尊孔氏。儒家这样盛行，墨家自然没有兴盛的希望了（参看《荀子》攻击墨家之语，及《孔丛子·诘墨》篇）。

第二，由于墨家学说之遭政客猜忌。其实墨学在战国末年，已有衰亡之象。那时战争最烈，各国政府多不很欢迎兼爱非攻的墨家。《管子》（是战国末年的伪书）有《立政》篇说：

寝兵之说胜，则险阻不守。兼爱之说胜，则士卒不战。

又《立政九败解》说：

人君唯毋（唯毋二字合成一语辞，有唯字义。说详《读书杂志》）听寝兵，则群臣宾客莫敢言兵。……人君唯毋听兼爱之说，则视天下之民如其民，视国如吾国（语略同《兼爱上》）。如是，则……射御勇力之士不厚禄，覆军杀将之臣不贵爵。……

又《韩非子·五蠹》篇说：

故不相容之事，不两立也。斩敌者受赏，而高慈惠之行；拔城者受爵禄，而信兼爱之说，……举行如此，治强不可得也。

这都是指墨家说的。可见那时墨学不但不见容于儒家，并且遭法家政客的疾忌。这也是墨学灭亡的一个大原因。

第三，由于墨家后进的"诡辩"太微妙了。别墨惠施、公孙龙一般人，有极妙的学说。不用明白晓畅的文字来讲解，却用许多极怪僻的"诡辞"，互相争胜，"终身无穷"。那时代是一个危急存亡的时代，各国所需要的乃是军人政客两种人才，不但不欢迎这种诡辩，并且有人极力反对。如《韩非子·五蠹》篇说：

且世之所谓智者，微妙之言也。微妙之言，上智之所难知也。……夫治世之事，急者不得，则缓者非所务也。今所治之政，民间夫妇所明知者不用，而慕上知之论，则其于治反矣。故微妙之言，非民务也。

又《吕氏春秋》说，公孙龙与孔穿论"臧三耳"（本作藏三牙。今据《孔丛子》正），明日，孔穿对平原君说：

谓臧三耳甚难而实非也。谓臧两耳甚易而实是也。不知君将从易而是者乎？将从难而非者乎？

又《韩非子·问辩》篇说：

> 夫言行者，以功用为之的彀者也。……乱世之听言也，以难知为察，以博文为辩。……是以……坚白无厚之辞章，而宪令之法息。

这都是说别墨与公孙龙一般人的论辩，太"微妙"了，不能应用。墨学的始祖墨翟立说的根本在于实际的应用，如今别家也用"功用"为标准，来攻击墨学的后辈，可谓"以其人之道，还治其人之身"了。这不但可见墨学灭亡的一大原因，又可见狭义的功用主义的流弊了。

庄子

庄子时代的生物进化论

一、庄子略传

庄子一生的事迹,我们不甚知道。据《史记》,庄子名周,是蒙人。曾做蒙漆园吏。《史记》又说他和梁惠王、齐宣王同时。我们知道他曾和惠施往来,又知他死在惠施之后。大概他死时当在公元前275年左右,正当惠施、公孙龙两人之间。

《庄子》书,《汉书·艺文志》说有五十二篇。如今所存,只有三十三篇。共分内篇七、外篇十五、杂篇十一。其中内篇七篇,大致都可信,但也有后人加入的话。外篇和杂篇便更靠不住了。即如《胠箧》篇说田成子十二世有齐国。自田成子到齐亡时,仅得十二世(此依《竹书纪年》。若依《史记》,则但有十世耳)。可见此篇绝不是庄子自己做的。至于《让王》《说剑》《盗跖》《渔父》诸篇,文笔极劣,全是假托。这二十六篇之中,至少有十分之九是假造的。大抵《秋水》《庚桑楚》《寓言》三篇最多可靠的材料。《天下》篇是一篇绝妙的后序，却绝不是庄子自作的。其余的许多篇，大概都是后人杂凑和假造的了。

《庄子·天下》篇说：

> 寂漠无形，变化无常；死与生欤？天地并欤？神明往欤？芒乎何之？忽乎何适？万物毕罗，莫足以归，古之道术有在于是者。庄周闻其风而悦之。以谬悠之说，荒唐之言，无端崖之辞，时恣纵而不傥，不以觭见之也。以天下为沉浊不可与庄语，以卮言为曼衍，以重言为真，以寓言为广。独与天地精神往来，而不敖倪于万物。不谴是非，以与世俗处。……上与造物者游，而下与外死生无终始者为友。其于本也，弘大而辟，深闳而肆。其于宗也，可谓稠适而上遂矣（《释文》云：稠音调，本亦作调）。虽然，其应于化而解于物也，其理不竭，其来不蜕，芒乎昧乎，未之尽者。

这一段评论庄子的哲学，最为简切精当。庄子的学说，只是一个"出世主义"。他虽与世俗处，却"独与天地精神往来，……上与造物者游，而下与外死生无终始者为友"。中国古代的出世派哲学至庄子始完全成立。我们研究他的哲学，且先看他的根据在什么地方。

二、万物变迁的问题

试看上文引的《天下》篇论庄子哲学的第一段便说："寂漠无形，变化无常；死与生欤？天地并欤？神明往欤？芒乎何之？忽乎何适？万物毕罗，莫足以归，古之道术有在于是者。庄周闻其风而悦之。"可见庄子哲学的起点，只在一个万物变迁的问题。这个问题，从前的人也曾研究过。老子的"万物生于有，有在于无"，便是老子对于这问题的解决。孔子的"易"便是孔子研究这问题的结果。孔子以为万

诸子哲学　　137

物起于简易而演为天下之至赜，又说刚柔相推而生变化：这便是孔子的进化论。但是老子孔子都不曾有什么完备周密的进化论，又都不注意生物进化的一方面。到了墨子以后，便有许多人研究"生物进化"一个问题。《天下》篇所记惠施、公孙龙的哲学里面，有"卵有毛""犬可以为羊""丁子有尾"诸条，都可为证。《墨子·经上》篇说"为"有六种：（一）存，（二）亡，（三）易，（四）荡，（五）治，（六）化。《经说上》解"化"字说："龟买，化也。"买有变易之义。《经上》又说："化，征易也。"《经说》解这条说："化，若龟化为鹑。"征字训验，训证，是表面上的征验。"征易"是外面的形状变了。两条所举，都是"龟化为鹑"一例。此又可见当时有人研究生物变化的问题了。但是关于这问题的学说，最详细最重要的却在《列子》《庄子》两部书里面。如今且先说《列子》书中的生物进化论。

三、《列子》书中的生物进化论

《列子》这部书本是后人东西杂凑的，所以这里面有许多互相冲突的议论。即如进化论，这书中也有两种。第一种说：

> 夫有形者生于无形，则天地安从生？故曰：有太易，有太初，有太始，有太素。太易者，未见气也。太初者，气之始也。太始者，形之始也。太素者，质之始也。气形质具而未相离，故曰浑沦。浑沦者，言万物相浑沦而未离也。视之不见，听之不闻，循之不得，故曰易也。易无形埒口，易变而为一，一变而为七，七变而为九。九变者，究也。乃复变而为一。一者形变之始也。清轻者，上为天。浊重者，下为地。……

这一大段全是《周易·乾凿度》的话（张湛注亦明言此。孔颖达《周易正义》引"夫有形者"至"故曰易也"一段，亦言引《乾凿度》，不言出自《列子》也）。《乾凿度》一书绝非秦以前的书，这一段定是后人硬拉到《列子》书中去的。我们且看那第二种进化论如何说法：

> 有生，不生；有化，不化。不生者能生生；不化者能化化。……不生者疑独，不化者往复。往复，其际不可终。疑独，其道不可穷。……故生物者不生，化物者不化。自生、自化、自形、自色、自智、自力、自消、自息谓之生、化、形、色、智、力、消、息者，非也。……故有生者，有生生者；有形者，有形形者；有声者，有声声者；有色者，有色色者；有味者，有味味者。生之所生者，死矣，而生生者未尝终。形之所形者，实矣，而形形者未尝有。声之所生者，闻矣，而声声者未尝发。色之所色者，彰矣，而色色者未尝显。味之所味者，尝矣，而味味者未尝呈。皆"无"为之职也。能阴能阳，能柔能刚，能短能长，能圆能方，能生能死，能暑能凉，能浮能沉，能宫能商，能出能没，能玄能黄，能甘能苦，能膻能香。无知也，无能也，而无不知也，而无不能也。（《列子·天瑞》篇）

"疑独"的疑字，前人往往误解了。《说文》有两个疑字：一个作见𠥓，训"定也"（从段氏说）。一个作见𠤗，训"惑也"。后人把两字并成一字。这段的疑字，如《诗经》"靡所止疑"及《仪礼》"疑立"的疑字，皆当作"定"解。疑独便是永远单独存在。

这一段说的是有一种"无"：无形、无色、无声、无味，却又是形声色味的原因；不生、不化，却又能生生化化。因为他自己不生，所以永久是单独的（疑独）。因为他自己不化，所以化来化去终归不变（往复）。这个"无"可不是老子的"无"了。老子的"无"是虚空的空处。《列子》书的"无"，是一种不生、不化，无形色声味的原质。一切天地万物都是这个"无""自生、自化、自形、自色、自智、自力、自消、自息"的结果。

诸子哲学　　139

既然说万物"自生、自化、自形、自色、自智、自力、自消、自息",自然不承认一个主宰的"天"了。《列子》书中有一个故事,最足破除这种主宰的天的迷信。

> 齐田氏祖于庭,食客千人,中坐有献鱼雁者。田氏视之,乃叹曰:"天之于民厚矣!殖五谷,生鱼鸟,以为之用。"众客和之如响。鲍氏之子年十二,预于次,进曰:"不如君言。天地万物与我并生,类也。类无贵贱,徒以大小智力而相制,迭相食,非相为而生也。人取可食者而食之,岂天本为人生之?且蚊蚋嘬肤,虎狼食肉,岂天本为蚊蚋生人,虎狼生肉者哉?"(《说符》篇)

此即是老子"天地不仁,以万物为刍狗"和邓析"天之于人无厚也"的意思。这几条都不认"天"是有意志的,更不认"天"是有"好生之德"的。《列子》书中这一段更合近世生物学家所说优胜劣败、适者生存的话。

四、《庄子》书中的生物进化论

《庄子·秋水》篇说:

> 物之生也,若骤若驰,无动而不变,无时而不移。何为乎?何不为乎?夫固将自化。

"自化"二字,是《庄子》生物进化论的大旨。《寓言》篇说:

> 万物皆种也,以不同形相禅。始卒若环,莫得其伦。是谓天均。

"万物皆种也，以不同形相禅"，这十一个字竟是一篇"物种由来"。他说万物本来同是一类，后来才渐渐地变成各种"不同形"的物类，却又并不是一起首就同时变成了各种物类。这些物类都是一代一代地进化出来的，所以说"以不同形相禅"。

这条学说可与《至乐》篇的末章参看。《至乐》篇说：

> 种有几（几读如字。《释文》读居岂反，非也。郭注亦作几何之几解，亦非也），得水则为㡭。得水土之际，则为蛙蚍之衣。生于陵屯，则为陵舄。陵舄得郁栖，则为乌足。乌足之根为蛴螬，其叶为胡蝶。胡蝶，胥也，化而为虫，生于灶下，其状若脱，其名为鸲掇。鸲掇千日，为鸟，其名为乾余骨。乾余骨之沫为斯弥，斯弥为食醯。颐辂生乎食醯。黄䡅生乎九猷，瞀芮生乎腐蠸。羊奚比乎不筍，久竹生青宁。青宁生程，程生马，马生人，人又反入于机。万物皆出于机，皆入于机。（此一节亦见《列子·天瑞》篇。唯《列子》文有误收后人注语之处，故更不可读。今但引《庄子》书文。）

这一节，自古至今，无人能解。我也不敢说我懂得这段文字。但是其中有几个要点，不可轻易放过。（一）"种有几"的几字，决不作几何的几字解，当作几微的几字解。《易·系辞传》说："几者，动之微，吉（凶）之先见者也。"正是这个几字。几字从丝，丝字从8，本像生物胞胎之形。我以为此处的几字是指物种最初时代的种子，也可叫作元子。（二）这些种子，得着水，便变成了一种微生物，细如断丝，故名为㡭。到了水土交界之际，便又成了一种下等生物，叫作蛙蚍之衣（司马彪云："物根在水土际，布在水中。就水上视之不见，按之可得。如张绵在水中。楚人谓之蛙蚍之衣"）。到了陆地上，便变成了一种陆生的生物，叫作陵舄。自此以后，一层一层的进化，一直进到最高等的人类。这节文字所举的植物动物的名字，如今虽不可细考了，但是这个中坚理论，是显而易见，毫无可疑的。（三）这一节

诸子哲学　141

的末三句所用三个"机"字，皆当作"几"，即是上文"种有几"的几字。若这字不是承着上文来的，何必说"人又反入于机"呢？用"又"字和"反"字，可见这一句是回照"种有几"一句的。《易·系辞传》"极深而研几"一句，据《释文》一本几作机。可见几字误作机，是常有的事。从这个极微细的"几"一步一步的"以不同形相禅"，直到人类；人死了，还腐化成微细的"几"。所以说："万物皆出于几，皆入于几。"这就是《寓言》篇所说"始卒若环，莫得其伦"了。这都是天然的变化，所以叫作"天均"。

这种生物进化论，说万物进化，都是自生自化，并无主宰。所以《齐物论》借影子做比喻。影说：

吾有待而然者耶？吾所待又有待而然者耶？

郭象说这一段最痛快。他说：

世或谓周两待景，景待形，形待造物者。请问夫造物者，有耶？无耶？无也，则胡能造物哉？有也，则不足以物众形。故明乎众形之自物，而后始可与言造物耳。……故造物者无主，而物各自造。物各自造而无所待焉，此天地之正也。故彼我相因，形景俱生，虽复玄合，而非待也。明斯理也，将使万物各返所宗于体中而不待乎外。外无所谢而内无所矜，是以诱焉皆生而不知所以生，同焉皆得而不知所以得也。……

《知北游》篇也说：

有先天地生者，物邪？物物者非物，物出不得先物也。犹其有物也。"犹其有物也"无已（适按非物下疑脱一耶字）。

西方宗教家往往用因果律来证明上帝之说。以为有因必有果，有果必有因。从甲果推到乙因，从乙果又推到丙因，……如此类推，必有一个"最后之因"。那最后之因便是万物主宰的上帝。不信上帝的人，也用这因果律来驳他道：因果律的根本观念是"因必有果，果必有因"一条。如今说上帝是因，请问上帝的因，又是什么呢？若说上帝是"最后之因"，这便等于说上帝是"无因之果"，这便不合因果律了，如何还可用这律来证明有上帝呢！若说上帝也有因，请问"上帝之因"又以什么为因呢？这便是《知北游》篇说的"犹其有物也无已"。正如算学上的无穷级数，终无穷极之时，所以说是"无已"。可见万物有个主宰的天之说是不能成立的了。

五、进化之故

生物进化，都由自化，并无主宰。请问万物何以要变化呢？这话《庄子》书中却不曾明白回答。《齐物论》说："恶识所以然？恶识所以不然？"这竟是承认不能回答这个问题了。但是《庄子》书中却也有许多说话和这问题有关。例如《齐物论》说：

民湿寝则腰疾偏死，鳅然乎哉？木处则惴栗恂惧，猿猴然乎哉？三者孰知正处？
民食刍豢，麋鹿食荐，蝍且甘带，鸱鸦嗜鼠。四者孰知正味？

又如《秋水》篇说：

骐骥骅骝一日而驰千里，捕鼠如狸狌，言殊技也。鸱鸺夜撮蚤，察毫末，昼出瞋目不见邱山，言殊性也。

这两节似乎都以为万物虽不同形，不同才性，不同技能，却各各适合于自己所处的境遇。但《庄子》书中并不曾明说这种"适合"（Adaptation to environment）果否就是万物变迁进化的缘故。

这一层便是《庄子》生物进化论的大缺点。近世生物学者说生物所以变迁进化，都由于所处境遇（Environment）有种种需要，故不得不变化其形体机能，以求适合于境遇。能适合的，始能生存。不能适合，便须受天然的淘汰，终归于灭亡了。但是这个适合，有两种的分别：一种是自动的，一种是被动的。被动的适合，如鱼能游泳，鸟能飞，猿猴能升木，海狗能游泳，皆是。这种适合，大抵全靠天然的偶合，后来那些不能适合的种类都渐灭了，独有这些偶合的种类能繁殖，这便是"天择"了。自动的适合，是本来不适于所处的境遇，全由自己努力变化，战胜天然的境遇。如人类羽毛不如飞鸟，爪牙不如猛兽，鳞甲不如鱼鳖，却能造出种种器物制度，以求生存，便是自动的适合最明显的一例。《庄子》的进化论只认得被动的适合，却不去理会那更重要的自动的适合。所以说：

夫鹄不日浴而白，乌不日黔而黑。（《天运》）

又说：

何为乎？何不为乎？夫固将自化。（《秋水》）

又说：

化其万化而不知其禅之者，焉知其所终？焉知其所始？正而待之而已耳。

这是完全被动的、天然的生物进化论。

庄子的名学与人生哲学

上文所述的进化论，散见于《庄子》各篇中。我们虽不能确定这是庄周的学说，却可推知庄周当时大概颇受了这种学说的影响。依我个人看来，庄周的名学和人生哲学都与这种完全天然的进化论很有关系。如今且把这两项分别陈说如下。

一、庄子的名学

庄子曾与惠施往来。惠施曾说："万物毕同毕异，此之谓大同异。"但是惠施虽知道万物毕同毕异，他却最爱和人辩论，"终身无穷"。庄周既和惠施来往，定然知道这种辩论。况且那时儒墨之争正烈，自然有许多激烈的辩论。庄周是一个旁观的人，见了这种争论，觉得两边都有是有非，都有长处，也都有短处。所以他说：

道恶乎隐而有真伪？言恶乎隐而有是非？道恶乎往而不存？言恶乎存而不可？道隐于小成，言隐于荣华，故有儒墨之是非，以是其所非而非其所是。（《齐物论》）

"小成"是一部分不完全的；"荣华"是表面上的浮词。因为所见不远，不能见真理的全体；又因为语言往往有许多不能免的障碍陷阱，以致儒墨两家各是其是而非他人所是，各非其非而是他人所非。其实都错了。所以庄子又说：

辩也者，有不见也。（《齐物论》）

又说：

大知闲闲（《简文》云：广博之貌），小知闲闲（《释文》

云：有所闲别也）。大言淡淡（李颐云：同是非也。今本皆作炎炎。《释文》云：李作淡。今从之），小言詹詹（李云：小辩之貌）。（《齐物论》）

因为所见有偏，故有争论。争论既起，越争越激烈，偏见便更深了。偏见越争越深了，如何能分得出是非真伪来呢？所以说：

即使我与若辩矣。若胜我，我不若胜，若果是也？我果非也耶？我胜若，若不我胜，我果是也？而果非也耶？其或是也，其或非也耶？其俱是也，其俱非也耶？我与若不能相知也，则人固受其黮暗，吾谁使正之？使同乎若者正之？既与若同矣，恶能正之？使同乎我者正之？既同乎我矣，恶能正之？使异乎我与若者正之？既异乎我与若矣，恶能正之！使同乎我与若者正之？既同乎我与若矣，恶能正之？然则我与若与人俱不能相知也，而待彼也耶？（《齐物论》）

这种完全的怀疑主义，和墨家的名学恰成反对。《墨辩·经上》说：

辩，争彼也。辩胜，当也。《经说》曰：辩，或谓之牛（或）谓之非牛，是争彼也。是不俱当。不俱当，必或不当。

《经下》说：

谓辩无胜，必不当，说在辩。《经说》曰：谓，非谓同也，则异也。同则或谓之狗，其或谓之犬也。异则（马）或谓之牛，牛或谓之马也。俱无胜，是不辩也。辩也者，或谓之是，或谓之非。当者胜也。

辩胜便是当，当的终必胜，这是墨家名学的精神。庄子却大不以为然。他说你就胜了我，难道你便真是了，我便真不是了吗？墨家因为深信辩论可以定是非，故造出许多论证的方法，遂为中国古代名学史放一大光彩。庄子因为不信辩论可以定是非，所以他的名学的第一步只是破坏的怀疑主义。

但是庄子的名学，却也有建设的方面。他说因为人有偏蔽不见之处，所以争论不休。若能把事理见得完全透彻了，便不用争论了。但是如何才能见到事理之全呢？庄子说：

> 欲是其所非而非其所是，则莫若以明。（《齐物论》）

"以明"，是以彼明此，以此明彼。郭象注说："欲明无是无非，则莫若还以儒墨反复相明。反复相明，则所是者非是，而所非者非非。非非则无非，非是则无是。"庄子接着说：

> 物无非彼，物无非是。自彼则不见，自知则知之。故曰：彼出于是，是亦因彼，彼是方生之说也。虽然，方生方死，方死方生。方可方不可，方不可方可。因是因非，因非因是。是以圣人不由而照之于天，亦因是也。是亦彼也，彼亦是也，彼亦一是非，此亦一是非。果且有彼是乎哉？果且无彼是乎哉？

这一段文字极为重要，庄子名学的精义全在于此。"彼"即是"非是"。"是"与"非是"表面上是极端相反对的，其实这两项是互相成的。若没有"是"，更何处有"非是"？因为有"是"，才有"非是"。因为有"非是"，所以才有"是"。故说："彼出于是，是亦因彼。"《秋水》篇说：

> 以差观之，因其所大而大之，则万物莫不大；因其所小

诸子哲学　　147

而小之，则万物莫不小。知天地之为稊米也，知毫末之为丘山也，则差数睹矣。

以功观之，因其所有而有之，则万物莫不有；因其所无而无之，则万物莫不无。知东西之相反而不可以相无，则功分定矣。

以趣观之，因其所然而然之，则万物莫不然；因其所非而非之，则万物莫不非。知尧桀之自然而相非，则趣操睹矣。

东西相反而不可相无，尧桀之自是而相非，即是"彼出于是，是亦因彼"的明例。"东"里面便含有"西"，"是"里面便含有"非是"。东西相反而不可相无，彼是相反而实相生相成。所以《齐物论》接着说：

彼是莫得其偶，谓之道枢（郭注：偶，对也。彼是相对而圣人两顺之。故无心者，与物冥而未尝有对于天下）。枢始得其环中，以应无穷。是亦一无穷，非亦一无穷也。故曰：莫若以明。

这种议论，含有一个真理。天下的是非，本来不是永远不变的。世上无不变之事物，也无不变之是非。古代用人为牺牲，以祭神求福，今人便以为野蛮了。古人用生人殉葬，今人也以为野蛮了。古人以蓄奴婢为常事，如今文明国都废除了。百余年前，中国士夫喜欢男色，如袁枚的《李郎曲》，说来津津有味，毫不以为怪事，如今也废去了。西方古代也尚男色，哲学大家柏拉图于所著《一席话》（Symposium）也畅谈此事，不以为怪，如今西洋久已公认此事为野蛮陋俗了。这都是显而易见之事。又如古人言"君臣之义无所逃于天地之间"，又说"不可一日无君"，如今便有大多数人不认这话了。又如古人有的说人性是善的，有的说是恶的，有的说是无善无恶可善可恶的。究竟谁是谁非呢？……举这几条，以表天下的是非也随时势变迁，也有进化退化。这便是庄子"是亦一无穷，非亦一无穷"的真义。《秋水》篇说：

> 昔者，尧舜让而帝，之哙让而绝；汤武争而王，白公争而灭。由此观之，争让之礼，尧桀之行，贵贱有时，未可以为常也。……故曰："盖师是而无非，师治而无乱乎？"是未明天地之理万物之情者也。……帝王殊禅，三代殊继。差其时，逆其俗者，谓之篡夫。当其时，顺其俗者，谓之义之徒。

这一段说是非善恶随时势变化，说得最明白。如今的人，只是不明此理，所以生在二十世纪，却要去模仿那四千年前的尧舜；更有些人，教育二十世纪的儿童，却要他们去学做二三千年前的圣贤！

这个变化进化的道德观念和是非观念，有些和德国的海智尔相似。海智尔说人世的真伪是非，有一种一定的进化次序。先有人说"这是甲"，后有人说"这是非甲"，两人于是争论起来了。到了后来，有人说："这个也不是甲，也不是非甲。这个是乙。"这乙便是甲与非甲的精华，便是集甲与非甲之大成。过了一个时代，又有人出来说"这是非乙"，于是乙与非乙又争起来了。后来又有人采集乙与非乙的精华，说"这是丙"。海智尔以为思想的进化，都是如此。今用图表示如下：

（1）　　　　　（2）　　　　　（3）
这是"甲"。　　这是"非甲"。　　这是"乙"。
（4）　　　　　（5）　　　　　（6）
这是"非乙"。　这是"丙"。　　　这是"非丙"。
（7）
这是"丁"。

诸子哲学　149

这就是庄子说的"彼出于是,是亦因彼。……是亦彼也,彼亦是也。……彼亦一是非,此亦一是非。……是亦一无穷,非亦一无穷也"。

以上所说,意在指点出庄子名学的一段真理。但是庄子自己把这学说推到极端,便生出不良的效果。他以为是非既由于偏见,我们又如何能知自己所见不偏呢?他说:

庸讵知吾所谓知之非不知耶?庸讵知吾所谓不知之非知耶?(《齐物论》)

吾生也有涯,而知也无涯。以有涯随无涯,殆已。(《养生主》)

计人之所知,不若其所不知;其生之时,不若其未生之时。以其至小,求穷其至大之域,是故迷乱而不能自得也。(《秋水》)

"是亦一无穷,非亦一无穷",我们有限的知识,如何能断定是非?倒不如安分守己听其自然罢。所以说:

可乎可,不可乎不可。道行之而成,物谓之而然。恶乎然?然于然。恶乎不然?不然于不然。物固有所然,物固有所可。无物不然,无物不可。故为是举莛与楹(司马彪云:莛,屋梁也。楹,屋柱也。故郭注云:夫莛横而楹纵)。厉与西施,恢恑憰怪,道通为一。其分也,成也。其成也,毁也。凡物无成与毁,复通为一。唯达者知通为一,为是不用而寓诸庸。庸也者,用也。用也者,通也。通也者,得也。适得而几矣。因是已。(《齐物论》)

这种理想,都由把种种变化都看作天道的运行。所以说:"道行之而成,物谓之而然。"既然都是天道,自然无论善恶好丑,都有一个天道的作用。不过我们知识不够,不能处处都懂得是什么作用罢了。

"物固有所然，物固有所可；无物不然，无物不可"，四句是说无论什么都有存在的道理，既然如此，世上种种的区别，纵横、善恶、美丑、分合、成毁……都是无用的区别了。既然一切区别都归无用，又何必要改良呢？又何必要维新革命呢？庄子因为能"达观"一切，所以不反对固有社会；所以要"不谴是非，以与世俗处"。他说："唯达者知通为一，为是不用而寓诸庸。"庸即是庸言庸行之庸，是世俗所通行通用的。所以说："庸也者，用也。用也者，通也。通也者，得也。"既为世俗所通用，自然与世俗相投相得。所以又说："适得而几矣，因是已。"因即是"仍旧贯"；即是依违混同，不肯出奇立异，正如上篇所引的话："物之生也，若驰若骤，无动而不变，无时而不移。何为乎？何不为乎？夫固将自化。"万物如此，是非善恶也是如此。何须人力去改革呢？所以说：

与其誉尧而非桀也，不如两忘而化其道。（《大宗师》）

这种极端"不谴是非"的达观主义，即是极端的守旧主义。

二、庄子的人生哲学

上文我说庄子的名学的结果，便已侵入人生哲学的范围了。庄子的人生哲学，只是一个达观主义。达观本有多种区别，上文所说，乃是对于非的达观。庄子对于人生一切寿夭、生死、祸福，也一概达观，一概归到命定。这种达观主义的根据，都在他的天道观念。试看上章所引的话：

化其万化而不知其禅之者。焉知其所终？焉知其所始？正而待之而已耳。

因为他把一切变化都看作天道的运行，又把天道看得太神妙不可

诸子哲学　151

思议了，所以他觉得这区区的我哪有做主的地位。他说：

> 庸讵知吾所谓"天"之非"人"乎？所谓"人"之非"天"乎？

那《大宗师》中说子舆有病，子祀问他："女恶之乎？"子舆答道：

> 亡，予何恶？浸假而化予之左臂以为鸡，予因以求时夜。浸假而化予之右臂以为弹，予因以求鸮炙。浸假而化予之尻以为轮，以神为马，予因而乘之，岂更驾哉？……且夫物之不胜天，久矣，吾又何恶焉？

后来子来又有病了，子犁去看他，子来说：

> 父母于子，东西南北，唯命是从。阴阳于人，不翅于父母。彼近吾死而我不听，我则悍矣，彼何罪焉？夫大块载我以形，劳我以生，佚我以老，息我以死。故善吾生者，乃所以善吾死也。今大冶铸金，金踊跃曰："我且必为镆铘？"大冶必以为不祥之金。今一犯人之形而曰："人耳！人耳！"夫造化者必以为不祥之人。今一以天地为大炉，以造化为大冶，恶乎往而不可哉？

又说子桑临终时说道：

> 吾思夫使我至此极者而弗得也。父母岂欲我贫哉？天无私覆，地无私载，天地岂私贫我哉？求其为之者而不得也。然而至此极者，命也夫！

这几段把"命"写得真是《大宗师》篇所说:"物之所不得遁。"既然不得遁逃,不如还是乐天安命。所以又说:

> 古之真人,不知说生,不知恶死。其出不䜣,其入不距。悠然而往,悠然而来而已矣。不忘其所始,不求其所终。受而喜之,忘而复之。是之谓不以心捐(一本作捐,一本作掍)道,不以人助天。是之谓真人。

《养生主》篇说庖丁解牛的秘诀只是"依乎天理,因其固然"八个字。庄子的人生哲学,也只是这八个字。所以《养生主》篇说老聃死时,秦失道:

> 适来,夫子时也。适去,夫子顺也。安时而处顺,哀乐不能入也。

"安时而处顺",即是"依乎天理,因其固然",都是乐天安命的意思。《人间世》篇又说蘧伯玉教人处世之道,说:

> 彼且为婴儿,亦与之为婴儿。彼且为无町畦,亦与之为无町畦。彼且为无崖,亦与之为无崖。达之,入于无疵。

这种话初看去好像是高超得很。其实这种人生哲学的流弊,重的可以养成一种阿谀依违、苟且媚世的无耻小人;轻的也会造成一种不关社会痛痒,不问民生痛苦,乐天安命,听其自然的废物。

三、结论

庄子的哲学,总而言之,只是一个出世主义。因为他虽然与世人往来,却不问世上的是非、善恶、得失、祸福、生死、喜怒、贫

诸子哲学　153

富,……一切只是达观,一切只要"正而待之",只要"依乎天理,因其固然"。他虽在人世,却和不在人世一样,眼光见地处处都要超出世俗之上,都要超出"形骸之外"。这便是出世主义。因为他要人超出"形骸之外",故《人间世》和《德充符》两篇所说的那些支离疏、兀者王骀、兀者申徒嘉、兀者叔山无趾、哀骀它、闉跂支离无脤、瓮㼜大瘿,或是天生,或由人刑,都是极其丑恶残废的人,却都能自己不觉得残丑,别人也都不觉得他们的残丑,都和他们往来,爱敬他们。这便是能超出"形骸之外"。《德充符》篇说:

> 自其异者视之,肝胆楚越也。自其同者视之,万物皆一也。……物视其所一,而不见其所丧,视丧其足,犹遗土也。

这是庄子哲学的纲领。他只要人能于是非、得失、善恶、好丑、贫富、贵贱,……种种不同之中,寻出一个同的道理。惠施说过:"万物毕同毕异,此之谓大同异。"庄子只是要人懂得这个道理,故说:"自其异者视之,肝胆楚越也。自其同者视之,万物皆一也。"庄子的名学和人生哲学,都只是要人知道"万物皆一"四个大字。他的"不谴是非""外死生""无终始""无成与毁",……都只是说"万物皆一"。《齐物论》说:

> 天下莫大于秋豪之末,而太山为小。莫寿乎殇子,而彭祖为夭。天地与我并生,而万物与我为一。

我曾用一个比喻来说庄子的哲学道。譬如我说我比你高半寸,你说你比我高半寸。你我争论不休,庄子走过来排解道:"你们二位不用争了罢,我刚才在那爱拂儿塔[①]上(Eiffel Tower 在巴黎,高九百八十四

[①] 埃菲尔铁塔。——编者注,下文脚注均为编者注。

英尺[①]有奇，为世界第一高塔）看下来，觉得你们二位的高低实在没有什么分别。何必多争，不如算作一样高低罢。"他说的"辩也者，有不见也"，只是这个道理。庄子这种学说，初听了似乎极有道理。却不知世界上学识的进步只是争这半寸的同异；世界上社会的维新，政治的革命，也只是争这半寸的同异。若依庄子的话，把一切是非同异的区别都看破了，说太山不算大，秋毫之末不算小；尧未必是，桀未必非：这种思想，见地固是"高超"，其实可使社会国家世界的制度习惯思想永远没有进步，永远没有革新改良的希望。庄子是知道进化的道理，但他不幸把进化看作天道的自然，以为人力全无助进的效能，因此他虽说天道进化，却实在是守旧党的祖师。他的学说实在是社会进步和学术进步的大阻力。

[①] 埃菲尔铁塔初始高度312米，后加装了天线，现高为330米。

荀子以前的儒家

《大学》与《中庸》

研究古代儒家的思想，有一层大困难。因为那些儒书，这里也是"子曰"，那里也是"子曰"。正如上海的陆稿荐，东也是，西也是，只不知哪一家是真陆稿荐〔此不独儒家为然。希腊哲学亦有此弊。柏拉图书中皆以梭格拉底[①]为主人。又披塔格拉（Pythagorag）学派之书，多称"夫子曰"〕。我们研究这些书，须要特别留神，须要仔细观察书中的学说是否属于某个时代。即如《礼记》中许多儒书，只有几篇可以代表战国时代的儒家哲学。我们如今只用一部《大学》，一部《中庸》，一部《孟子》，代表公元前第四世纪和第三世纪初年的儒家学说。

《大学》一书，不知何人所作。书中有"曾子曰"三字，后人遂

---

① 苏格拉底。

以为是曾子和曾子的门人同作的。这话固不可信。但是这部书在《礼记》内比了那些《仲尼燕居》《孔子闲居》诸篇，似乎可靠。《中庸》古说是孔子之孙子思所作。大概《大学》和《中庸》两部书都是孟子、荀子以前的儒书。我这句话，并无他种证据，只是细看儒家学说的趋势，似乎孟子、荀子之前总该有几部这样的书，才可使学说变迁有线索可寻。不然，那极端伦常主义的儒家，何以忽然发生了一个尊崇个人的孟子？那重君权的儒家，何以忽然生出一个鼓吹民权的孟子？那儒家的极端实际的人生哲学，何以忽然生出孟子和荀子这两派心理的人生哲学？若《大学》《中庸》这两部书是孟子、荀子以前的书，这些疑问便都容易解决了。所以我以为这两部书大概是公元前四世纪的书，但是其中也不能全无后人加入的材料（《中庸》更为驳杂）。

《大学》和《中庸》两部书的要点约有三端，今分别陈说如下。

第一，方法。《大学》《中庸》两部书最重要的在于方法一方面（此两书后来极为宋儒所推尊，也只是为此。程子论《大学》道："于今可见古人为学次第者，独赖此篇之存。"朱子序《中庸》道："历选前圣之书，所以提挈纲维，开示蕴奥，未有若是其明且尽者也。"可证）。大学说："大学之道，在明明德，在亲民，在止于至善。……物有本末，事有终始，知所先后，则近道矣。"本末、终始、先后，便是方法问题。《大学》的方法是：

> 古之欲明明德于天下者，先治其国。欲治其国者，先齐其家。欲齐其家者，先修其身。欲修其身者，先正其心。欲正其心者，先诚其意。欲诚其意者，先致其知。致知在格物。
>
> 物格而后知至，知至而后意诚，意诚而后心正，心正而后身修，身修而后家齐，家齐而后国治，国治而后天下平。

《中庸》的方法总纲是：

天命之谓性，率性之谓道，修道之谓教。

诚者，天之道也。诚之者，人之道也（《孟子·离娄》篇也有此语。诚之作思诚）。自诚明，谓之性。自明诚，谓之教。

又说"诚之"之道：

博学之，审问之，慎思之，明辨之，笃行之。

"行"的范围，仍只是"君臣也，父子也，夫妇也，昆弟也，朋友之交也"。与《大学》齐家、治国、平天下，略相同。

《大学》《中庸》的长处只在于方法明白，条理清楚。至于那"格物"二字究竟作何解说？"尊德性"与"道问学"究竟谁先谁后？这些问题乃是宋儒发生的问题，在当时都不成问题的。

第二，个人之注重。 我从前讲孔门弟子的学说时，曾说孔门有一派把一个"孝"字看得太重了，后来的结果，便把个人埋没在家庭伦理之中。"我"竟不是一个"我"，只是"我的父母的儿子"。例如"战陈无勇"一条，不说我当了兵便不该如此，却说凡是孝子，便不该如此。这种家庭伦理的结果，自然生出两种反动：一种是极端的个人主义，如杨朱的为我主义，不肯"损一毫利天下"；一种是极端的为人主义，如墨家的兼爱主义，要"视人之身若其身，视人之家若其家，视人之国若其国"。有了这两种极端的学说，不由得儒家不变换他们的伦理观念了。所以《大学》的主要方法，如上文所引，把"修身"做一切的根本。格物、致知、正心、诚意，都是修身的工夫。齐家、治国、平天下，都是修身的效果。这个"身"，这个"个人"，便是一切伦理的中心点。如下图：

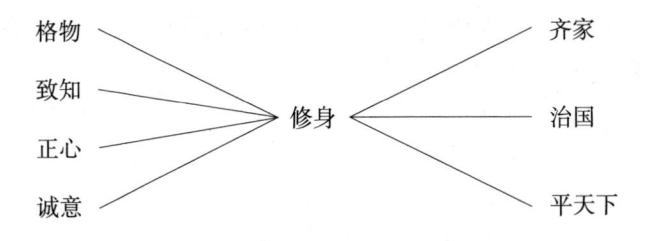

```
格物 ─┐                  ┌─ 齐家
致知 ─┤                  ├─ 治国
正心 ─┤── 修身 ──┤
诚意 ─┘                  └─ 平天下
```

《孝经》说：

> 自天子至于庶人，孝无终始，而患不及者，未之有也。

《大学》说：

> 自天子至于庶人，壹是皆以修身为本。

这两句"自天子至于庶人"的不同之处，便是《大学》的儒教和《孝经》的儒教大不相同之处了。

又如《中庸》说：

> 故君子不可以不修身。思修身，不可以不事亲。思事亲，不可以不知人。思知人，不可以不知天。

曾子说的"大孝尊亲，其次弗辱"，这是"思事亲不可以不修身"。这和《中庸》说的"思修身不可以不事亲"恰相反。一是"孝"的人生哲学，一是"修身"的人生哲学。

《中庸》最重一个"诚"字。诚即是充分发达个人的本性。所以说："诚者，天之道也。诚之者，人之道也。"这一句当与"天命之谓性，率性之谓道，修道之谓教"三句合看。人的天性本来是诚的，若能依着这天性做去，若能充分发达天性的诚，这便是"教"，这便是"诚之"的工夫。因为《中庸》把个人看作本来是含有诚的天性的，

诸子哲学　159

所以他极看重个人的地位，所以说："君子素其位而行，不愿乎其外"；所以说："君子无入而不自得焉"；所以说：

> 唯天下至诚为能尽其性；能尽其性，则能尽人之性；能尽人之性，则能尽物之性；能尽物之性，则可以赞天地之化育；可以赞天地之化育，则可以与天地参矣。

《孝经》说：

> 人之行莫大于孝，孝莫大于严父，严父莫大于配天。

《孝经》的最高目的是要把父"配天"，像周公把后稷配天，把文王配上帝之类。《中庸》的至高目的，是要充分发达个人的天性，使自己可以配天，可与"天地参"。

第三，心理的研究。《大学》和《中庸》的第三个要点是关于心理一方面的研究。换句话说，儒家到了《大学》《中庸》时代，已从外务的儒学进入内观的儒学。那些最早的儒家只注重实际的伦理和政治，只注重礼乐仪节，不讲究心理的内观。即如曾子说"吾日三省吾身"，似乎是有点内省的工夫了。及到问他省的什么事，原来只是"为了谋而不忠乎？与朋友交而不信乎？传不习乎？"还只是外面的伦理，那时有一派孔门弟子，却也研究心性的方面。如王充《论衡·本性》篇所说宓子贱、漆雕开、公孙尼子论性情与周人世硕相出入。如今这几个人的书都不传了。论衡说："世硕以为人性有善有恶，……善恶在所养。"据此看来，这些人论性的学说，似乎还只和孔子所说"性相近也，习相远也，唯上智与下愚不移"的话相差不远。若果如此，那一派人论性，还不能算得"心理的内观"。到了《大学》便不同了。《大学》的重要心理学说，在于分别"心"与"意"。孔颖达《大学疏》说："揔包万虑谓之心，为情所忆念谓之意。"这个界说不甚明白，大概心有所在便是意。今人说某人是何"居心"，也说是

何"用意",两句同意。大概《大学》的"意"字只是"居心"。《大学》说:

> 所谓诚其意者,毋自欺也。如恶恶臭,如好好色,此之谓自谦。故君子必慎其独也。小人闲居为不善,无所不至;见君子而后厌然掩其不善而著其善。人之视己,如见其肺肝然,则何益矣?此谓诚于中,形于外。故君子必慎其独也。

如今人说"居心总要对得住自己",正是此意。这一段所说,最足形容我上文说的"内观的儒学"。

大凡论是非善恶,有两种观念:一种是从"居心"一方面(Attitude,Motive)立论,一种是从"效果"一方面(Effects,Consequences)立论。例如秦楚交战,宋牼说是不利,孟轲说是不义。义不义是居心,利不利是效果。《大学》既如此注重诚意,自然偏向居心一方面。所以《大学》的政治哲学说:

> 是故君子先慎乎德。……德者,本也。财者,末也。外本内末,争民施夺。

又说:

> 此谓国不以利为利,以义为利也。长国家而务财用者,必自小人矣。

这种极端非功利派的政治论,根本只在要诚意。

《大学》论正心,与《中庸》大略相同。《大学》说:

> 所谓修身在正其心者;身有所忿懥,则不得其正;有所恐惧,则不得其正;有所好乐,则不得其正;有所忧患,则

诸子哲学

不得其正。心不在焉，视而不见，听而不闻，食而不知其味。（颜渊问仁，子曰："非礼勿视，非礼勿听，非礼勿言，非礼勿动。"）（丰坊石经本有此二十二字，周从龙《遵古编》云：旧原有此二十二字，后为唐明皇削去。）此谓修身在正其心。

《中庸》说：

> 喜怒哀乐之未发，谓之中。发而皆中节，谓之和。中也者，天下之大本也。和也者，天下之达道也。

《大学》说的"正"，就是《中庸》说的"中"。但《中庸》的"和"，却是进一层说了。若如《大学》所说，心要无忿懥、无恐惧、无好乐、无忧患，岂不成了木石了。所以《中庸》只要喜怒哀乐发得"中节"，便算是和。喜怒哀乐本是人情，不能没有。只是平常的人往往太过了，或是太缺乏了，便不是了。所以《中庸》说：

> 道之不明也，我知之矣；知者过之，愚者不及也。道之不行也，我知之矣；贤者过之，不肖者不及也。人莫不饮食也，鲜能知味也。（明行两字，今本皆倒置。今据北宋人引经文改正。）

《中庸》的人生哲学只是要人喜怒哀乐皆无过无不及。譬如饮食，只是要学那"知味"的人适可而止，不当吃坏肚子，也不当打饿肚子。

孟子

一、孟子考

孟轲，邹人。曾受业于子思的门人。孟子的生死年岁，颇不易考定。据明人所纂《孟子谱》，孟子生于周烈王四年四月二日，死于赧王二十六年十一月十五，年八十四。吕元善《圣门志》所纪年与《孟子谱》同。此等书是否有根据，今不可知。但所说孟子生于周烈王四年，颇近理（臧庸作孟子年表以己意移前四年，似可不必）。近人考证孟子见梁惠王时当为惠王后元十五年左右。《史记》说在惠王三十五年，是不可信的。若孟子生在烈王四年（公元前372年），则见惠王时年已五十余，故惠王称他为"叟"。至于他死的年，便不易定了。《孟子谱》所说，也还有理。若《孟子》书是他自己作的，则书中既称鲁平公的谥法，孟子定死在鲁平公之后。平公死在赧王十九年（通鉴作十八年），《孟子谱》说孟子死在赧王二十六年（公元前289年），似乎相差不远。但恐《孟子》这书未必是他自己作的。

二、论性

孟子同时有几种论性的学说。《告子》篇说：

> 告子曰："性无善无不善也。"或曰："性可以为善，可以为不善。是故兴武兴则民好善，幽厉兴则民好暴。"或曰："有性善，有性不善。是故以尧为君而有象，以瞽瞍为父而有舜。"……今曰性善，然则彼皆非欤？

孟子总答这三说道：

> 乃若其情（翟灏《孟子考异》引《四书辨疑》云："下文二

诸子哲学　163

才字与此情字上下相应，情乃才字之误。"适按：孟子用情字与才字同义。《告子》篇"牛山之木"一章中云："人见其濯濯也，以为未尝有才焉，此岂山之性也哉。"又云："人见其禽兽也，而以为未尝有才焉，此岂人之情也哉。"可以为证），则可以为善矣，乃所谓善也。若夫为不善，非才之罪也。恻隐之心，人皆有之。羞恶之心，人皆有之。恭敬之心，人皆有之。是非之心，人皆有之。恻隐之心，仁也。羞恶之心，义也。恭敬之心，礼也。是非之心，智也。仁义礼智非由外铄我也，我固有之也，弗思耳矣。故曰求则得之，舍则失之。或相倍蓰而无算者，不能尽其才者也。

这一段可算得孟子说性善的总论。《滕文公》篇说："孟子道性善，言必称尧舜。"此可见性善论在孟子哲学中可算得中心问题。如今且仔细把他说性善的理论分条陈说如下。

（一）人的本质同是善的

上文引孟子一段中的"才"便是材料的材。孟子叫作"性"的，只是人本来的质料，所以《孟子》书中"性"字、"才"字、"情"字可以互相通用（参看上节情字下的按语。汉儒董仲舒《春秋繁露·深察名号》篇曰："如其生之自然之资，谓之性。性者，质也。"又曰："天地之所生，谓之性情。……情亦性也。"可供参证）。孟子的大旨只是说这天生的本质，含有善的"可能性"。如今先看这本质所含是哪几项善的可能性。

1. **人同具官能。** 第一项便是天生的官能。孟子以为无论何人的官能，都有根本相同的可能性。他说：

故凡同类者，举相似也。何独至于人而疑之？圣人与我同类者。故龙子曰："不知足而为屦，我知其不为蒉也。"屦之相似，天下之足同也。口之于味，有同耆也。易牙先得我口之所耆者也。如使口之于味也，其性与人殊，若犬马之与我不同类也,则天下何耆皆从易牙之于味也?至于味,天下期于易牙,是天下之口相似也。惟耳亦然,至于声,天下期于师旷,是天下之耳相似也。惟目亦然。……故曰口之于味也,有同耆焉。耳之于声也,有同听焉。目之于色也,有同美焉。至于心,独无所同然乎?心之所同然者,何也?谓理也,义也。圣人先得我心之所同然耳。故礼义之悦我心,犹刍豢之悦我口。(《告子》)

2. 人同具"善端"。 董仲舒说(引书同上):"性有善端,动之爱父母。善于禽兽,则谓之善。此孟子之善。"这话说孟子的大旨很切当。孟子说人性本有种种"善端",有触即发,不待教育。他说:

人皆有不忍人之心。……今人乍见孺子将入于井,皆有怵惕恻隐之心:非所以内交于孺子之父母也;非所以要誉于乡党朋友也;非恶其声而然也。由是观之,无恻隐之心,非人也;无羞恶之心,非人也;无辞让之心,非人也;无是非之心,非人也。恻隐之心,仁之端也;羞恶之心,义之端也;辞让之心,礼之端也;是非之心,智之端也。人之有是四端也,犹其有四体也。(《公孙丑》。参看上文所引《告子》篇语。那段中,辞让之心作恭敬之心,余皆同。)

3. 人同具良知良能。 孟子的知识论全是"生知"(Knowledge a priori)一派。所以他说四端都是"我固有之也,非由外铄我也"。四端之中,恻隐之心、羞恶之心和恭敬之心,都近于感情的方面。至于是非之心,便近于知识的方面了。孟子自己却不曾有这种分别。他似乎把四端包在"良知良能"之中;而"良知良能"却不止这四端。他说:

人之所不学而能者,其良能也。所不虑而知者,其良知

诸子哲学 165

也。孩提之童，无不知爱其亲也。及其长也，无不知敬其兄也。亲亲，仁也。敬长，义也。(《尽心》)

良字有善义。孟子既然把一切不学而能不虑而知的都认为"良"，所以他说：

大人者，不失其赤子之心者也。(《离娄》)

以上所说三种（官能、善端及一切良知良能），都包含在孟子叫作"性"的里面。孟子以为这三种都有善的可能性，所以说性是善的。

（二）人的不善都由于"不能尽其才"

人性既然是善的，一切不善的，自然都不是性的本质。孟子以为人性虽有种种善的可能性，但是人多不能使这些可能性充分发达。正如《中庸》所说："惟天下至诚为能尽其性。"天下人有几个这样"至诚"的圣人？因此便有许多人渐渐地把本来的善性湮没了，渐渐地变成恶人。并非性有善恶，只是因为人不能充分发达本来的善性，以致如此。所以他说：

若夫为不善，非其才之罪也。……或相倍蓰而无算者，不能尽其才者也。

推原人所以"不能尽其才"的缘故，约有三种：
1. 由于外力的影响。 孟子说：

人性之善也，犹水之就下也。人无有不善，水无有不下。今夫水搏而跃之，可使过颡；激而行之，可使在山。是岂水之性哉？其势则然也。人之可使为不善，其性亦犹是也。(《告子》)

> 富岁子弟多赖，凶岁子弟多暴。非天之降才尔殊也。其所以陷溺其心者然也。今夫麰麦，播种而耰之，其地同，树之时又同，浡然而生，至于日至之时皆熟矣。虽有不同，则地有肥硗，雨露之养，人事之不齐也。（《告子》）

这种议论，认定外界境遇对于个人的影响，和当时的生物进化论颇相符合。

2. 由于自暴自弃。 外界的势力，还有时可以无害于本性。即举舜的一生为例：

> 舜之居深山之中，与木石居，与鹿豕游，其所以异于深山之野人者，几希。及其闻一善言，见一善行，若决江河，沛然莫之能御也。（《尽心》）

但是人若自己暴弃自己的可能性，不肯向善，那就不可救了。所以他说：

> 自暴者，不可与有言也。自弃者，不可与有为也。言非礼义，谓之自暴也。吾身不能居仁由义，谓之自弃也。（《离娄》）

又说：

> 虽存乎人者，岂无仁义之心哉？其所以放其良心者，亦犹斧斤之于木也。旦旦而伐之，可以为美乎？其日夜之所息，平旦之气，其好恶与人相近也者，几希。则其旦昼之所为，有梏亡之矣。梏之反覆，则其夜气不足以存。夜气不足以存，则其违禽兽不远矣。人见其禽兽也，而以为未尝有才焉者，是岂人之情也哉？（《告子》）

诸子哲学　167

3. 由于"以小害大，以贱害贵"。 还有一个"不得尽其才"的原因，是由于"养"得错了。孟子说：

> 体有贵贱，有大小。无以小害大，无以贱害贵。养其小者为小人，养其大者为大人。(《告子》)

哪一体是大的贵的？哪一体是小的贱的呢？孟子说：

> 耳目之官不思，而蔽于物。物交物，则引之而已矣。心之官则思，思则得之，不思则不得也，此天之所与我者。先立乎其大者，则其小者不能夺也。此为大人而已矣。(《告子》)

其实这种议论，大有流弊。人的心思并不是独立于耳目五官之外的。耳目五官不灵的，还有什么心思可说？中国古来的读书人的大病根正在专用记忆力，却不管别的官能。到后来只变成一班四肢不灵、五官不灵的废物！

以上说孟子论性善完了。

三、个人的位置

上文说，《大学》《中庸》的儒学已把个人位置抬高了，到了孟子更把个人看得十分重要。他信人性是善的，又以为人性都有良知良能和种种"善端"。所以他说：

> 万物皆备于我。反身而诚，乐莫大焉！(《尽心》)

更看他论"浩然之气"：

其为气也，至大至刚，以直养而无害，则塞于天地之间。(《公孙丑》)

又看他论"大丈夫"：

居天下之广居，立天下之正位，行天下之大道。得志与民由之，不得志独行其道。

富贵不能淫，贫贱不能移，威武不能屈，此之谓大丈夫。(《滕文公》)

因为他把个人的人格看得如此之重，因为他以为人性都是善的，所以他有一种平等主义。他说：

圣人与我同类者。(《告子》)
何以异于人哉？尧舜与人同耳。(《离娄》)
彼丈夫也，我丈夫也。吾何畏彼哉？(《滕文公》)
舜何人也，予何人也。有为者亦若是。(《滕文公》)

但他的平等主义，只是说人格平等，并不是说人的才智德行都平等。孟子很明白经济学上"分工"的道理。即如《滕文公》篇许行一章，说社会中"有大人之事，有小人之事"，"或劳心，或劳力"，说得何等明白！

又如孟子的政治学说很带有民权的意味。他说：

民为贵，社稷次之，君为轻。
君之视民如土芥，则臣视君如寇仇。

这种重民轻君的议论，也是从他的性善论上生出来的。

诸子哲学　169

四、教育哲学

孟子的性善论,不但影响到他的人生观,并且大有影响于他的教育哲学。他的教育学说有三大要点,都于后世的教育学说大有关系。

(一) 自动的

孟子深信人性本善,所以不主张被动的和逼迫的教育,只主张各人自动的教育。他说:

> 君子深造之以道,欲其自得之也。自得之,则居之安。居之安,则资之深。资之深,则取之左右逢其原。故君子欲其自得之也。(《离娄》)

《公孙丑》篇论养气的一段,可以与此印证:

> 必有事焉而勿正。心勿忘,勿助长也。无若宋人然,宋人有悯其苗之不长而揠之者,芒芒然归,谓其人曰:"今日病矣!予助苗长矣!"其子趋而往视之,苗则槁矣。天下之不助苗长者,寡矣。以为无益而舍之者,不耘苗者也。助之长者,揠苗者也。非徒无益,而又害之。

孟子说"君子之所以教者五",那第一种是"有如时雨化之者"。不耘苗也不好,揠苗也不好,最好是及时的雨露。

(二) 养性的

人性既本来是善的,教育的宗旨只是要使这本来的善性充分发达。孟子说:

> 人之所以异于禽兽者几希,庶民去之,君子存之。(《离娄》)

教育只是要保存这"人之所以异于禽兽"的人性。《孟子》书中说此点最多，不用细举了。

（三）标准的

教育虽是自动的，却不可没有标准。孟子说：

> 羿之教人射必至于彀，学者亦必至于彀。大匠诲人必以规矩，学者亦必以规矩。（《告子》）

又说：

> 大匠不为拙工改废绳墨，羿不为拙射废其彀率。君子引而不发，跃如也。中道而立，能者从之。（《尽心》）

这标准的教育法，依孟子说来，是教育的捷径。他说：

> 圣人既竭目力焉，继之以规矩准绳，以为方圆平直，不可胜用也。既竭耳力焉，继之以六律正五音，不可胜用也。（《离娄》）

前人出了多少力，才造出这种种标准。我们用了这些标准，便可不劳而得前人的益处了。这是标准的教育法的原理。

五、政治哲学

孟子的政治哲学很带有尊重民权的意味，上文已略说过了。孟子的政治哲学与孔子的政治哲学有一个根本不同之处。孔子讲政治的中心学说是"政者，正也"，他的目的只要"正名""正己""正人"，以至于"君君、臣臣、父父、子子"的理想的郅治。孟子生在孔子之后一百多年，受了杨墨两家的影响（凡攻击某派最力的人，便是受那派影响最大的人。孟子攻杨墨最力，其实他受杨墨影响最大。荀子攻击辩者，其实他得辩者的影响很大。宋儒攻击佛家，其实若没有佛家，又哪有宋儒），故不但尊重个人，尊重百姓过于君主（这是老子、杨朱一派的影响。有这种无形的影响，故孟子的性善论遂趋于极端，遂成"万物皆备于我"的个人主义）；还要使百姓享受乐利（这是墨家的影响，孟子自不觉得）。孟子论政治不用孔子的"正"字，却用墨子的"利"字。但他又不肯公然用"利"字，故用"仁政"两字。他对当时的君主说道："你好色也不妨，好货也不妨，好田猎也不妨，好游玩也不妨，好音乐也不妨。但是你好色时，须念国中有怨女旷夫；你好货时，须念国中穷人的饥寒；你出去打猎、作乐游玩时，须念国中的百姓有父子不相见，兄弟妻子离散的痛苦。总而言之，你须要能善推其所为，你须要行仁政。"这是孟子政治学说的中心点。这可不是孔子"正"字的政治哲学了。若用西方政治学的名词，我们可说孔子的，是"爸爸政策"（Paternalism 或译父性政策）；孟子的，是"妈妈政策"（Maternalism 或译母性政策）。爸爸政策要人正经规矩，要人有道德；妈妈政策要人快活安乐，要人享受幸福。故孟子所说如："五亩之宅，树之以桑，五十者可以衣帛矣。鸡豚狗彘之畜无失其时，七十者可以食肉矣。"这一类"衣帛食肉"的政治，简直是妈妈的政治。这是孔子、孟子不同之处（孔子有时也说富民，孟子有时也说格君心，但这都不是他们最注意的）。后人不知道这个区别代表一百多年儒家政治学说的进化，所以爸爸妈妈的分不清楚：一面说仁民爱物，一面又只知道正心诚意。这就是没有历史观念的大害了。

孟子的政治学说含有乐利主义的意味，这是万无可讳的。但他同时又极力把义利两字分得很严。他初见梁惠王，一开口便驳倒他的"利"字；他见宋牼，也劝他莫用"利"字来劝秦楚两国停战。细看这两章，可见孟子所攻击的"利"字只是自私自利的利。大概当时的君主官吏都是营私谋利的居多。这种为利主义，与利民主义绝相反对。故孟子说：

> 今之事君者曰："我能为君辟土地，充府库。"今之所谓良臣，古之所谓民贼也！（《告子》）
>
> 庖有肥肉，厩有肥马，民有饥色，野有饿莩，此率兽而食人也！（《梁惠王》）

孟子所攻击的"利"，只是这种利。他所主张的"仁义"，只是最大多数的最大乐利。他所怕的是言利的结果必至于"上下交征利"；必至于"君臣父子兄弟终去仁义，怀利以相接"。到了"上下交征利""怀利以相接"的地位，便要做出"率兽而食人"的政策了。所以孟子反对"利"的理由，还只是因为这种"利"究竟不是真利。

荀子

荀子

一、荀子略传

荀子名况，字卿，赵人。曾游学于齐国，后来又游秦（《强国》篇应侯问入秦何见。按应侯作相当赵孝成王初年），又游赵（《议兵》篇孙卿议兵于赵孝成王前。赵孝成王当公元前265至公元前245年），末后到楚。那时春申君当国，使荀卿作兰陵令（此事据《史记·年表》在楚考烈王八年〔公元前255年〕）。春申君死后（公元前238年），荀卿遂在兰陵住家，后来遂死在兰陵。

荀卿生死的年代，最难确定。请看王先谦《荀子集解》所录诸家的争论，便可见了。最可笑的是刘向的《孙卿书序》。刘向说荀卿曾与孙膑议兵。孙膑破魏在公元前341年。到春申君死时，荀卿至少是一百三四十岁了。又刘向与诸家都说荀卿当齐襄王时最为老师。襄王即位在公元前283年，距春申君死时，还有四十五年。荀卿死在春申君之后，大约在公元前230年左右。即使他活了八十岁，也不能在齐襄王时便"最为老师"了。我看这种种错误纷争，都由于《史记》的《孟子荀卿列传》。如今且把这一段《史记》抄在下面：

荀卿，赵人。年五十，始来游学于齐。驺衍（之术，迂大而闳辩。奭也文具难施。淳于髡久与处，时有得善言。故齐人颂曰："谈天衍，雕龙奭，炙毂过髡。"）田骈之属皆已死齐襄王时，而荀卿最为老师。齐尚修列大夫之缺，而荀卿三为祭酒焉。……

这段文字有两个易于误人之处：（一）荀卿"来游学于齐"以下，忽然夹入驺衍、驺奭、淳于髡三个人的事实，以致刘向误会了，以为荀卿五十岁游齐，正在稷下诸先生正盛之时（刘向序上称"方齐宣王威王之时"，下称"是时荀卿年五十始来游学"）。不知这一段不相干的事实，乃是上文论"齐有三驺子"一节的错简。本文当作"驺衍田骈之属，……"那些荒谬的古文家，不知这一篇《孟子荀卿列传》最多后人添插的材料（如末段记墨翟的二十四字文理不通，或是后人加入的），却极力夸许这篇文字，文字变化不测，突兀神奇还把他选来当古文读，说这是太史公的笔法，岂不可笑！（二）本文的"齐襄王时"四个字，当连上文，读"驺衍田骈之属，皆已死齐襄王时"。那些荒谬的人，不通文法，把这四字连下文，读成"齐襄王时，而荀卿最为老师"。不知这四字在文法上是一个"状时的读"；状时的读，与所状的本句，决不可用"而"字隔开，隔开便不通了。古人也知这一段可疑，于是把"年五十"改为"年十五"（谢堵校，依《风俗通》改如此）。不知本文说的"年五十始来游学"，这个"始"字含有来迟了的意思。若是"年十五"，决不必用"始"字了。

所以依我看来，荀卿游齐，大概在齐襄王之后，所以说他"年五十始来游学于齐，驺衍田骈之属皆已死齐襄王时，而荀卿最为老师"。这文理很明显，并且与荀卿一生事迹都相合。如今且作一年表

诸子哲学　175

如下：

公元前265年至公元前260年　荀卿年五十游齐。
公元前260年至公元前255年　入秦，见秦昭王及应侯。
公元前260年至公元前250年　游赵，见孝成王。
公元前250年至公元前238年　游楚，为兰陵令。
公元前230年左右　死于兰陵。

至于盐铁论所说，荀卿至李斯做丞相才死，那更不值得驳了（李斯做丞相在公元前213年，当齐襄王死后五十二年了）。

我这一段考据，似乎太繁了。我的本意只因为古人对于这个问题，不大讲究，所以不嫌说得详细些，要望学者读古书总须存个怀疑的念头，不要做古人的奴隶。

二、《荀子》

《汉书·艺文志》：《孙卿子》三十二篇，又有赋十篇。今本《荀子》三十二篇，连赋五篇、诗两篇在内。大概今本乃系后人杂凑成的。其中有许多篇，如《大略》《宥坐》《子道》《法行》等，全是东拉西扯拿来凑数的。还有许多篇的分段全无道理：如《非相》篇的后两章，全与"非相"无干；又如《天论》篇的末段，也和《天论》无干。又有许多篇，如今都在大戴小戴的书中（如《礼论》《乐论》《劝学》诸篇），或在《韩诗外传》之中，究竟不知是谁抄谁。大概《天论》《解蔽》《正名》《性恶》四篇全是荀卿的精华所在。其余的二十余篇，即使真不是他的，也无关紧要了。

三、荀子与诸子的关系

研究荀子学说的人，须要注意荀子和同时的各家学说都有关系。他的书中，有许多批评各家的话，都很有价值。如《天论》篇说：

慎子有见于后，无见于先。老子有见于诎，无见于信（同伸）。墨子有见于齐，无见于畸。宋子有见于少，无见于多（宋子即宋钘。他说："人之情欲寡，而皆以己之情为欲多。"荀卿似是说他只有见于少数人的情性，却不知多数人的情性。杨倞注似有误解之处）。有后而无先，则群众无门。有诎而无信，则贵贱不分。有齐而无畸，则政令不施。有少而无多，则群众不化。

又如《解蔽》篇说：

墨子蔽于用而不知文。宋子蔽于欲而不知得。慎子蔽于法而不知贤。申子蔽于势而不知知。惠子蔽于辞而不知实。庄子蔽于天而不知人。故由用谓之，道尽利矣。由俗（杨云：俗当为欲）谓之，道尽嗛矣（杨云：嗛与慊同，快也）。由法谓之，道尽数矣。由势谓之，道尽便矣。由辞谓之，道尽论矣。由天谓之，道尽因矣。

又《非十二子》篇论它嚣、魏牟"纵情性，安恣睢，禽兽之行，不足以合文通治"。陈仲、史䲡"忍情性，綦谿利跂，苟以分异人为高，不足以合大众，明大分"。墨翟、宋钘"不知壹天下建国家之权称，上功用，大俭约，而僈差等，曾不足以容辨异，县君臣"。慎到、田骈"尚法而无法，下修而好作（'下修'王念孙校当作'不循'似是），……不足以经国定分"。惠施、邓析"好治怪说，玩琦辞，甚察而不惠（王校惠当作急）；辩而无用，多事而寡功，不可以为治纲纪"。子思、孟子"略法先王而不知其统，……案往旧造说，谓之五行；甚僻远而无类，幽隐而无说，闭约而无解"（《韩诗外传》无子思孟子二人）。

此外尚有《富国》篇和《乐论》篇驳墨子的节用论和非乐论；又有《正论》篇驳宋子的学说；又有《性恶》篇驳孟子的性善论；又

《正名》篇中驳"杀盗非杀人也"诸说。

这可见荀子学问很博，曾研究同时诸家的学说。因为他这样博学，所以他的学说能在儒家中别开生面，独创一种很激烈的学派。

天与性

一、论天

子批评庄子的哲学道："庄子蔽于天而不知人。……由天谓之，道尽因矣。"这两句话不但是庄子哲学的正确评判，并且是荀子自己的哲学的紧要关键。庄子把天道看得太重了，所以生出种种的安命主义和守旧主义。荀子对于这种学说，遂发生一种激烈的反响。他说：

> 惟圣人为不求知天。（《天论》）

又说：

> 故君子敬其在己者，而不慕其在天者。小人错其在己者，而慕其在天者。君子敬其在己者，而不慕其在天者，是以日进也。小人错其在己者，而慕其在天者，是以日退也。（《天论》）

这是儒家本来的人事主义和孔子的"未能事人，焉能事鬼"同一精神。即如"道"字，老子庄子都解作那无往不在、无时不存的天道，荀子却说：

> 道者，非天之道，非地之道，人之所以道也。君子之所道也。（《儒效》。此依宋本）

又说：

> 道者何也？曰：君道也。君者何也？曰：能群也。(《君道》)

所以荀子的哲学全无庄子一派的神秘气味。他说：

> 天行有常，不为尧存，不为桀亡。应之以治则吉，应之以乱则凶。强本而节用，则天不能贫；养备而动时，则天不能病；循道而不忒（从王念孙校），则天不能祸。故水旱不能使之饥，寒暑不能使之疾，祅怪不能使之凶。……故明于天人之分，则可谓至人矣。不为而成，不求而得，夫是之为天职。如是者虽深，其人不加虑焉；虽大，不加能焉；虽精，不加察焉。夫是之谓不与天争职。天有其时，地有其财，人有其治。夫是之谓能参。舍其所以参，而愿其所参，则惑矣。(《天论》)

荀子在儒家中最为特出，正因为他能用老子一般人的"无意志的天"，来改正儒家墨家的"赏善罚恶"有意志的天；同时却又能免去老子、庄子天道观念的安命守旧种种恶果。

荀子的"天论"，不但要人不与天争职，不但要人能与天地参，还要人征服天行以为人用。他说：

> 大天而思之，孰与物畜而制裁之？（王念孙云：依韵，制之当作裁之。适案依杨注，疑当作"制裁之"涉下误脱耳。）从天而颂之，孰与制天命而用之？望时而待之，孰与应时而使之？因物而多之，孰与骋能而化之？思物而物之，孰与理物而勿失之也？愿于物之所以生，孰与有物之所以成？故错人而思天则失万物之情。(《天论》)

诸子哲学　179

这竟是倍根[1]的"戡天主义"（Conquest of Nature）了。

二、论物类变化

荀卿的"戡天主义"，却和近世科学家的"戡天主义"不大相同。荀卿只要裁制已成之物，以为人用，却不耐烦做科学家"思物而物之"的工夫（下物字是动词，与《公孙龙子·名实论》"物以物其所物而不过焉"的下两物字同义。皆有"比类"的意思。物字可作"比类"解，说见王引之《经义述闻》卷三十一，物字条）。荀卿对于当时的科学家，很不满意。所以他说：

> 凡事行，有益于理者，立之；无益于理者，废之。夫是之谓中事。凡知说，有益于理者，为之；无益于理者，舍之。夫是之谓中说。……若夫充虚之相施易也，坚白同异之分隔也，是聪耳之所不能听也，明目之所不能见也，辩士之所不能言也，虽有圣人之知未能偻指也。不知无害为君子，知之无损为小人。工匠不知，无害为巧；君子不知，无害为治。王公好之则乱法，百姓好之则乱事。（《儒效》）

充虚之相施易（施同移），坚白同异之相分隔，正是当时科学家的话。荀子对于这一派人屡加攻击。这都由于他的极端短见的功用主义，所以有这种反对科学的态度。

他对于当时的生物进化的理论，也不赞成。我们曾说过，当时的生物进化论的大旨是"万物皆种也，以不同形相禅"。荀子所说，恰与此说相反。他说：

---

[1] 培根。

> 古今一度也类不悖，虽久同理（《非相》。《韩诗外传》无度字，王校从之）。

杨倞注此段最妙，他说：

> 类，种类，谓若牛马也。……言种类不乖悖，虽久而理同。今之牛马与古不殊，何至人而独异哉？

这几句话便把古代万物同由种子以不同形递相进化的妙论，轻轻地推翻了。《正名》篇说：

> 物有同状而异所者，有异状而同所者，可别也。状同而为异所者，虽可合，谓之二实。状变而实无别，而为异者，谓之化（为是行为之为）。有化而无别，谓之一实。

荀子所注意的变化，只是个体的变迁，如蚕化为茧，再化为蛾，这种"状变而实无别而为异"的现象，叫作"化"。化来化去只是一物，故说"有化而无别，谓之一实"。既然只是一物，可见一切变化只限于本身，绝无万物"以不同形相禅"的道理。

如此看来，荀子是不主张进化论的。他说：

> 欲观千岁，则数今日。欲知亿万，则审一二。欲知上世，则审周道。（《非相》）

这就是上文所说"古今一度也"之理。他又说：

> 夫妄人曰："古今异情，其所以治乱者异道。"（今本作"以其治乱者异道"。王校云：《韩诗外传》正作'其所以治乱异道'。"今从王校改）而众人惑焉。彼众人者，愚而无

诸子哲学　　181

说，陋而无度者也。其所见焉，犹可欺也，而况于千世之传也？妄人者，门庭之间，犹可诬欺也，而况于千世之上乎？（《非相》）

这竟是痛骂那些主张历史进化论的人了。

三、法后王

荀卿虽不认历史进化古今治乱异道之说，他却反对儒家"法先王"之说。他说：

圣王有百，吾孰法焉？曰（曰字上旧有故字，今依王校删）：文久而息，节族久而绝，守法教之有司，极礼而褫。故曰：欲观圣王之迹，则于其粲然者矣，后王是也。……舍后王而道上古，譬之是犹舍己之君而事人之君也。（《非相》）

但是他要"法后王"，并不是因为后王胜过先王，不过是因为上古的制度文物都不可考，不如后王的制度文物"粲然"可考。所以说：

五帝之外无传人，非无贤人也，久故也。五帝之中无传政，非无善政也，久故也。禹汤有传政，而不若周之察也，久故也（察也下旧有"非无善政也"五字，此盖涉上文而衍，今删去）。传者久，则论略，近则论详。略则举大，详则举小。愚者闻其略而不知详，闻其细（旧作详，今依外传改）而不知其大也，故文久而灭，节族久而绝。（《非相》）

四、论性

荀子论天，极力推开天道，注重人治。荀子论性，也极力压倒天性，注重人为。他的天论是对庄子发的，他的性论是对孟子发的。孟子说人性是善的，荀子说：

> 人之性恶，其善者伪也。(《性恶》)

这是荀子性恶论的大旨。如今且先看什么叫作"性"，什么叫作"伪"。荀子说：

> 不可学，不可事，而在人者，谓之性；可学而能，可事而成之在人者，谓之伪。(《性恶》)

又说：

> 生之所以然者，谓之性。性之和所生，精合感应，不事而自然，谓之性。性之好恶喜怒哀乐，谓之情。情然而心为之择，谓之虑。心虑而能为之动，谓之伪（"所以能之在人者谓之能"）。虑积焉，能习焉，而后成，谓之伪。(《正名》)

依这几条界说看来，性只是天生成的，伪只是人力做的（"伪"字本训"人为"）。后来的儒者读了"人之性恶，其善者伪也"，把"伪"字看作真伪的伪，便大骂荀卿，不肯再往下读了。所以荀卿受了许多冤枉。中国自古以来的哲学家都崇拜"天然"过于"人为"。老子、孔子、墨子、庄子、孟子都是如此。大家都以为凡是"天然的"，都比"人为的"好。后来渐渐地把一切"天然的"都看作"真的"，一切"人为的"都看作"假的"。所以后来"真"字竟可代"天"字（例如《庄子·大宗师》："而已反其真，而我犹为人猗。"以

诸子哲学　183

真对人，犹以天对人也。又此篇屡用"真人"皆作"天然的人"解。如曰"不以心捐道，不以人助天，是之谓真人"，又"而况其真乎？"郭注曰："夫真者，不假于物、而自然者也。"此更明显矣）。而"伪"字竟变成"讹"字（《广雅释诂》二："伪，为也。"《诗·免爰》"尚无造"，笺云："造，伪也。"此伪字本义）。独有荀子极力反对这种崇拜天然的学说，以为"人为的"比"天然的"更好。所以他的性论，说性是恶的，一切善都是人为的结果。这样推崇"人为"过于"天然"，乃是荀子哲学的一大特色。

如今且看荀子的性恶论有何根据。他说：

> 今人之性，生而有好利焉，顺是，故争夺生而辞让亡焉；生而有疾恶焉，顺是，故残贼生而忠信亡焉；生而有耳目之欲，有好声色焉，顺是，故淫乱生而礼义文理亡焉。然则从人之性，顺人之情，必出于争夺，合于犯分乱理，而归于暴。故必将有师法之化，礼义之道，然后出于辞让，合于文理，而归于治。用此观之，然则人之性恶明矣，其善者伪也。（《性恶》）

这是说人的天性有种种情欲，若顺着情欲做去，定做出恶事来。可见得人性本恶。因为人性本恶，故必须有礼义法度，"以矫饰人之情性而正之，以扰化人之情性而导之"，方才可以为善。可见人的善行，全靠人为。故又说：

> 故枸木必将待檃栝、烝矫然后直；钝金必将待砻厉然后利；今人之性恶，必将待师法然后正，得礼义然后治。……故性善则去圣王，息礼义矣。性恶则与圣王，贵礼义矣。故檃栝之生，为枸木也；绳墨之起，为不直也；立君上，明礼义，为性恶也。（《性恶》）

这是说人所以必须君上礼义，正是性恶之证。

孟子把"性"字来包含一切"善端"，如恻隐之心之类，故说性是善的。荀子把"性"来包含一切"恶端"，如好利之心、耳目之欲之类，故说性是恶的。这都由于根本观点不同之故。孟子又以为人性含有"良知良能"，故说性善。荀子又不认此说。他说人人虽有一种"可以知之质，可以能之具"（此即吾所谓"可能性"），但是"可以知"未必就知，"可以能"未必就能。故说：

> 夫工匠农贾未尝不可以相为事也，然而未尝能相为事也。用此观之，然则"可以为"未必为"能"也。虽不"能"，无害"可以为"，然则"能不能"之与"可不可"，其不同远矣。（《性恶》）

例如"目可以见，耳可以听"。但是"可以见"未必就能见得"明"，"可以听"未必就能听得"聪"。这都是驳孟子"良知良能"之说。依此说来，荀子虽说性恶，其实是说性可善可恶。

五、教育学说

孟子说性善，故他的教育学说偏重"自得"一方面。荀子说性恶，故他的教育学说趋向"积善"一方面。他说：

> 性也者，吾所不能为也，然而可化也。情也者，非吾所有也，然而可为也。注错习俗，所以化性也；并一而不二，所以成积也。习俗移志，安久移质。……涂之人百姓积善而全尽，谓之圣人。彼求之而后得，为之而后成，积之而后高，尽之而后圣。故圣人也者，人之所积也。人积耨耕而为农夫，积斫削而为工匠，积反货而为商贾，积礼义而为君子。工匠之子莫不继事，而都国之民安习其服。居楚而楚，

诸子哲学

居越而越，居夏而夏，是非天性也，积靡使然也。(《儒效》)

荀子书中说这"积"字最多。因为人性只有一些"可以知之质，可以能之具"，正如一张白纸，本来没有什么东西，所以须要一点一滴地"积"起来，才可以有学问，才可以有道德。所以荀子的教育学说只是要人积善。他说："学不可以已"(《劝学》)，又说："骐骥一跃，不能十步；驽马十驾，功在不舍。锲而舍之，朽木不折；锲而不舍，金石可镂。"(《劝学》)荀子的教育学说以为学问须要变化气质，增益身心。不能如此，不足为学。他说：

君子之学也，入乎耳，箸乎心，布乎四体，形乎动静；端而言，蠕而动，一可以为法则。小人之学也，入乎耳，出乎口：口耳之间，则四寸耳，曷足以美七尺之躯哉？(《劝学》)

又说：

不闻不若闻之，闻之不若见之，见之不若知之，知之不若行之。学至于行之而止矣。行之，明也。明之为圣人。圣人也者，本仁义，当是非，齐言行，不失毫厘。无它道焉，已乎行之矣。(《儒效》)

这是荀子的知行合一说。

六、礼乐

荀子的礼论乐论只是他的广义的教育学说。荀子以为人性恶，故不能不用礼仪音乐来涵养节制人的情欲。看他的《礼论》篇道：

礼起于何也？曰：人生而有欲，欲而不得，则不能无求，求而无度量分界，则不能不争。争则乱，乱则穷。先王恶其乱也，故制礼义以分之，以养人之欲，给人之求。使欲必不穷乎物，物必不屈（杨注：屈，竭也）于欲，两者相持而长：是礼之所起也。故礼者，养也。……君子既得其养，又好其别。曷谓别？曰贵贱有等，长幼有差，贫富轻重皆有称者也。

这和《富国》篇说政治社会的缘起，大略相同：

人伦并处，同求而异道，同欲而异知，生也。皆有可也，知愚同；所可异也，知愚分。势同而知异，行私而无祸，纵欲而不穷，则民心奋而不可说也。如是，则知者未得治也，……群众未县也，群众未县，则君臣未立也。无君以制臣，无上以制上，天下害生纵欲。欲恶同物，欲多而物寡。寡则必争矣。故百技所成，所以养一人也（言人人须百技所成。杨注以一人为君上，大误）。而能不能兼技，人不能兼官。离居不相待则穷。群而无分则争。……男女之合，夫妇之分，婚姻聘内送逆无礼，如是，则人有失合之忧，而有争色之祸矣。故知者为之分也。

礼只是一个"分"字；所以要"分"，只是由于人生有欲，无分必争。《乐论》篇说：

夫乐者，乐也，人情之所不能免也。故人不能无乐。乐则必发于声音，形于动静：人之道也（此四字旧作"而人之道"，今依《礼记》改）。故人不能无乐，乐则不能无形。形而不为道，则不能无乱。先王恶其乱也，故制雅颂之声以道之，使其声足以乐而不流；使其文足以纶而不息；使其曲直繁省，廉肉节奏，足以感动人之善心；使夫邪污之气无由得接焉。……故乐者，所以道乐也。金石丝竹，所以道德也。……故乐也者，治人之盛者也（此节诸道字，除第一道字外，皆通导）。

荀子的意思只为人是生来就有情欲的，故要作为礼制，使情欲有一定的范围，不致有争夺之患；人又是生来爱快乐的，故要作为正当的音乐，使人有正当的娱乐，不致流于淫乱。这是儒家所同有的议论。但是荀子是主张性恶的。性恶论的自然结果，当主张用严刑重罚来裁制人的天性。荀子虽自己主张礼义师法，他的弟子韩非、李斯就老老实实地主张用刑法治国了。

心理学与名学

一、论心

荀子说性恶，单指情欲一方面。但人的情欲之外，还有一个心。心的作用极为重要。荀子说：

> 性之好恶喜怒哀乐，谓之情。情然而心为之择，谓之虑。心虑而能为之动，谓之伪。（《正名》）

例如人见可欲之物，觉得此物可以欲，是"情然"；估量此物该要不该要，是"心为之择"；估量定了，才去取此物，是"能为之动"。情欲与动作之间，全靠这个"心"作一把天平秤。所以说：

> 心也者，道之工宰也。（《正名》）
> 心者，形之君也，而神明之主也。出令而无所受令。（《解蔽》）

心与情欲的关系，如下：

> 凡语治而待去欲者，无以道欲而困于有欲者也。凡语治而待寡欲者，无以节欲而困于多欲者也。……欲不待可得，而求者从所可。欲不待可得，所受乎天也。求者从所可，所受乎心也。（天性有欲，心为之制节。）（此九字，今本阙。今据久保爱所据宋本及韩本增）……故欲过之而动不及，心止之也。心之所可中理，则欲虽多，奚伤于治？欲不及而动过之，心使之也。心之所可失理，则欲虽寡，奚止于乱？故治乱在于心之所可，亡于情之所欲。……以所欲为可得而求之，情之所必不免也。以为可而道之，知所必出也。故虽为守门，欲不可去，性之具也。虽为天子，欲不可尽（此下疑脱四字）。欲虽不可尽，求可近尽也；欲虽不可去，求可节也。……道者进则近尽，退则节求，天下莫之若也。凡人莫不从其所可而去其所不可。知道之莫之若也，而不从道者，无之有也。……故可道而从之，奚以损之而乱？不可道而离之，奚以益之而治？（《正名》）

这一节说人不必去欲，但求导欲；不必寡欲，但求有节；最要紧的是先须有一个"所可中理"的心做主宰。"心之所可中理，则欲虽多奚伤于治"这种议论，极合近世教育心理，真是荀子的特色。大概这里也有"别墨"的乐利主义的影响。

荀子以为"凡人莫不从其所可而去其所不可"，可是心以为可得。但是要使"心之所可中理"不是容易做到。正如《中庸》上说的"中庸之道"，说来很易，做到却极不易。所以荀子往往把心来比一种权度。他说：

> 凡人之取也，所欲未尝粹而来也；其去也，所恶未尝粹而往也。故人无动而不可以不与权俱。……权不正，则祸托

诸子哲学

于欲，而人以为福；福托于恶，而人以为祸：此亦人所以惑于祸福也。道者，古今之正权也。离道而内自择，则不知祸福之所托（《正名》。《解蔽》篇所说与此同）。

故《解蔽》篇说：

> 故心不可不知道；心不知道，则不可道，而可非道。……心知道，然后可道；可道然后能守道以禁非道。

这里的"可"字，与上文所引《正名》篇一长段的"可"字，同是许可之可。要有正确合理的知识，方才可以有正确合理的可与不可。可与不可没有错误，一切好恶去取便也没有过失。这是荀子的人生哲学的根本观念。

古代的人生哲学，独有荀子最注重心理的研究。所以他说心理的状态和作用也最详细。他说：

> 人何以知道？曰，心。心何以知？曰，虚一而静。心未尝不藏也，然而有所谓虚。心未尝不两也，然而有所谓一。心未尝不动也，然而有所谓静（两字旧作满。杨注当作两是也）。
>
> 人生而有知，知而有志。志也者，藏也（志即是记忆）。然而有所谓虚，不以所已藏害所将受，谓之虚。
>
> 心生而有知，知而有异。异也者，同时兼知之。同时兼知之，两也，然而有所谓一。不以夫一害此一，谓之一。
>
> 心卧则梦，偷则自行，使之则谋（《说文》：虑难曰谋）。故心未尝不动也。然而有所谓静，不以梦剧乱知，谓之静。
>
> 未得道而求道者，谓之虚一而静，作之则（此处"谓之""作之"都是命令的动词。如今言"教他要虚一而静，还替他立下法式准则"。王引之把"作之"二字作一句，把则字

190　西南联大哲学通识课

属下文,说"心有动作,则……"这正犯了《经义述闻》所说"增字解经"的毛病。章太炎《明见》篇解此章说:"作之,彼意也。"更讲不通)。将须道者,(虚)之。虚则入(旧作人)。将事道者,(一)之。一则尽。将思道者,(静之)。静则察〔此文旧不可通。王引之校改为"则将须道者之虚,(虚)则入。将事道者之一,(一)则尽。将思道者(之静),静则察"也不成文法。今改校如上,似乎较妥〕。……虚一而静,谓之大清明。万物莫形而不见,莫见而不论,莫论而失位。……夫恶有蔽矣哉?(《解蔽》)

这一节本很明白,不须详细解说。章太炎《明见》篇(《国故论衡》下)用印度哲学来讲这一段,把"藏"解作"阿罗耶识",把"异"解作"异熟",把"谋"与"自行"解作"散位独头意识",便比原文更难懂了。心能收受一切感觉,故说是"藏"。但是心藏感觉,和罐里藏钱不同,罐藏满了,便不能再藏了。心却不然,藏了这个,还可藏那个。这叫作"不以所已藏害所将受",这便是"虚"。心又能区别比类。正如《正名》篇所说:"形体色理以目异,声音清浊……以耳异,甘苦咸淡……以口异。……"五官感觉的种类极为复杂纷繁,所以说:"同时兼知之,两也。"感觉虽然复杂,心却能"缘耳知声,缘目知形",比类区别,不致混乱。这是"不以夫一害此一",这便叫作"一"。心能有种种活动,如梦与思虑之类。但是梦时尽梦,思虑时尽思虑,专心接物时,还依旧能有知识。这是"不以梦剧乱知",这便是"静"。心有这三种特性,始能知道。所以那些"未得道而求道"的人,也须做到这三种功夫:第一要虚心;第二要专一;第三要静心。

二、谬误

荀子的知识论的心理根据既如上说,如今且看他论知识谬误的原因和救正的方法。他说:

故人心譬如槃水，正错而勿动，则湛浊在下，而清明在上，则足以见须眉而察理矣。微风过之，湛浊动乎下，清明乱于上，则不可以得大形之正也。心亦如是矣。导之以理，养之以清，物莫之倾，则足以定是非决嫌疑矣。小物引之，则其正外易，其心内倾，则不足以决粗理也。（同）

凡一切谬误都由于中心不定，不能静思，不能专一。又说：

凡观物有疑（疑，定也。与下文"疑止之"之疑同义。此即《诗》"靡所止疑"之疑）。中心不定则外物不清。吾虑不清则未可定然否也。冥冥而行者，见寝石以为伏虎也，见植林以为后人也：冥冥蔽其明矣。醉者越百步之沟，以为蹞步之浍也；俯而出城门，以为小之闺也：酒乱其神也。……故从山上望牛者若羊，……远蔽其大也。从山下望木者，十仞之木若箸，……高蔽其长也。水动而影摇，人不以定美恶，水势玄也。瞽者仰视而不见星，人不以定有无，用精惑也。有人焉以此时定物，则世之愚者也。彼愚者之定物，以疑决疑，决必不当。夫苟不当，安能无过乎。

这一段说一切谬误都由于外物扰乱五官。官能失其作用，故心不能知物，遂生种种谬误（参观《正名》篇论"所缘以同异"一节）。

因为知识易有谬误，故不能不有个可以取法的标准模范。荀子说：

凡（可）以知，人之性也。可知，物之理也（可字下旧有"以"字。今据久保爱所见元本删之）。以可以知人之性，求可知物之理（人字物字疑皆是衍文，后人误读上文，又依上文妄改此句而误也），而无所疑止之，则没世穷年不能遍也。其所以贯理焉，虽亿万已，不足以浃万物之变，与愚者若一。学老身长子而与愚者若一，犹不知错，夫是之谓妄人。

故学也者，固学止之也。恶乎止之？曰：止诸至足。曷谓至足？曰：圣（王）也。圣也者，尽伦者也。王也者，尽制者也。两尽者，足以为天下法极矣。故学者以圣王为师，案以圣王之制为法。法其法，以求其统，类（其）类，以务象效其人。(《解蔽》)

这是"标准的"知识论，与孟子的学说，大概相似。孟子说："规矩，方员之至也；圣人，人伦之至也"，正与荀子的"圣也者，尽伦者也；王也者，尽制者也"同意。他两人都把"法圣王"看作一条教育的捷径。譬如古人用了心思目力，造下规矩准绳，后世的人依着做去，便也可做方员平直。学问知识也是如此。依着好榜样做去，便也可得正确的知识学问，便也可免了许多谬误。这是荀子"止诸至足"的本意。

三、名学

荀卿的名学，完全是演绎法。他承着儒家"春秋派"的正名主义，受了时势的影响，知道单靠着史官的一字褒贬，绝不能做到"正名"的目的。所以他的名学，介于儒家与法家之间，是儒法过渡时代的学说。他的名学的大旨是：

凡议，必将立隆正，然后可也。无隆正则是非不分，而辩讼不决。故所闻曰："天下之大隆（下旧有也字。今据久保爱所见宋本删），是非之封界，分职名象之所起，王制是也。"故凡言议期命以圣王为师。(《正论》)

传曰："天下有二：非察是，是察非"，谓合王制与不合王制也。天下有不以是为隆正也，然而犹有能分是非治曲直者耶？(《解蔽》)

诸子哲学　193

他的大旨只是要先立一个"隆正",做一个标准的大前提。凡是合这隆正的都是"是的",不合的都是"非的"。所以我说他是演绎法的名学。

荀子讲"正名"只是要把社会上已经通行的名,用国家法令制定;制定之后,不得更改。他说:

> 故王者之制名,名定而实辨,道行而志通,则慎率民而一焉。故析辞擅作名,以乱正名,使民疑惑,人多辨讼,则谓之大奸,其罪犹为符节度量之罪也。故其民莫敢为奇辞以乱正名。故其民悫,悫则易使,易使则功(功旧作公,今依顾千里校改)。其民莫敢为奇辞以乱正名,故一于道法而谨于循令矣。如是,则其迹长矣。迹长功成,治之极也。是谨于守名约之功也。(《正名》)

但是

> 今圣王没,名守慢,奇辞起,名实乱,是非之形不明,则虽守法之吏,诵数之儒,亦皆乱也。若有王者起,必将有循于旧名,有作于新名。(《正名》)

"循旧名"的法如下:

> 后王之成名:刑名从商,爵名从周,文名从礼,散名之加于万物者则从诸夏之成俗曲期。远方异俗之乡,则因之而为通。(《正名》)

荀子论"正名",分三步,如下:
(一)所为有名。
(二)有缘有同异。

（三）制名之枢要。

今分说如下：

（一）为什么要有"名"呢？荀子说：

> 异形离心交喻，异物名实互纽（此十二字，杨注读四字一句。王校仍之。今从郝懿行说读六字为句。互旧作玄，今从王校改）。贵贱不明，同异不别，如是，则志必有不喻之患，而事必有困废之祸。

这是说无名的害处。例如我见两物，一黑一白，若没有黑白之名，则别人尽可以叫黑的做白的，叫白的做黑的。这是"异形离心交喻，异物名实互纽"。又如《尔雅》说："犬未成豪曰狗"；《说文》说："犬，狗之有县蹄者也。"依《尔雅》说，狗是犬的一种，犬可包狗。依《说文》说，犬是狗的一种，狗可包犬。如下图：

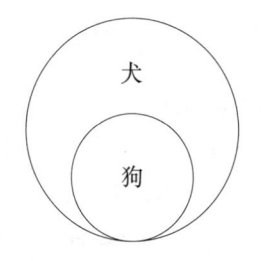

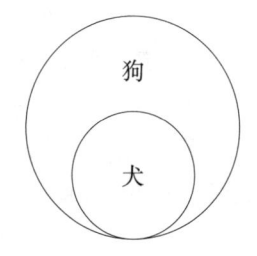

依《尔雅》说："狗，犬也。"　　依《说文》说："犬，狗也。"

这也是"异物名实互纽"之例。荀子接着说：

> 故知者为之分别，制名以指实。上以明贵贱，下以辨同异。贵贱明，同异别，如是，则志无不喻之患，事无困废之祸。此所为有名也。

诸子哲学　　195

此处当注意的是荀子说的"制名以指实"有两层用处：第一是"明贵贱"，第二是"别同异"。墨家论"名"只有别同异一种用处。儒家却于"别同异"之外添出"明贵贱"一种用处。"明贵贱"即是"寓褒贬，别善恶"之意。荀子受了当时科学家的影响，不能不说名有别同异之用。但他依然把"明贵贱"看得比"别同异"更为重要。所以说"上"以明贵贱，"下"以别同异。

（二）怎样会有同异呢？荀子说这都由于"天官"。天官即是耳、目、鼻、口、心、体之类。他说：

> 凡同类情者，其天官之意物也同。故比方之，疑似而通，是所以共其约名以相期也。

这是说"同"。因为同种类同情感的人对于外物所起意象大概相同，所以能造名字以为达意之符号。但是天官不但知同，还能别异。上文说过"异也者，同时兼知之"。天官所感觉，有种种不同。故说：

> 形体色理以目异；声音清浊调竽奇声以耳异；甘苦咸淡辛酸奇味以口异；香臭芬郁腥臊洒酸奇臭以鼻异；疾养沧热滑铍轻重以形体异；说故喜怒哀乐爱恶欲以心异。心有征知（有读又。此承上文而言，言心于上所举九事外，又能征知也）。征知则缘耳而知声可也。缘目而知形可也。然而征知必将待天官之当簿其类，然后可也。五官簿之而不知，心征之而无说，则人莫不谓之不知。此所缘而以同异也。

这一段不很好懂。第一长句说天官的感觉有种种不同，固可懂得。此下紧接一句"心有征知"，杨注云："征，召也。言心能召万物而知之。"这话不曾说得明白。章太炎《原名》篇说："接于五官曰受，受者谓之当簿。传于心曰想，想者谓之征知。"又说："领纳之谓受，受非爱憎不箸；取像之谓想，想非呼召不征。"是章氏也把征字作

"呼召"解，但他的"呼召"是"想象"之意，比杨倞进一层说。征字本义有证明之意（《中庸》"杞不足征也"，注："征，犹明也。"《荀子·性恶》篇："善言天者必有征于人。"《汉书·董仲舒传》有此语，师古曰，征，证也）。这是说五官形体所受的感觉，种类纷繁，没有头绪。幸有一个心除了"说故喜怒哀乐爱恶欲"之外，还有证明知识的作用。证明知识就是使知识有根据。例如目见一色，心能证明它是白雪的白色；耳听一声，心能证明它是门外庙里的钟声。这就是"征知"。因为心能征知，所以我们可以"缘耳而知声，缘目而知色"。不然，我们但可有无数没有系统、没有意义的感觉，绝不能有知识。

但是单有"心"，不用"天官"，也不能有知识。因为"天官"所受的感觉乃是知识的原料；没有原料，便无所知。不但如此，那"征知"的心，并不是离却一切官能自己独立存在的；其实是和一切官能成为一体，不可分断的。征知的作用，还只是心与官能连合的作用。例如听官必先听过钟声，方可闻声即知为钟声；鼻官必先闻过桂花香，方可闻香即知为桂花香。所以说："然而征知必将待天官之当簿其类，然后可也。""当簿"如《孟子》"孔子先簿正祭器"的簿字，如今人说"记账"。天官所曾感觉过的，都留下影子，如店家记账一般。账上有过桂花香，所以后来闻一种香，便如翻开老账，查出这是桂花香。初次感觉，有如登账，故名"当簿其类"。后来知物，即根据账簿证明这是什么，故名"征知"。例如画一"丁"字，中国人见了说是甲乙丙古的"丁"字；英国人见了说是英文第二十字母；那没有文字的野蛮人见了便不认得了。所以说："五官簿之而不知，心征之而无说，则人莫不谓之不知。"

（三）制名的枢要又是什么呢？荀子说：

> 同异既分别了，然后随而命之，同则同之，异则异之。单足以喻则单，单不足以喻则兼。单与兼无所相避则共，虽共不为害矣。知异实之异名也，故使异实者莫不异名也，不可乱也。犹使同实者莫不同名也。故万物虽众，有时而欲遍

举之，故谓之"物"。物也者，大共名也。推而共之，共则有共，至于无共然后止。有时而欲偏举之，故谓之"鸟兽"。鸟兽也者，大别名也。推而别之，至于无别然后止。名无固宜，约之以命，约定俗成谓之宜，异于约则谓之不宜。名无固实，约之以命实，约定俗成谓之实名。名有固善，径易而不拂谓之善名。……此制名之枢要也。（以上皆《正名》篇）

制名的枢要只是"同则同之，异则异之"八个字。此处当注意的是荀子知道名有社会的性质，所以说"约定俗成谓之宜"。正名的事业，不过是用法令的权力去维持那些"约定俗成"的名罢了。

以上所说三条，是荀子的正名论的建设一方面。他还有破坏的方面，也分三条。

（一）惑于用名以乱名

荀子举的例是：

1. "见侮不辱"。（宋子之说）

2. "圣人不爱己。"（《墨辩·大取》篇云："爱人不外己，己在所爱之中。己在所爱，爱加于己，伦列之爱己，爱人也。"）

3. "杀盗非杀人也"。（此《墨辩·小取》篇语）

对于这些议论，荀子说：

> 验之所以为有名，而观其孰行，则能禁之矣。

"所以为有名"即是上文所说"明贵贱，别同异"两件。如说"见侮不辱"："见侮"是可恶的事，故人都以为辱。今不能使人不恶侮，岂能使人不把"见侮"当作可耻的事。若不把可耻的事当作可耻的事，便是"贵贱不明，同异无别"了（说详《正论》篇）。"人"与"己"有别，"盗"是"人"的一种；若说"爱己还只是爱人"，又说"杀盗不是杀人"，也是同异无别了。这是驳第一类的"邪说"。

（二）惑于用实以乱名

荀子举的例是：

1. "山渊平"。（杨注，此即《庄子》云："山与泽平。"）
2. "情欲寡"。（欲字是动词。《正论》篇说宋子曰："人之情欲寡而皆以己之情为欲多。"）
3. "刍豢不加甘，大钟不加乐。"（杨注：此墨子之说）

荀子说：

> 验之所缘而以同异（而旧作无，今依上文改），而观其孰调，则能禁之矣。

同异多"缘天官，"说已见上文，如天官所见，高耸的是山，低下的是渊，便不可说"山渊平"。这便是墨子三表中的第二表："下原察百姓耳目之实。""情欲寡"一条也是如此。请问：

> 人之情为目不欲綦色，耳不欲綦声，口不欲綦味，鼻不欲綦臭，形不欲綦佚——此五綦者，亦以人之情为不欲乎？曰，人之情欲是已。曰，若是，则说必不行矣。以人之情为欲此五綦者而不欲多，譬之是犹以人之情为欲富贵而不欲货也，好美而恶西施也。（《正论》）

这是用实际的事实来驳那些"用实以乱名"的邪说。

（三）惑于用名以乱实

荀子举的例是"非而谒楹有牛马非马也。"这十个字前人都读两个三字句，一个四字句，以为"马非马也"是公孙龙的"白马非马也"。孙诒让读"有牛马，非马也"六字为句，引以证《墨辩·经下》："牛马之非牛，与可之同，说在兼"一条。《经说下》云："'牛马，牛也'，未可。则或可或不可。而曰'牛马，牛也，未可'亦不可。且牛不二，马不二，而牛马二。则牛不非牛，马不非马，而牛马

诸子哲学　199

非牛非马,无难。"我以为孙说很有理。但上文"非而谒楹"四个字终不可解。

荀子驳他道:

> 验之名约,以其所受,悖其所辞,则能禁之矣。

名约即是"约定俗成谓之宜"。荀子的意思只是要问大家的意见如何。如大家都说"牛马是马",便可驳倒"牛马非马"的话了。

四、辩

荀子也有论"辩"的话,但说得甚略。他是极不赞成"辩"的,所以说:

> 夫民,易一以道而不可与共故。故明君临之以势,道之以道,申之以命,章之以论,禁之以刑。故其民之化道也如神,辩执恶用矣哉?

这就是孔子"天下有道则庶人不议"的意思。他接着说:

> 今圣王没,天下乱,奸言起,君子无势以临之,无刑以禁之,故辩说也。

辩说乃是"不得已而为之"的事。荀子论"辩"有几条界说很有价值。他说:

> 名闻而实喻,名之用也。累而成文,名之丽也。用丽俱得,谓之知名。

又说：

> 名也者，所以期累实也。〔期，会也。会，合也。(《说文》，累字如累世之累，是形容词。)〕辞也者，兼异实之名以论一意也（王校，论当作谕。我以为不改也可）。辩说也者，不异实名以喻动静之道也（"不异实名"谓辩中所用名须终始同义，不当前后含义有广狭之区别）。

荀子说"辩"，颇没有什么精彩。他说：

> 期命也者，辩说之用也。辩说也者，心之象道也。……心合于道，说合于心，辞合于说；正名而期，质请（同情）而喻，辨异而不过，推类而不悖：听则合文，辩则尽故。正道而辨奸，犹引绳以持曲直。是故邪说不能乱，百家无所窜。

"正道而辨奸，犹引绳以持曲直"，即是前文所说的："凡议必将立隆正，然后可也。……凡言议期命，以圣王为师。"这种论理，全是演绎法。演绎法的通律是"以类度类"(《非相》)，"以浅持博，以一持万"(《儒效》)。说得详细点是：

> 奇物怪变，所未尝闻也，所未尝见也，卒然起一方，则举统类而应之，无所疑怍；张法而度之，则晻然若合符节。(《儒效》)

韩非子与法家

一、论"法家"之名

古代本没有什么"法家"。读了上章的人当知道慎到属于老子、杨朱、庄子一系；尹文的人生哲学近于墨家，他的名学纯粹是儒家。又当知道孔子的正名论，老子的天道论，墨家的法的观念，都是中国法理学的基本观念。故我以为中国古代只有法理学，只有法治的学说，并无所谓"法家"。中国法理学当公元前三世纪时，最为发达，故有许多人附会古代有名的政治家如管仲、商鞅、申不害之流，造出许多讲法治的书。后人没有历史眼光，遂把一切讲法治的书统称为"法家"，其实是错的。但法家之名沿用已久了，故现在也用此名。但本文所讲，注重中国古代法理学说，并不限于《汉书·艺文志》所谓"法家"。

二、所谓"法家"的人物及其书

（一）管仲与《管子》

管仲在老子、孔子之前。他的书大概是公元前三世纪的人假造的，其后又被人加入许多不相干的材料。但此书有许多议论可作公元前三世纪史料的参考。

（二）申不害与《申子》

申不害曾做韩昭侯的国相。昭侯在位当公元前358至公元前333年。大概申不害在当时是一个大政治家。(《韩非子》屡称申子。《荀子·解蔽》篇也说："申子蔽于势而不知智。由势谓之，道尽便矣。"）《韩非子·定法》篇说："申不害言术而公孙鞅为法。"又说："韩者，晋之别国也。晋之故法未息，而韩之新法又生；先君之令未收，而后君之令又下。申不害不擅其法，不一其宪令。……故托万乘之劲韩，七十年（顾千里校疑当作十七年），而不至于霸王者，虽用术于上，法不勤饰于官之患也。"依此看来，申不害虽是一个有手段（所谓术也）的政治家，却不是主张法治主义的人。今《申子》书已不传了。诸书所引佚文，有"圣君任法而不任智，任数而不任说……置法而不变"等语，似乎不是申不害的原著。

（三）商鞅与《商君书》

卫人公孙鞅于公元前361年入秦，见孝公，劝他变法。孝公用他的话，定变法之令，"设告相坐而责其实，连什伍而同其罪（《史记》云：'令民为什伍而相收司连坐。不告奸者腰斩，告奸者与斩敌同赏，匿奸者与降敌同罚。'与此互相印证）。赏厚而信，刑重而必。"（《韩非子·定法》篇）公孙鞅的政策只是用赏罚来提倡实业，提倡武力（《史记》所谓"变法修刑，内务耕稼，外劝战死之赏罚"是也）。这种政策功效极大，秦国渐渐富强，立下后来吞并六国的基础。公孙鞅后封列侯，号商君，但他变法时结怨甚多，故孝公一死，商君遂遭车裂之刑而死（公元前338年）。商君是一个大政治家，主张用严刑重赏来治国。故他立法："斩一首者爵一级，欲为官者为五十石之官；斩二首者爵二级，欲为官者为百石之官。"（《韩非子·定法》篇）又"步过六尺者有罚，弃灰于道者被刑。"（新序）这不过是注重刑赏的政策，与法理学没有关系。今世所传《商君书》二十四篇（《汉书》作二十九篇），乃是商君死后的人所假造的书。如《徕民》篇说："自魏襄以来，三晋之所亡于秦者，不可胜数也。"魏襄王死在公元前296年，商君已死四十二年，如何能知他的谥法呢？《徕民》篇又称"长平之胜"，此事在公元前260年，商君已死七十八年了。书中又屡称秦王。秦称王在商君死后十余年。此皆可证《商君书》是假书。商君是一个实行的政治家，没有法理学的书。

以上三种都是假书，况且这三个人都不配称为"法家"。这一流的人物——管仲、子产、申不害、商君——都是实行的政治家，不是法理学家，故不该称为"法家"。但申不害与商君同时，皆当公元前四世纪的中叶。他们的政策，都很有成效，故发生一种思想上的影响。有了他们那种用刑罚的政治，方才有学理的"法家"。正如先有农业，方才有农学；先有文法，方才有文法学；先有种种美术品，方才有美学。这是一定的道理。如今且说那些学理的"法家"和他们的书：

（四）慎到与《慎子》

见上文。

（五）尹文与《尹文子》

见上文《汉书·艺文志》尹文在"名家"是错的。

（六）尸佼与《尸子》

尸佼，楚人（据《史记·孟荀列传》及《集解》引刘向《别录》。班固以佼为鲁人，鲁灭于楚，鲁亦楚也。或作晋人，非）。古说相传，尸佼曾为商君之客；商君死，尸佼逃入蜀（《汉书·艺文志》）。《尸子》书二十卷，向来列在"杂家"。今原书已亡，但有从各书里辑成的《尸子》两种（一为孙星衍的，一为汪继培的。汪辑最好）。据这些引语看来，尸佼是一个儒家的后辈，但他也有许多法理的学说，故我把他排在这里。即使这些话不真是尸佼的，也可以代表当时的一派法理学者。

（七）韩非与《韩非子》

韩非是韩国的公子，与李斯同受学于荀卿。当时韩国削弱，韩非发愤著书，攻击当时政府"所养非所用，所用非所养"；因主张极端的"功用"主义，要国家变法，重刑罚，去无用的蠹虫，韩王不能用。后来秦始皇见韩非的书，想收用他，遂急攻韩。韩王使韩非入秦说存韩的利益（按《史记》所说。李斯劝秦王急攻韩欲得韩非，似乎不可信。李斯既举荐韩非，何以后来又害杀他。大概韩王遣韩非入秦说秦王存韩，是事实。但秦攻韩未必是李斯的主意）。秦王不能用，后因李斯、姚贾的谗言，遂收韩非下狱。李斯使人送药与韩非，叫他自杀。韩非遂死狱中，时为公元前233年。

《汉书·艺文志》载《韩非子》五十五篇。今本也有五十五篇。但其中很多不可靠的。如《初见秦》篇乃是张仪说秦王的话，所以劝秦王攻韩。韩非是韩国的王族，岂有如此不爱国的道理？况且第二篇是《存韩》。既劝秦王攻韩，又劝他存韩，是绝无之事。第六篇《有度》，说荆、齐、燕、魏四国之亡。韩非死时，六国都不曾亡。齐亡最后，那时韩非已死十二年了。可见《韩非子》绝非原本，其中定多后人加入的东西。依我看来，《韩非子》十分之中，仅有一二分可靠，其余都是加入的。那可靠的诸篇如下：

《显学》《五蠹》《定法》《难势》

《诡使》《六反》《问辩》

此外如《孤愤》《说难》《说林》《内外储》，虽是司马迁所举的篇名，但是司马迁的话是不很靠得住的（如所举《庄子》《渔父》《盗跖》诸篇，皆为伪作无疑）。我们所定这几篇，大都以学说内容为根据。大概《解老》《喻老》诸篇，另是一人所作。《主道》《扬榷》（今作扬权，此从顾千里校）诸篇，又另是一派"法家"所作。《外储说左上》似乎还有一部分可取。其余的更不可深信了。

诸子哲学

三、法

按《说文》,"灋荆也。平之如水,从水;廌,所以触不直者去之,从廌去(廌,解廌兽也。似牛一角。古者决讼,令触不直者。象形)。法,今文省。佱,古文。"据我个人的意见看来,大概古时有两个法字。一个作"佱",从亼从正,是模范之法。一个作"灋",《说文》云:"平之如水,从水;廌,所以触不直者去之,从廌去",是刑罚之法。这两个意义都很古,比较看来,似乎模范的"佱"更古。《尚书·吕刑》说:"苗民弗用灵,制以刑,惟作五虐之刑,曰法。"如此说可信,是罚刑的"灋"字乃是后来才从苗民输入中国本部的。灋字从廌从去,用廌兽断狱,大似初民状态,或本是苗民的风俗,也未可知。大概古人用法字起初多含模范之义。《易·蒙·初六》云:"发蒙利用刑人,用说。(句)桎梏以往,吝。"《象》曰:"利用刑人,以正法也。"此明说"用刑人"即是"用正法"。"刑"是荆范,"法"是模范,"以"即是用。古人把"用说桎梏以往"六字连读,把言说的说解作脱字,便错了。又《系辞传》:"见乃谓之象,形乃谓之器,制而用之谓之法。"法字正作模范解。(孔颖达《正义》:"垂为模范,故云谓之法。")又如《墨子·法仪》篇云:

天下从事者,不可以无法仪。……虽至百工从事者亦皆有法。百工为方以矩,为圆以规,直以绳,正以县。无巧工不巧工,皆以此四者为法。

这是标准模范的"法"(参看《天志》上、中、下及《管子·七法》篇)。到了墨家的后辈,"法"字的意义讲得更明白了。《墨辩·经上》说:

法,所若而然也。佴,所然也。《经说》曰:佴所然也者,民若法也。

佴字,《尔雅·释言》云:"贰也。"郭注:"佴次为副贰。"《周礼》:"掌邦之六典八法八则之贰。"郑注:"贰,副也。"我们叫钞本做"副本",即是此意。譬如摹拓碑帖,原碑是"法",拓本是"佴",是"副"。墨家论法,有三种意义:(一)一切模范都是法(如上文所引《法仪》篇)。(二)物事的共相可用物事的类名作代表的,也是法。(三)国家所用来齐一百姓的法度也是法。如上文所引《墨辩》"佴所然也者,民若法也"的话,便是指这一种齐一百姓的法度。荀子说:"墨子有见于齐,无见于畸。"(《天论》篇)墨子的"尚同主义"要"一同天下之义",使"上之所是,必皆是之;上之所非,必皆非之"。故荀子说他偏重"齐"字,却忘了"畸"字,畸即是不齐。后来"别墨"论"法"字,要使依法做去的人都有一致的行动,如同一块碑上摹下来的拓本一般;要使守法的百姓都如同法的"佴"。这种观念正与墨子的尚同主义相同,不过墨子的尚同主义含有宗教的性质,别墨论法便没有这种迷信了。

上文所引《墨辩》论"法"字,已把"法"的意义推广,把瀍金两个字合成一个字。《易经·噬嗑卦·象传》说:"先王以明罚饬法。"法与刑罚还是两事。大概到了"别墨"时代(四世纪中叶以后),法字方才包括模范标准的意义和刑律的意义。如《尹文子》说:

> 法有四呈:一曰不变之法,君臣上下是也。二曰齐俗之法,能鄙同异是也。三曰治众之法,庆赏刑罚是也。四曰平准之法,律度权衡是也。

《尹文子》的法理学很受儒家的影响,故他的第一种"法",即是不变之法,近于儒家所谓天经地义。第二种"齐俗之法"指一切经验所得或科学研究所得的通则,如"火必热""圆无直"(皆见《墨辩》)等等。第三种是刑赏的法律,后人用"法"字单指这第三种〔佛家所谓法,(达摩)不在此例〕。第四种"平准之法"乃金字本义,无论儒家、墨家、道家,都早承认这种标准的法(看《孟子·离娄》篇、

《荀子·正名》篇、《墨子·法仪》《天志》等篇及《管子·七法》篇、《慎子》《尹文子》等书）。当时的法理学家所主张的"法"，乃是第三种"治众之法"。他们的意思只是要使刑赏之法，也要有律度权衡那样的公正无私、明确有效。故《韩非子·定法》篇说：

> 法者，宪令著于官府，刑罚必于民心；赏存乎慎法，而罚加乎奸令者也。

又《韩非子·难三》篇说：

> 法者，编著之图籍，设之于官府，而布之于百姓者也。

又《慎子》佚文说：

> 法者，所以齐天下之动，至公大定之制也。（见马骕《绎史》百十九卷所辑。）

这几条界说，讲"法"字最明白。当时所谓"法"，有这几种性质：（一）是成文的（编著之图籍），（二）是公布的（布之于百姓），（三）是一致的（所以齐天下之动，至公大定），（四）是有刑赏辅助施行的功效的（刑罚必于民心，赏存乎慎法而罚加于奸令）。

四、"法"的哲学

以上述"法"字意义变迁的历史，即是"法"的观念进化的小史。如今且说中国古代法理学（法的哲学）的几个基本观念。

要讲法的哲学，先须要说明几件事。第一，千万不可把"刑罚"和"法"混作一件事。刑罚是从古以来就有了的，"法"的观念是战国末年方才发生的。古人早有刑罚，但刑罚并不能算是法理学家所称的"法"。譬如现在内地乡人捉住了做贼的人便用私刑拷打；又如那些武人随意枪毙人，这都是用刑罚，却不是用"法"。第二，须知中国古代的成文的公布的法令，是经过了许多反对，方才渐渐发生的。春秋时的人不明"成文公布法"的功用，以为刑律是愈秘密愈妙，不该把来宣告国人。这是古代专制政体的遗毒。虽有些出色人才，也不能完全脱离这种遗毒的势力。所以郑国子产铸刑书时（昭六年，公元前536年），晋国叔向写信与子产道：

> 先王议事以制，不为刑辟，惧民之有争心也。……民知有辟，则不忌于上，并有争心，以征于书而徼幸以成之，弗可为矣。……锥刀之末，将尽争之。乱狱滋丰，贿赂并行，终子之世，郑其败乎！

后二十几年（昭二十九年，公元前513年），叔向自己的母国也作刑鼎，把范宣子所作刑书铸在鼎上。那时孔子也极不赞成，他说：

> 晋其亡乎！失其度矣。……民在鼎矣，何以尊贵？（尊字是动词，贵是名词。）贵何业之守？……

这两句话很有趣味。就此可见刑律在当时，都在"贵族"的掌握。孔子恐怕有了公布的刑书，贵族便失了他们掌管刑律的"业"了。那时法治主义的幼稚，看此两事，可以想见。后来公布的成文法渐渐增加，如郑国既铸刑书，后来又采用邓析的竹刑。铁铸的刑书是很笨的，到了竹刑更方便了。公布的成文法既多，法理学说遂渐渐发生。这是很长的历史，我们见惯了公布的法令，以为古代也自然是有的，那就错了。第三，须知道古代虽然有了刑律，并且有了公布的刑书，但是古代的哲学家对于用刑罚治国，大都有怀疑的心，并且有极力反对的。例如老子说的："法令滋彰，盗贼多有"；"民不畏死，奈何

诸子哲学　209

以死惧之。"又如孔子说的:"道之以政,齐之以刑,民免而无耻;道之以德,齐之以礼,有耻且格。"这就可见孔子不重刑罚,老子更反对刑罚了。这也有几层原因。(一)因当时的刑罚本来野蛮得很,又没有限制(如《诗》:"彼宜无罪,汝反收之,此宜有罪,汝覆脱之。"又如《左传》所记诸虐刑),实在不配做治国的利器。(二)因为儒家大概不能脱离古代阶级社会的成见,以为社会应该有上下等级:刑罚只配用于小百姓们,不配用于上流社会。上流社会只该受"礼"的裁制,不该受"刑"的约束。如《礼记》所说:"礼不下庶人,刑不上大夫";《荀子·富国》篇所说:"由士以上,则必以礼乐节之;众庶百姓,则必以法数制之",都可为证。近来有人说,儒家的目的要使上等社会的"礼"普及全国,法家要使下级社会的"刑"普及全国(参看梁任公《中国法理学发达史》)。这话不甚的确。其实那种没有限制的刑罚,是儒、法两家所同声反对的。法家所主张的,并不是用刑罚治国。他们所说的"法",乃是一种客观的标准法,要"宪令著于官府,刑罚必于民心",百姓依这种标准行动,君主官吏依这种标准赏罚。刑罚不过是执行这种标准法的一种器具。刑罚成了"法"的一部分,便是"法"的刑罚,便是有了限制,不是从前"诛赏予夺从心出"的刑罚了。

懂得上文所说三件事,然后可讲法理学的几个根本观念。中国的法理学虽到公元前三世纪方才发达,但它的根本观念来源很早。今分述于下:

第一,无为主义。中国的政治学说,自古代到近世,几乎没有一家能逃得出老子的无为主义。孔子是极力称赞"无为而治"的,后来的儒家多受了孔子"恭己正南面"的话的影响(宋以后更是如此),无论是说"正名""仁政""王道""正心诚意",都只是要归到"无为而治"的理想的目的。平常所说的"道家"一派,更不用说了。法家中如慎到一派便是受了老子一系的无为主义的影响;如《尸子》,如《管子》中《禁藏》《白心》诸篇,如《韩非子》中《扬权》《主道》诸篇,便是受了老子、孔子两系的无为主义的影响。宋朝王安石批评老子的无为主义，说老子"知无之为车用，无之为天下用，然不知其所以为用也。故无之所以为车用者，以有毂辐也；无之所以为天下用者，以有礼乐刑政也。如其废毂辐于车，废礼乐刑政于天下，而坐求其无之为用也，则亦近于愚矣"（王安石《老子论》）。这段话很有道理。法家虽信"无为"的好处，但他们以为必须先有"法"然后可以无为。如《管子·白心》篇说："名正法备，则圣人无事。"又如《尸子》说："正名去伪，事成若化。……正名覆实，不罚而威。"这都是说有了"法"便可做到"法立而不用，刑设而不行"（用《管子·禁藏》篇语）的无为之治了。

第二，正名主义。上文论尹文的法理学时，已说过名与法的关系（参看上文）。尹文的大旨是要"善有善名，恶有恶名"，使人一见善名便生爱做的心，一见恶名便生痛恶的心。"法"的功用只是要"定此名分"，使"万事皆归于一，百度皆准于法"。这可见儒家的正名主义乃是法家哲学的一个根本观念。我且再引《尸子》几条作参证：

> 天下之可治，分成也。是非之可辨，名定也。
>
> 明王之治民也……言寡而令行，正名也。君人者苟能正名，愚智尽情；执一以静，令名自正……赏罚随名，民莫不敬（参看《韩非子·扬权》篇云："执一以静，使名自命，令事自定。"又看《主道》篇）。
>
> 言者，百事之机也。圣王正言于朝，而四方治矣。是故曰：正名去伪，事成若化；以实覆名，百事皆成。……正名覆实，不罚而威。
>
> 审一之经，百事乃成；审一之纪，百事乃理。名实判为两，分为一。是非随名实，赏罚随是非。

这几条说法治主义的逻辑最可玩味。它的大旨是说天下万物都有一定的名分，只看名实是否相合，便知是非：名实合，便是"是"；名实不合，便是"非"。是非既定，赏罚跟着来。譬如"儿子"是当孝顺父母的,如今说"此子不子",是名实不合,便是"非",便有罚了。"名"与"法"其实只是同样的物事。两者都是"全称"(Universal),都有驾驭个体事物的效能。"人"是一名,可包无量数的实。"杀人者死"是一法,可包无数杀人的事实。所以说"审一之经",又说"执一以静"。正名定法,都只要"控名责实",都只要"以一统万"。——孔子的正名主义的弊病在于太注重"名"的方面,就忘了名是为"实"而设的,故成了一种偏重"虚名"的主张,如《论语》所记"尔爱其羊,我爱其礼",及《春秋》种种正名号的笔法,皆是明例。后来名学受了墨家的影响,趋重"以名举实",故法家的名学,如尹文的"名以检形,形以定名;名以定事,事以检名"(疑当作"名以检事,事以定名");如《尸子》的"以实覆名……正名覆实";如《韩非子》的"形名参同"《主道》篇、《扬权》篇,都是墨家以后改良的正名主义了。

第三,平等主义。儒家不但有"礼不下庶人,刑不上大夫"的成见,还有"亲亲""贵贵"种种区别,故孔子有"子为父隐,父为子隐"的议论;孟子有瞽瞍杀人,舜窃负而逃的议论。故我们简直可说儒家没有"法律之下,人人平等"的观念。这个观念得墨家的影响最大。墨子的"兼爱"主义直攻儒家的亲亲主义,这是平等观念的第一步。后来"别墨"论"法"字,说道:

一法者之相与也尽类,若方之相合也。《经说》曰:一方尽类,俱有法而异。或木或石,不害其方之相合也。尽类犹方也,物俱然。

这是说同法的必定同类。无论是科学的通则,是国家的律令,都是如此。这是法律平等的基本观念。所以法家说:"如此,则顽嚚聋瞽可与察慧聪明同其治也。"(《尹文子》)"法"的作用要能"齐天下之动"。儒家所主张的礼义,只可行于少数的"君子",不能遍行全国。韩非说得最好:

夫圣人之治国，不恃人之为吾善也，而用其不得为非也。恃人之为吾善也，境内不什数。用人不得〔为〕非，一国可使齐。为治者用众而舍寡，故不务德而务法。夫恃自直之箭，百世无矢；恃自圆之木，千世无轮矣。自直之箭，自圆之木，百世无有一，然而世皆乘车射禽者何也？隐栝之道用也。虽有不恃隐栝而自直之箭，自圆之木，良工弗贵也。何则？乘者非一人，射者非一发也。不恃赏罚而自善之民，明主弗贵也。何则？国法不可失，而所治非一人也。（《显学》篇）

第四，客观主义。上文曾说过慎到论"法"的客观性。慎到的大旨以为人的聪明才智，无论如何高绝，总不能没有偏私错误。即使人没有偏私错误，总不能使人人心服意满。只有那些"无知之物，无建己之患，无用知之累"，可以没有一毫私意，又可以不至于陷入偏见的蒙蔽。例如最高明的才智总比不上权衡、斗斛、度量等物的正确无私。又如投钩分钱，投策分马，即使不如人分得均平，但是人总不怨钩策不公。这都是"不建己，不用知"的好处。不建己，不用知，即是除去一切主观的蔽害，专用客观的标准。法治主义与人治主义不同之处，根本即在此。慎到说得最好：

君人者，舍法而以身治，则诛赏予夺从君心出。然则受赏者虽当，望多无穷；受罚者虽当，望轻无已。……法虽不善，犹愈于无法。……夫投钩以分财，投策以分马，非钩策为均也，使得美者不知所以美，得恶者不知所以恶，此所以塞怨望也。

这是说用法可以塞怨望。《韩非子》说：

释法术而心治，尧不能正一国。去规矩而妄意度，奚仲

诸子哲学　213

不能成一轮。……使中主守法术，拙匠守规矩尺寸，则万不失矣。君人者能去贤巧之所不能，守中拙之所万不失，则人力尽而功名立。(《用人》)

故设柙非所以备鼠也，所以使怯弱能服虎也。立法非所以避曾史也，所以使庸主能止盗跖也。(《守道》)

这是说，若有了标准法，君主的贤不贤都不关紧要。人治主义的缺点在于只能希望"唯仁者宜在高位"，却免不了"不仁而在高位"的危险。法治的目的在于建立标准法，使君主遵守不变。现在所谓"立宪政体"，即是这个道理。但中国古代虽有这种观念，却不曾做到施行的地步。所以秦孝公一死，商君的新法都可推翻；秦始皇一死，中国又大乱了。

第五，责效主义。儒家所说"为政以德""保民而王""恭己正南面而天下治"等话，说来何尝不好听，只是没有收效的把握。法治的长处在于有收效的把握。如《韩非子》说的：

法者，宪令著于官府，刑罚必于民心；赏存乎慎法，而罚加乎奸令者也。

守法便是效（效的本义为"如法"。《说文》："效，象也。"引申为效验，为功效），不守法便是不效。但不守法即有罚，便是用刑罚去维持法令的效能。法律无效，等于无法。法家常说"控名以责实"，这便是我所说的"责效"。名指法（"如杀人者死"），实指个体的案情（如"某人杀某人"）。凡合于某法的某案情，都该依某法所定的处分：这便是"控名以责实"。(如云："凡杀人者死。某人杀人，故某人当死。")这种学说，根本上只是一种演绎的论理。这种论理的根本观念只要"控名责实"，要"形名参同"，要"以一统万"。这固是法家的长处，但法家的短处也在此。因为"法"的目的在"齐天下之动"，却不知道人事非常复杂，有种种个性的区别，决不能全靠一些全称名词便可包括了一切。例如"杀人"须分故杀与误杀。故杀之中，又可分别出千百种故杀的原因和动机。若单靠"杀人者死"一条法去包括一切杀人的案情，岂不要冤枉杀许多无罪的人吗？中国古代以来的法理学只是一个刑名之学，今世的"刑名师爷"，便是这种主义的流毒。"刑名之学"只是一个"控名责实"。正如"刑名师爷"的责任只是要寻出各种案情（实），合于刑律的第几条第几款（名）。

五、韩非

"法家"两个字，不能包括当时一切政治学者。法家之中，韩非最有特别的见地，故我把他单提出来，另列一节。

我上文说过，中国古代的政治学说大都受了老子的"无为"两个字的影响。就是法家也逃不出这两个字。如上文所引《尸子》的话："君人者苟能正名，愚智尽情；执一以静，令名自正。"又说："正名去伪，事成若化。……正名覆实，不罚而威。"又如《管子·白心》篇说的："名正法备，则圣人无事。"这些都是"无为"之治。他们也以为政治的最高目的是"无为而治"，有了法律，便可做到"法立而不用，刑设而不行"的无为之治了。这一派的法家，我们可称为保守派。

韩非是一个极信历史进化的人，故不能承认这种保守的法治主义（若《显学》《五蠹》诸篇是韩非的书，则《主道》《扬权》诸篇绝不是韩非的书）。两者不可并立。他的历史进化论，把古史分作上古、中古、近古三个时期；每一时期，有那时期的需要，便有那时期的事业。故说：

> 今有构木钻燧于夏后氏之世者，必为鲧禹笑矣。有决渎于殷周之世者，必为汤武笑矣。然则今有美尧舜禹汤武之道于当今之世者，必为新圣笑矣。是以圣人不务循古，不法常可。论世之事，因为之备。（《五蠹》）

韩非的政治哲学,只是"论世之事,因为之备"八个字。所以说:"事因于世而备适于事。"又说:"世异则事异,事异则备变。"他有一则寓言说得最好:

> 宋人有耕田者,田中有株,兔走触株,折颈而死,因释其耒而守株,冀复得兔。……
> 今欲以先王之政治当世之民,皆守株之类也。(同)

后人多爱用"守株待兔"的典,可惜都把这寓言的本意忘了。韩非既主张进化论,故他的法治观念,也是进化的。他说:

> 故治民无常,惟治为法。法与时转则治,治与世宜则有功。……时移而治不易者乱。(《心度》)

韩非虽是荀卿的弟子,他这种学说却恰和荀卿相反。荀卿骂那些主张"古今异情,其所以治乱者异道"的人都是"妄人"。如此说来,韩非是第一个该骂了!其实荀卿的"法后王"说,虽不根据于进化论,却和韩非有点关系。荀卿不要法先王,是因为先王的制度文物太久远了,不可考了,不如后王的详备。韩非说得更畅快:

> 孔子墨子俱道尧舜而取舍不同,皆自谓真尧舜。尧舜不复生,将谁使定儒墨之诚乎?……不能定儒墨之真,今乃欲审尧舜之道于三千岁之前,意者其不可必乎?无参验而必之者,愚也。弗能必而据之者,诬也。故明据先王必定尧舜者,非愚则诬也。(《显学》)

"参验"即是证据。韩非的学说最重实验,他以为一切言行都该用实际的"功用"做试验。他说:

夫言行者，以功用为之的彀者也。夫砥砺杀矢，而以妄发，其端未尝不中秋毫也。然而不可谓善射者，无常仪的也。设五寸之的，引十步之远，非羿、逢蒙不能必中者，有常仪的也。故有常仪的，则羿、逢蒙以五寸的为巧。无常仪的，则以妄发之中秋毫为拙。今听言观行，不以功用为之的彀，言虽至察，行虽至坚，则妄发之说也（《问辩》。旧本无后面三个"仪的"，今据《外储说·左上》增）。

言行若不以"功用"为目的，便是"妄发"的胡说胡为，没有存在的价值。正如《外储说·左上》举的例：

郑人有相与争年者，（其一人曰："我与尧同年。"）（旧无此九字，今据马总《意林》增）其一人曰："我与黄帝之兄同年。"讼此而不决，以后息者为胜耳。

言行既以"功用"为目的，我们便可用"功用"来试验那言行的是非善恶。故说：

人皆寐，则盲者不知；皆嘿，则喑者不知。觉而使之视，问而使之对，则喑盲者穷矣。……明主听其言必责其用，观其行必求其功，然则虚旧之学不谈，矜诬之行不饰矣。（《六反》）

韩非的"功用主义"和墨子的"应用主义"大旨相同，但韩非比墨子还要激烈些。他说：

故不相容之事，不两立也。斩敌者受赏，而高慈惠之行；拔城者受爵禄，而信兼爱之说（兼旧误作廉）；坚甲厉兵以备难，而美荐绅之饰；富国以农，距敌恃卒，而贵文学

诸子哲学　217

之士，废敬上畏法之民，而养游侠私剑之属：举行如此，治强不可得也。国平养儒侠，难至用介士，所利非所用，所用非所利。是故服事者简其业而游于学者日众，是世之所以乱也。且世之所谓贤者，贞信之行也。所谓智者，微妙之言也。微妙之言，上智之所难知也。今为众人法而以上智之所难知，则民无从识之矣。……夫治世之事，急者不得，则缓者非所务也。今所治之政，民间之事，夫妇所明知者不用，而慕上知之论，则其于治反矣。故微妙之言，非民务也。……今境内之民皆言治，藏商管之法者家有之，而国愈贫，言耕者众，执耒者寡也；境内皆言兵，藏孙吴之书者家有之，而兵愈弱，言战者多，被甲者少也。故明主用其力，不听其言；赏其功，伐禁无用。（《五蠹》）

这种极端的"功用主义"，在当时韩非对于垂亡的韩国，固是有为而发的议论。但他把一切"微妙之言""商管之法""孙吴之书"，都看作"无用"的禁品。后来他们的同门弟兄李斯把这学说当真实行起来，遂闹成焚书坑儒的大劫。这便是极端狭义的功用主义的大害了。

节选自《中国哲学史大纲》，标题为编者所加

第三编

汉代儒学

冯友兰

儒家知道"道"之末,而不知其本;
道家知其本,而不知其末尾。
只有两家的结合才是全部真理。

冯友兰　西南联合大学时期任哲学心理系教授以及文学院院长

　　冯友兰（1895—1990），1918年毕业于北京大学哲学系。1924年，获美国哥伦比亚大学哲学博士学位，师从约翰·杜威。回国后，历任清华大学教授、哲学系主任、文学院院长，西南联合大学教授、文学院院长。著有《中国哲学史》《中国哲学简史》《中国哲学史新编》《贞元六书》等，成为20世纪中国学术的重要经典，对中国现当代学界乃至国外学界影响深远，称誉为"现代新儒家"。

此时之时代精神，此时人之思想，董仲舒可充分代表之。《汉书》曰：

> 董仲舒，广川人也。少治《春秋》，孝景时，为博士。下帷讲诵，弟子传以久次相授业，或莫见其面。盖三年不窥园，其精如此。进退容止，非礼不行，学士皆师尊之。……仲舒所著，皆明经术之意；及上疏条教，凡百二十三篇；而说《春秋》事得失，《闻举》《玉杯》《蕃露》《清明》《竹林》之属，复数十篇，十余万言，皆传于后世。(《董仲舒传》，《前汉书》卷五十六，同文影殿刊本，页一至二十三)

《汉书》又谓：

> 刘向称董仲舒有王佐之材，虽伊吕亡以加。……至向子歆以为……仲舒遭汉，承秦灭学之后，六经离析，下帷发愤，潜心大业，令后学者，有所统壹，为群儒首。(《董仲舒传赞》，《前汉书》卷五十六页二十三)

又谓：

> 昔殷道弛，文王演《周易》；周道敝，孔子作《春秋》。则乾坤之阴阳，效《洪范》之咎征，天人之道，粲然著矣。

汉代儒学　221

汉兴，承秦灭学之后，景武之世，董仲舒治《公羊春秋》，始推阴阳，为儒者宗。(《五行志》,《前汉书》卷二十七上，页二)

董仲舒在西汉儒者中之地位，观此可见矣。《春秋》一经，以前儒者虽重视，然自经董仲舒之附会引申，而后儒所视为《春秋》之微言大义，乃始有有系统之表现；盖董仲舒之书之于《春秋》，犹《易传》之于《周易》也。

【注】董仲舒生卒年月，《汉书》本传未言及。苏舆作《董子年表》，起汉文帝元年（公元前179年），止武帝太初元年（公元前104年）。(见苏舆《春秋繁露义证》)

一、元、天、阴阳、五行

董仲舒所谓之天，有时系指物质之天，即与地相对之天；有时系指有智力有意志之自然。有智力有意志之自然一名辞，似乎有自相矛盾之处；然董仲舒所说之天，实有智力有意志，而却非一有人格之上帝，故此谓之为自然也。董仲舒曰：

天、地、阴阳、木、火、土、金、水、九，与人而十者，天之数毕也。(《天地阴阳》,《春秋繁露》卷十七，苏舆《春秋繁露义证》，宣统庚戌刊本，下简称《繁露》，页七)

此第一天字，乃指与地相对之天。末句天字，乃指自然之全体也。

董仲舒又言万物皆有所始，其所始谓之元。董仲舒曰：

> 谓一元者，大始也。……惟圣人能属万物于一而系之元也。……元犹原也，其义以随天地终始也。……故元者，为万物之本，而人之元在焉。安在乎？乃在乎天地之前。……（《玉英》，《繁露》卷三页一至三）

元在天地之天之前，故"人之元乃在天地之前"也。有智力有意志之自然，是否亦有所始，是否亦始于元，则董仲舒未详言。

阴阳者，董仲舒曰：

> 天地之间，有阴阳之气，常渐人者，若水常渐鱼也。所以异于水者，可见与不可见耳，其澹澹也。然则人之居天地之间，其犹鱼之离水，一也。其无间若气而淖于水。水之比于气也，若泥之比于水也。是天地之间，若虚而实。人常渐是澹澹之中，而以治乱之气，与之流通相淆也。（《天地阴阳》，《繁露》卷十七页七至八）

此以阴阳为二种物质的气；然一般阴阳家及董仲舒在多数地方所谓阴阳，则非如此物质的。

五行者，董仲舒曰：

> 天有五行，一曰木，二曰火，三曰土，四曰金，五曰水。木，五行之始也。水，五行之终也。土，五行之中也。此其天次之序也。木生火，火生土，土生金，金生水，水生木；此其父子也。木居左，金居右，火居前，水居后，土居中央；此其父子之序，相受而布。……五行之随，各如其序；五行之官，各致其能。是故木居东方而主春气；火居南方而主夏气；金居西方而主秋气；水居北方而主冬气。是故木主生而金主杀；火主暑而水主寒。……土居中央，谓之天润。土者，天之股肱也。其德茂美，不可名以一时之事，故五行

汉代儒学　223

而四时者，土兼之也。金木水火虽各职，不因土方不立。若酸咸辛苦之不因甘肥之不能成味也。甘者，五味之本也；土者，五行之主也。五行之主，土气也，犹五味之有甘肥也，不得不成。(《五行之义》,《繁露》卷十一页三至四)

又云：

天地之气，合而为一；分为阴阳；判为四时；列为五行。行者，行也。其行不同，故谓之五行。五行者，五官也，比相生而间相胜也。(《五行相生》,《繁露》卷十三页七)

五行相生，见上。五行相胜，"金胜木……水胜火……木胜土……火胜金……土胜水"。(《五行相胜》,《繁露》卷十三页十一至十三)五行之次序，为木火土金水。木生火，火生土，土生金，金生水。第一生第二，第二生第三，第三生第四，第四生第五。此所谓"比相生"。金胜木，中隔水。水胜火，中隔木。木胜土，中隔火。火胜金，中隔土。土胜水，中隔金。此所谓"间相胜"。

【注】后汉章帝建初四年（79年），大会诸儒于白虎观，考详五经同异。命史臣著为通义，即今所传《白虎通义》是也。其中所说，皆今文经学家言，颇多与董仲舒所说同者。如五行相生相胜之说，《白虎通义》所说与董仲舒同，但较详。彼云："五行者，何谓也？谓金，木，水，火，土，也。言行者，欲言为天行气之义也。地之承天，犹妻之事夫，臣之事君也。其位卑，卑者亲视事；故自同于一行，尊于天也。"(《五行》,《白虎通义》,陈立《白虎通疏证》,《续清经解》本，卷四页二十四)土即地。地不敢配天，故"自同于一行"，以见天之尊。又云："五行所以更王何？以其转相生，故有终始也。木生火，火生土，土生金，金生水，水生木。……五行所以相害者，天地之性，众胜寡，故水胜火也。精胜坚，故火胜金。刚胜柔，故金

胜木。专胜散，故木胜土。实胜虚，故土胜水也。"（同上卷三十七页三十九）《五行大义》，引《白虎通义》云："木生火者，木性温，暖伏其中，钻灼而出，故生火。火生土者，火热故能焚木；木焚而成灰，灰即土也；故火生土。土生金者，金居石依山，津润而生；聚土成山，山必生石；故土生金。金生水者，少阴之气，温润流泽；销金亦为水；所以山云而从润，故金生水。水生木者，因水润而能生，故水生木。"（陈立《白虎通义疏证》卷四，页三十五引）此五行所以如此相生相胜之理由也。

二、四时

木、火、金、水，各主四时之一气，而土居中以策应之。因四时之气，代为盛衰，所以有四时之循环变化；四时之气之所以代为盛衰，则因有阴阳以使之然。董仲舒曰：

> 天之常道，相反之物也，不得两起，故谓之一。一而不二者，天之行也。阴与阳，相反之物也，故或出或入，或左或右。春俱南，秋俱北。夏交于前，冬交于后。并行而不同路，交会而各代理，此其文与。（《天道无二》，《繁露》卷十二页五）

又曰：

> 阳气始出东北而南行，就其位也。西转而北入，藏其休也。阴气始出东南而北行，亦就其位也。西转而南入，屏其伏也。是故阳以南方为位，以北方为休。阴以北方为位，以南方为伏。阳至其位而大暑热。阴至其位而大寒冻。（《阴阳位》，《繁露》卷十一页十五）

汉代儒学　225

又曰：

　　天之道终而复始。故北方者，天之所终始也，阴阳之所合别也。冬至之后，阴俯而西入，阳仰而东出。出入之处，常相反也。多少调和之适，常相顺也。有多而无溢，有少而无绝。春夏阳多而阴少，秋冬阳少而阴多。多少无常，未尝不分而相散也。以出入相损益，以多少相溉济也。多胜少者倍入，入者损一而出者益二。天所起一动而再倍。常乘反衡再登之势，以就同类，与之相报。故其气相侠而以变化相输也。(《阴阳终始》,《繁露》卷十二页一)

又曰：

　　如金木水火，各奉其所主，以从阴阳，相与一力而并功。其实非独阴阳也，然而阴阳因之以起助其所主。故少阳因木而起助，春之生也。太阳因火而起助，夏之养也。少阴因金而起助，秋之成也。太阴因水而起助，冬之藏也。(《天辨在人》,《繁露》卷十一页十三)

阴阳乃相反之物，依"天之常通"，"相反之物，不得两起"。故阳出则阴入，阳入则阴出。入者其势力"损一"，出者其势力"益二"。故出者之势力，比入者多三分之二。至于阴阳之运行，则董仲舒所说，与一般所说不同。《淮南子·诠言训》云："阳气起于东北，尽于西南。阴气起于西南，尽于东北。"此为后来一般的说法。董仲舒若依此说，则阳起于东北而南行，至东方遇木所主之气，即助之使盛而为春。至南方遇火所主之气，即助之使盛而为夏。阴起于西南而北行，至西方遇金所主之气，即助之使盛而为秋。至北方遇水所主之气，即助之使盛而为冬。以图明之：

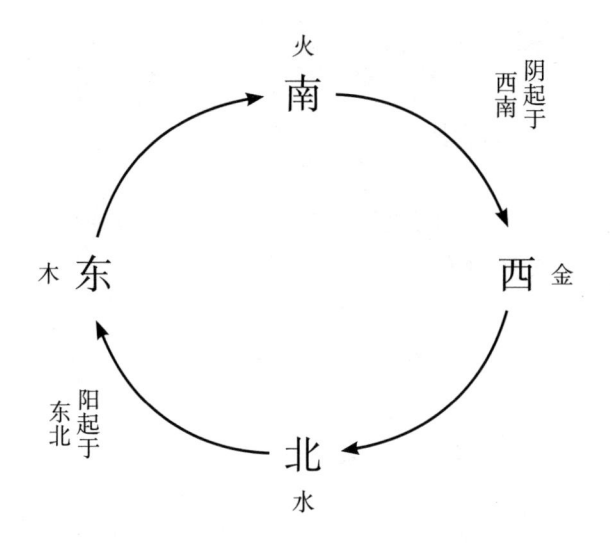

```
          火
          南
  ┌──────←──────┐    阴起于
  │             │    西南
  │             ↓
木 东           西 金
  ↑             │
  │             │
  └──────←──────┘
  阳起于
  东北
          北
          水
```

此本对于四时变化极简易之解释，但董仲舒不用此说。董仲舒以为"阳气始于东北而南行"。"阴气始于东南而北行"。阴阳"春俱南，秋俱北。夏交于前，冬交于后"。又详言云：

  天之道，初薄大冬，阴阳各从一方来，而移于后。阴由东方来西，阳由西方来东。至于中冬之月，相遇北方，合而为一，谓之日至。别而相去，阴适右，阳适左。……冬月尽而阴阳俱南还。阳南还出于寅，阴南还入于戌。……至于中春之月，阳在正东，阴在正西，谓之春分。春分者，阴阳相半也。故昼夜均而寒暑平。阴日损而随阳；（苏舆云："阳字疑衍，随谓委随。"）阳日益而鸿。故为暖热。初得大夏之月，相遇南方，合而为一，谓之日至。别而相去，阳适右，阴适左。……夏月尽而阴阳俱北还。阳北还而入于申，阴北还而出于辰。……至于中秋之月，阳在正西，阴在正东，谓之秋分。秋分者，阴阳相半也。故昼夜均而寒暑平。阳日损而随阴；（苏舆云："阴字亦疑衍。"）阴日益而鸿。（《阴阳出入》，

汉代儒学 227

《繁露》卷十二页三至四）

试以图明之:（图见下）

此说较为繁复。唯依此说，则当秋时，阴不在正西而在正东，如何能助金？董仲舒解释云：

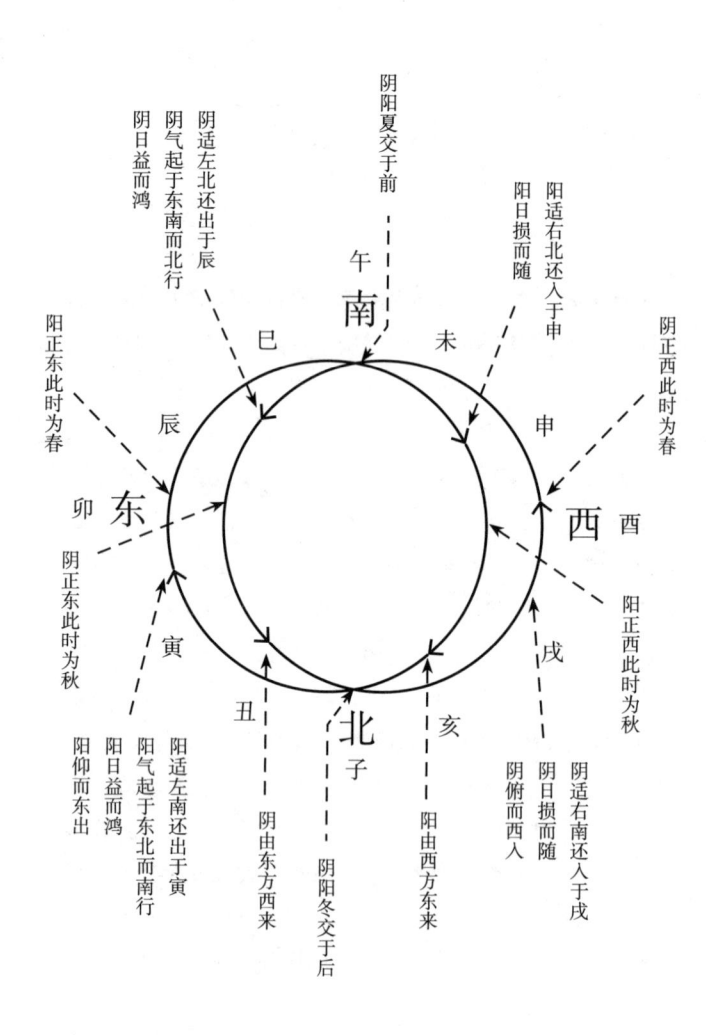

图中文字：

- 阴阳夏交于前
- 阴适左北还出于辰
- 阴气起于东南而北行
- 阴日益而鸿
- 阳适右北还入于申
- 阳日损而随
- 阳正东此时为春
- 阴正西此时为春
- 辰 巳 午 未 申
- 南
- 卯 东 西 酉
- 阴正东此时为秋
- 阳正西此时为秋
- 寅 丑 子 亥 戌
- 北
- 阳适左南还出于寅
- 阳气起于东北而南行
- 阳日益而鸿
- 阳仰而东出
- 阴由东方西来
- 阴阳冬交于后
- 阳由西方东来
- 阴适右南还入于戌
- 阴日损而随
- 阴俯而西入

至于秋时，少阴兴而不得以秋从金，从金而伤火功。虽不得以从金，亦以秋出于东方，俯其处而适其事，以成岁功，此非权与？……是故天之道有伦，有经，有权。(《阴阳终始》，《繁露》卷十二页二)

"至春少阳东出就木，与之俱生；至夏太阳南出就火，与之俱暖"，(《阴阳终始》，《繁露》卷十二页一)此天之经也。少阴出于东方，"俯其处而适其事"，委屈以成岁功，此天之权也。其所以使阴受如此委屈者，则以天"任阳不任阴，好德不好刑"。(《阴阳位》，《繁露》卷十一页十二)"是故天之行阴气也，少取之以成秋，其余以归之冬。"(《阴阳义》，《繁露》卷十二页三)

故四时之变化，实因阴阳消长流动之所致也。阳盛则助木，火为春、夏，而万物生长；阴盛则助金。水为秋、冬，而万物收藏。故阳为"天之德"，而阴为"天之刑"。董仲舒曰：

天地之常，一阴一阳。阳者，天之德也。阴者，天之刑也。……天之道以三时成生，以一时丧死。死之者，谓百物枯落也。丧之者，谓阴气悲哀也。天亦有喜怒之气，哀乐之心，与人相副。以类合之，天人一也。(《阴阳义》，《繁露》卷十二页二)

三、人副天数

天与人为同类，更可于人之生理见之。董仲舒曰：

莫精于气，莫富于地，莫神于天。天地之精，所以生物者，莫贵于人。人受命乎天也，故超然有以倚。(卢曰："倚疑当从下文作高物二字。")物疢疾莫能为仁义，唯人独能为

汉代儒学　229

仁义。物疢疾莫能偶天地，唯人独能偶天地。人有三百六十节，偶天之数也。形体骨肉，偶地之厚也。上有耳目聪明，日月之象也。体有空窍理脉，川谷之象也。心有哀乐喜怒，神气之类也。观人之体，一何高物之甚而类于天也。物旁折取天之阴阳以生活耳，而人乃烂然有其文理。是故凡物之形，莫不伏从旁折天地（苏舆曰："天地二字疑衍。"）而行，人独题直立端尚（卢云："疑作人独颋立端向。"《尔雅》："颋，直也。"），正正当之。是故所取天地少者旁折之。所取天地多者正当之。此见人之绝于物而参天地。是故人之身，首坌而员，象天容也。发，象星辰也。耳目戾戾，象日月也。鼻口呼吸，象风气也。胸中达知，象神明也。腹胞实虚，象百物也。……天地之符，阴阳之副，常设于身。身犹天也，数与之相参，故命与之相连也。天以终岁之数成人之身，故小节三百六十六，副日数也。大节十二分，副月数也。内有五脏，副五行数也。外有四肢，副四时数也。乍视乍瞑，副昼夜也。乍刚乍柔，副冬夏也。乍哀乍乐，副阴阳也。心有计虑，副度数也。行有伦理，副天地也。此皆暗肤著身，（苏舆曰："暗字疑误。"卢曰："肤他本作卢。"）与人俱生，比而偶之弇合。（苏舆曰："弇合二字上疑有脱文。"）于其可数也，副数于其不可数者，副类。皆当同而副天，一也。（《人副天数》,《繁露》卷十三页二至四）

又曰：

为生不能为人，为人者，天也。人之人本于天。（卢文弨曰："人之人，疑当作人之为人。"）天亦人之曾祖父也。此人之所以乃上类天也。人之形体，化天数而成。人之血气，化天志而仁。人之德行，化天理而义。人之好恶，化天之暖清。人之喜怒，化天之寒暑。……天之副在乎人。人之情性，

有由天者矣。(《为人者天》,《繁露》卷十一页一)

人与天如此相同,故宇宙若无人,则宇宙即不完全,而不成其为宇宙。董仲舒曰:

> 天地人,万物之本也。天生之,地养之,人成之。天生之以孝悌,地养之以衣食,人成之以礼乐。三者相为手足,合以成体,不可一无也。无孝悌则亡其所以生,无衣食则亡其所以养,无礼乐则亡其所以成也。(《立元神》,《繁露》卷六页十二至十三)

人在宇宙间之地位,照此说法,可谓最高矣。

四、性情

就心理方面言之,人之心理中,亦有性情二者,与天之阴阳相当。董仲舒曰:

> 身之有性情也,若天之有阴阳也。言人之质而无其情,犹言天之阳而无其阴也。(《深察名号》,《繁露》卷十页十一)

性之表现于外者为仁;情之表现于外者为贪。董仲舒曰:

> 人之诚有贪有仁。仁贪之气,两在于身。身之名取诸天。天两有阴阳之施,身亦两有贪仁之性。(《深察名号》,《繁露》卷十页七至九)

贪即情之表现;仁即性之表现也。

【注】 董仲舒所谓性，似有广狭二义。就其广义言，则"如其生之自然之资谓之性；性者，质也。"(《深察名号》,《繁露》卷十页六）依此义，则情亦系人之"生之自然之资"，亦在人之"质"中。故曰："天地之所生谓之性情，性情相与为一瞑，情亦性也。"(《深察名号》,《繁露》卷十页十）就其狭义言，则性与情对，为人"质"中之阳；情与性对，为人"质"中之阴。《说文》云："情，天之阴气有欲者；性，人之阳气性善者也。"《论衡·本性》篇："仲舒览孙孟之书，作情性之说，曰：'天之大经，一阴一阳；人之大经，一情一性。性生于阳，情生于阴。阴气鄙，阳气仁。曰性善者，是见其阳也；谓恶者，是见其阴者也。'"(《论衡》卷三,《四部丛刊》本，页十七）此皆就董仲舒所谓性之狭义言也。为避免混乱起见，下文以董仲舒所谓"质"，替代其所谓广义之性。

因人之"质"中有性有情，有贪有仁，故未可谓其为善。董仲舒曰：

> 谓性已善，奈其情何？（《深察名号》,《繁露》卷十页十）

此性字系指人之质而言。又曰：

> 善如米，性如禾。禾虽出米，而禾未可谓米也。性虽出善，而性未可谓善也。米与善，人之继天而成于外也，非在天所为之内也。天所为有所至而止，止之内谓之天；止之外谓之王教。王教在性外，而性不得不遂。故曰：性有善质，而未能为善也。岂敢美辞，其实然也。天之所为，止于茧麻与禾。以麻为布，以茧为丝，以米为饭，（苏舆曰："当作以禾为米。"）以性为善，此皆圣人所继天而进也，非情性质朴之能至也。（《实性》,《繁露》卷十页十九）

此性字亦系指人之质言。人之质中有与情相对之性，故其中实有善；但其中亦有与性相对之情，故不能本来即善。须加以人力，以性禁情，方可使人为善人。董仲舒曰：

> 栣众恶于内，弗使得发于外者，心也。故心之为名栣也。……天有阴阳禁；身有情欲栣；与天道一也。是以阴之行不得干春夏，而月之魄常厌于日光，乍全乍伤。天之禁阴如此，安得不损其欲而辍其情，以应天。天所禁而身禁之，故曰身犹天也。禁天所禁，非禁天也。必知天性，不乘于教，终不能栣（苏舆云：天性二字疑情欲之误。天性不当言栣）。（《深察名号》，《繁露》卷十页七至九）

以性禁情为教，教乃"人之继天"，而亦即人之所以法天也。

董仲舒之性说，按一方面说，为调和孟荀。按又一方面说，则董仲舒亦谓人之质中本有善端，故其说实与孟子性善之说不悖；不过董仲舒以为若性中仅有善端，则不能谓之为善。故曰：

> 或曰：性有善端，心有善质，尚安非善？应之曰：非也。茧有丝，而茧非丝也。卵有雏，而卵非雏也。比类率然，有何疑焉？天生民有六经，（苏舆云："或云，六当为大。"）言性者不当异。然其或曰性也善，或曰性未善。则所谓善者，各异意也。性有善端，动之爱父母，（苏舆曰："动疑作童。"）善于禽兽，则谓之善；此孟子之善。循三纲五纪，通八端之理，忠信而博爱，敦厚而好礼，乃可谓善；此圣人之善也。是故孔子曰："善人吾不得而见之，得见有常者斯可矣。"由是观之，圣人之所谓善，未易当也。非善于禽兽，则谓之善也。……夫善于禽兽之未得为善也，犹知于草木而不得名知。……质于禽兽之性，则万民之性善矣。质于人道之善，则民性弗及也。万民之性善于禽兽者许之，圣人之所

汉代儒学　233

谓善者弗许。吾质之命性者异孟子。孟子下质于禽兽之所为，故曰性已善。吾上质于圣人之所为，故谓性未善。善过性，圣人过善。(《深察名号》,《繁露》卷十页十四至十五）

然此特指普通人之"质"言之耳。人亦有生而即不止仅有善端者，亦有生而即几无善端者，孔子所谓上智与下愚是也。董仲舒曰：

名性不以上，不以下，以其中名之。(《深察名号》,《繁露》卷十页十一）

又曰：

圣人之性，不可以名性。斗筲之性，又不可以名性。名性者，中民之性。中民之性，如茧如卵。卵待覆二十日而后能为雏；茧待缲以涫汤而后能为丝。性待渐于教训而后能为善。善，教训之所然也，非质朴之所能至也。(《实性》,《繁露》卷十页十九至二十）

董仲舒之论性，盖就孔、孟、荀之说而融合之。

五、个人伦理与社会伦理

欲发展人质中之善端，使之成为完全之善，则须实行诸德。其关于个人伦理者，则仁义最为重要。董仲舒曰：

天之为人性，命使行仁义而羞可耻，非若鸟兽然，苟为生苟为利而已。(《竹林》,《繁露》卷二页十一）

至于所谓仁义之意义,董仲舒云:

《春秋》之所治,人与我也。所以治人与我者,仁与义也。以仁安人,以义正我。故仁之为言人也,义之为言我也,言名以别矣。仁之于人,义之与我者,不可不察也。众人不察,乃反以仁自裕,而以义设人。诡其处而逆其理,鲜不乱矣。是故人莫欲乱而大抵常乱,凡以谙于人我之分,而不省仁义之所在也。是故《春秋》为仁义法。仁之法在爱人,不在爱我;义之法在正我,不在正人。我不自正,虽能正人,弗予为义。人不被其爱,虽厚自爱,不予为仁。……远而愈贤,近而愈不肖者,爱也。故王者爱及四夷,霸者爱及诸侯,安者爱及封内,危者爱及旁侧,亡者爱及独身。……故曰:仁者爱人,不在爱我;此其法也。……义与仁殊。仁谓往,义谓来。仁大远,义大近。爱在人谓之仁,义在我谓之义。(苏舆曰:"上义字疑作宜。")仁主人,义主我也。故曰仁者人也,义者我也,此之谓也。(《仁义法》,《繁露》卷八页十六至二十)

仁义之外,又须有智之德。董仲舒曰:

莫近于仁,莫急于智。……仁而不智,则爱而不别也。智而不仁,则知而不为也。故仁者所以爱人类也,智者所以除其害也。……何谓之智?先言而后当,凡人欲舍行为,皆以其智先规而后为之。……智者见祸福远,其知利害蚤。物动而知其化,事兴而知其归,见始而知其终。……其言寡而足,约而喻,简而达,省而具,少而不可益,多而不可损。其动中伦,其言当务,如是者谓之智。(《必仁且智》,《繁露》卷八页二十二至二十四)

汉代儒学　235

董仲舒盖以仁义智为人所必具之德，犹中庸之以智仁勇为人之达德也。

【注】 诸德对于人之心理、生理、及其他方面之关系，《白虎通义》更有详说。《白虎通义》曰："性情者，何谓也？性者，阳之施；情者，阴之化也。人禀阴阳气而生，故内怀五性六情。情者，静也；性者，生也。此人所禀六气以生者也。……五性者何？谓仁义礼智信也。仁者，不忍也，施生爱人也。义者，宜也，断决得中也。礼者，履也，履道成文也。智者，知也，独见前闻，不惑于事，见微知著也。信者，诚也，专一不移也。故人生而应八卦之体，得五气以为常，仁义礼智信也。六情者，何谓也？喜、怒、哀、乐、爱、恶谓六情，所以扶成五性。性所以五，情所以六，何？人本含六律五行之气而生，故内有五藏六府，此情性之所由出入也。……五藏者，何也？谓肝、心、肺、肾、脾也。……五藏：肝仁，肺义，心礼，肾智，脾信也。肝所以仁者何？肝，木之精也。仁者好生。东方者，阳也，万物始生。故肝象木，色青而有枝叶。……肺所以义者何？肺者金之精。义者断决。西方亦金，杀成万物也。故肺象金，色白也。……心所以为礼何？心，火之精也。南方尊阳在上，卑阴在下，礼有尊卑。故心象火色赤而锐也。……肾所以智何？肾者，水之精。智者进止无所疑惑，水亦进而不惑。北方水，故肾色黑。水阴，故肾双。……脾所以信何？脾者，土之精也。土尚任养万物为之象，生物无所私，信之至也。故脾象土，色黄也。……六府者，何谓也？谓大肠、小肠、胃、膀胱、三焦、胆也。府者，谓五藏官府也。故《礼运》记曰：'六情者，所以扶成五性也。'……喜在西方，怒在东方，好在北方，恶在南方，哀在下，乐在上。何以？西方万物之成，故喜。东方万物之生，故怒。北方阳气始施，故好。南方阴气始起，故恶。上多乐，下多哀也。"（《性情》，《白虎通义》卷八页二十三至二十八）依"天人合一"之观点，诸德固应有此诸根据也。

对于社会伦理，董仲舒有三纲五纪之说。（见《深察名号》篇）所谓三纲者，董仲舒曰：

> 凡物必有合。合必有上，必有下，必有左，必有右，必有前，必有后，必有表，必有里。有美必有恶，有顺必有逆，有喜必有怒，有寒必有暑，有昼必有夜，此皆其合也。阴者，阳之合。妻者，夫之合。子者，父之合。臣者，君之合。物莫无合，而合各有阴阳。……君臣父子夫妇之义，皆取诸阴阳之道。君为阳，臣为阴。父为阳，子为阴。夫为阳，妻为阴。……仁义制度之数，尽取之天。天为君而覆露之，地为臣而持载之。阳为夫而生之，阴为妇而助之。春为父而生之，夏为子而养之，秋为死而棺之，冬为痛而丧之。（苏舆云："二语疑衍。"）王道之三纲，可求于天。（《基义》，《繁露》卷十二页八至十）

此于儒家所说人伦之中，特别提出三伦为纲。而"君为臣纲、父为子纲、夫为妻纲"之说，在中国社会伦理上，尤有势力。依向来之传统的见解，批评人物，多注意于其"忠孝大节"；若大节有亏，则其余皆不足观。至于批评妇人，则只多注意于贞节问题，即其对于夫妇一伦之行为。"饿死事小、失节事大"，苟一失节，则一切皆不足论矣。"君为臣纲、父为子纲、夫为妻纲"，于是臣、子、妻，即成为君、父、夫，之附属品。此点，在形上学中亦立有根据。董仲舒以为"君臣父子夫妇之义，皆取诸阴阳之道"。《白虎通义》亦然。盖儒家本以当时君臣、男女、父子之关系，类推以说阴阳之关系；及阴阳之关系如彼所说，而当时君臣，男女，父子之关系，乃更见其合理矣。

【注】 所谓五纪，董仲舒未详说。《白虎通义》对于三纲更有发挥；又改五纪为六纪。《白虎通义》云："三纲者，何谓也？谓君臣、父子、夫妇也。六纪者，谓诸父、兄弟、族人、诸舅、师长、朋友

汉代儒学　237

也。故《含文嘉》曰：'君为臣纲，父为子纲，夫为妻纲。'又曰：'敬诸父兄，六纪道行。诸舅有义，族人有序，昆弟有亲，师长有尊，朋友有旧。'何谓纲纪？纲者，张也。纪者，理也。大者为纲，小者为纪。所以张理上下，整齐人道也。人皆怀五常之性，有亲爱之心，是以纲纪为化。若罗网之有纪纲，而万目张也。《诗》云：'亹亹文王，纲纪四方。'君臣父子夫妇，六人也。所称三纲何？一阴一阳谓之道。阳得阴而成，阴得阳而序。刚柔相配，故六人为三纲。"（《三纲六纪》，《白虎通义》卷八页十八）《白虎通义》更引申以为社会上一切制度，皆取法于五行。《白虎通义》曰："父死子继何法？法木终火王也。兄死弟及何法，夏之承春也。善善及子孙何法？春生待夏复长也。恶恶止其身何法？法秋煞不待冬。主幼臣摄政何法？法土用事于季孟之间也。子复仇何法？法土胜水，水胜火也。子顺父，妻顺夫，臣顺君，何法？法地顺天也。男不离父母何法？法火不离木也。女离父母何法？法水流去金也。娶妻亲迎何法？法日入阳下阴也。……"（《五行》，《白虎通义》卷四页四十二）所说尚多，不详引。

人必依此等伦理的规律而行，方可尽人之性，而真为人。董仲舒曰：

> 人受命于天，固超然异于群生。入有父子兄弟之亲，出有君臣上下之谊，会聚相遇，则有耆老长幼之施。粲然有文以相接，欢然有恩以相爱，此人之所以贵也。生五谷以食之，桑麻以衣之，六畜以养之，服牛乘马，圈豹栏虎，是其得天之灵贵于物也。故孔子曰：天地之性人为贵。明于天性，知自贵于物。知自贵于物，然后知仁谊。知仁谊，然后重礼节。重礼节，然后安处善。安处善，然后乐循礼。乐循礼，然后谓之君子。故孔子曰，不知命亡以为君子，此之谓也。（《董仲舒传》，《前汉书》卷五十六页十六）

人若无伦常道德，则即不能异于群生而与禽兽无别矣。

六、政治哲学与社会哲学

唯因人之性未能全善，故需王以治之。董仲舒曰：

> 天生民性，有善质而未能善，于是为之立王以善之，此天意也。民受未能善之性于天，而退受成性之教于王；王承天意以成民之性为任者也。(《深察名号》，《繁露》卷十页十三)

王者受天之命，法天以治人，其地位甚高，其责任甚大。董仲舒曰：

> 古之造文者，三画而连其中，谓之王。三画者，天地与人也。而连其中者，通其道也。取天地与人之中，以为贯而参通之，非王者孰能当是？是故王者唯天之施，施其时而成之，(苏舆曰："疑脱二字，施疑作法。")法其命而循之诸人，法其数而以起事，治其道而以出法，(苏舆曰："疑当作法其道而以出治。")治其志而归之于仁。(苏舆曰："治疑作法。")(《王道通三》，《繁露》卷十一页九)

"王者惟天之法。""法其时而成之"者，董仲舒曰：

> 然而王之好恶喜怒，乃天之春夏秋冬也。其俱暖清寒暑，而以变化成功也。天出此物者，(苏舆曰："物疑作四。")时则岁美，不时则岁恶。人主出此四者，义则世治，不义则世乱。是故治世与美岁同数，乱世与恶岁同数，以此见人理

之副天道也。……人主立于生杀之位，与天共持变化之势。物莫不应天化。天地之化如四时。所好之风出，则为暖气而有生于俗。所恶之风出，则为清气而有杀于俗。喜则为暑气而有养长也，怒则为寒气而有闭塞也。人主以好恶喜怒变习俗，而天以暖清寒暑化草木。喜怒时而当则岁美，不时而妄则岁恶，天地人主一也。（《王道通三》，《繁露》卷十一页十至十二）

又曰：

天之道春暖以生，夏暑以养，秋清以杀，冬寒以藏。暖暑清寒，异气而同功，皆天之所以成岁也。圣人副天之所行以为政，故以庆副暖而当春，以赏副暑而当夏，以罚副清而当秋，以刑副寒而当冬。庆赏罚刑，异事而同功，皆王者之所以成德也。庆赏罚刑，与春夏秋冬，以类相应也，如合符。故曰，王者配天；谓其道，天有四时，王有四政，若四时通类也，天人所同有也。（《四时之副》，《繁露》卷十三页一）

人主之喜怒哀乐，庆赏刑罚，以四时为法；若皆得其宜，则"世治"矣。

"天之为人性命，使行仁义而羞可耻"，"法其命而循之诸人"，当即"施成性之教"，"继天"以"成"人之善也。董仲舒曰：

天令之谓命；命非圣人不行。质朴之谓性；性非教化不成。人欲之谓情；情非制度不节。是故王者，上谨于承天意，以顺命也。下务明教化民，以成性也。正法度之宜，别上下之序，以防欲也。修此三者，而大本举矣。（《董仲舒传》，《前汉书》卷五十六页十六）

此王者"承天意"以教人之事也。

"法其数而以起事者"，董仲舒曰：

王者制官，三公，九卿，二十七大夫，八十一元士，凡百二十人，而列臣备矣。吾闻圣王所取仪金天之大经，（俞云："金字乃法字之误。"）三起而成，四转而终。官制亦然者，此其仪与？三人而为一选，仪于三月而为一时也。四选而止，仪于四时而终也。三公者，王之所以自持也。天以三成之；王以三自持。立成数以为植，而四重之，其可以无失矣。备天数以参事，治谨于道之意也。……一阳而三春，非自三之时与？而天四重之，其数同矣。天有四时，时三月。王有四选，选三臣。是故有孟、有仲、有季，一时之情也。有上、有下、有中，一选之情也。三臣而为一选，四选而止，人情尽矣。人之材固有四选，如天之时固有四变也。圣人为一选君子为一选，善人为一选，正人为一选。由此而下者，不足选也。四选之中，各有节也。是故天选四堤十二而人变尽矣。（苏舆云："疑当云：天选四时，终十二，而天变尽矣。"）尽人之变合之天，唯圣人者能之。所以立王事也。……故一岁之中有四时，一时之中有三长，天之节也。人生于天，而体天之节，故亦有大小厚薄之变，人之气也。先王因人之气而分其变，以为四选。是故三公之位，圣人之选也。三卿之位，君子之选也。三大夫之位，善人之选也。三士之位，正直之选也。分人之变，以为四选，选立三臣。如天之分岁之变以为四时，时有三节也。天以四时之选，与十二节相和而成岁。王以四位之选，与十二臣相砥砺而致极。道必极于其所至，然后能得天地之美也。（《官制象天》，《繁露》卷七页二十六至三十）

设官分职，均法天之数，非可随便规定也。

汉代儒学　241

"法其道而以出治"者，董仲舒曰：

> 天之道有序而时，有度而节，变而有常，反而有相奉。微而至远，踔而致精，一而少积蓄。广而实，虚而盈。圣人视天而行。是故其禁而审好恶喜怒之处也，欲合诸天之非其时不出暖清寒暑也。其告之以政令而化风之清微也，欲合诸天之颠倒其一而以成岁也。（苏舆云："两句并疑有误字。"）其羞浅末华虚而贵敦厚忠信也，欲合诸天之默然不言而功德积成也。其不阿党偏私而美泛爱兼利也，欲合诸天之所以成物者少霜而多露也。（《天容》，《繁露》卷十一页十二至十三）

此皆人主法"天之道"以"出治"者也。

"法其治而归之于仁"者，董仲舒曰：

> 仁之美者在于天。天，仁也。天覆育万物，既化而生之，有养而成之。（苏舆曰："有又同。"）事功无已，终而复始；凡举归之以奉人。察于天之意，无穷极之仁也。人之受命于天也，取仁于天而仁也。是故人之受命天之尊，（卢文弨曰："七字疑衍。"）父兄子弟之亲，（卢文弨曰："父兄上应有有字。"）有忠信慈惠之心，有礼义廉耻之行，有是非逆顺之治。文理灿然而厚，知广大而有博。唯人道为可以参天。天常以爱利为意，以养长为事，春秋冬夏，皆其用也。王者亦常以爱利天下为意，以安乐一世为事，好恶喜怒而备用也。（苏舆曰："而备疑当作皆其。"）（《王道通三》，《繁露》卷十一页九至十）

天以爱利人为意；王者法之，亦以爱利人为意，此点与墨子之学说有相同处。

董仲舒之社会哲学，注重于均贫富，"塞并兼之路"。董仲舒曰：

孔子曰："不患贫而患不均。"故有所积重，则有所空虚矣。大富则骄，大贫则忧，忧则为盗，骄则为暴；此众人之情也。圣者则于众人之情，见乱之所从生。故其制人道而差上下也，使富者足以示贵而不至于骄，贫者足以养生而不至于忧。以此为度而调均之，是以财不匮而上下相安，故易治也。今世弃其度制，而各从其欲。欲无所穷，而俗得自恣，其势无极。大人病不足于上，而小民羸瘠于下。则富者愈贪利而不肯为义，贫者日犯禁而不可得止。是世之所以难治也。……天不重与。有角不得有上齿。故已有大者，不得有小者，天数也。夫已有大者，又兼小者，天不能足之，况人乎？故明圣者，象天所为，为制度，使诸有大奉禄，亦皆不得兼小利，与民争利业，乃天理也。(《度制》,《繁露》卷八页一至三)

"为制度使诸有大奉禄，亦皆不得兼小利，与民争利业"，即所以"塞并兼之路"也。此制度，董仲舒以为与"天理"合。

董仲舒理想中之土地分配制度，仍为井田制度，所谓：

方里而一井，一井而九百亩，而立口。方里八家，一家百亩，以食五口。上农夫耕百亩，食九口。次八人，次七人，次六人，次五人。(《爵国》,《繁露》卷八页十)

自贵族政治破坏后，人民在经济方面自由竞争之结果，秦汉之际，新起之富豪多，贫富不均之现象显。当时有识之士，多以为言。董仲舒盖亦力欲矫此流弊者也。

汉代儒学　243

七、灾异

天人之关系，既如上诸节所述，故人之行事，若有不合而异常，则天亦显现非常的现象。此天所显现之非常的现象，即所谓灾异。董仲舒曰：

> 其大略之类，天地之物，有不常之变者，谓之异；小者谓之灾。灾常先至而异乃随之。灾者，天之谴也；异者，天之威也。谴之而不知，乃畏之以威。《诗》曰："畏天之威"，殆此谓也。凡灾异之本，尽生于国家之失。国家之失，乃始萌芽，而天出灾害以谴告之。谴告之而不知变，乃见怪异以惊骇之。惊骇之尚不知畏恐，其殃咎乃至。以此见天意之仁而不欲陷人也。（《必仁且智》，《繁露》卷八页二十四）

此谓人之行为有不当，"天生灾异以谴告之"。董仲舒又曰：

> 今平地注水，去燥就湿。均薪施火，去湿就燥。百物去其所与异，而从其所与同。故气同则会，声比则应，其验皦然也。试调琴瑟而错之，鼓其宫则他宫应之，鼓其商而他商应之。五音比而自鸣，非有神，其数然也。美事召美类；恶事召恶类，类之相应而起也。如马鸣则马应之，牛鸣则牛应之。帝王之将兴也，其美祥亦先见。其将亡也，妖孽亦先见。物故以类相召也。……天有阴阳，人亦有阴阳。天地之阴气起，而人之阴气应之而起。人之阴气起，而天地之阴气亦宜应之而起。其道一也。明于此者，欲致雨则动阴以起阴；欲止雨则动阳以起阳。故致雨非神也，而疑于神者，其理微妙也。非独阴阳之气可以类进退也，虽不祥祸福所从生，亦由是也。无非已先起之，而物以类应之而动者也。（《同类相动》，《繁露》卷十三页四至六）

又曰：

　　刑罚不中，则生邪气。邪气积于下，怨恶畜于上。上下不和，则阴阳缪戾而妖孽生矣。此灾异所缘而起也。（《董仲舒传》，《前汉书》卷五十六页五）

又曰：

　　人下长万物，上参天地。故其治乱之故，动静顺逆之气，乃损益阴阳之化，而摇荡四海之内。物之难知者若神，不可谓不然也。今投地死伤而不腾相助。（孙诒让云："当作而不能相动。"）投淖相动而近，投水相动而愈远。由此观之，夫物愈淖而愈易变动摇荡也。今气化之淖，非直水也，而人主以众动之无已时。是故常以治乱之气，与天地之化相殽，而不治也。世治而民和，志平而气正，则天地之化精，而万物之美起。世乱而民乖，志僻而气逆，则天地之化伤，气生灾害起。（卢文弨曰："气上疑脱一字。"）（《天地阴阳》，《繁露》卷十七页七）

此谓人之行为有不当，则阴阳之气即机械的受感应而有非常的现象出现。所谓灾异之原因果为上述二者中之何者，或兼为二者，董仲舒未言及。盖阴阳家言中，对于天人相感之理，本有此二说也。

八、历史哲学

天人关系之密，既如上述，故在董仲舒及一般汉人眼光中，历史之变化，亦遵循天道之规律。汉人对于此天道之规律，历史所遵循者，有二说：一为五德说，此即驺衍"自天地剖判以来，五德转移，

汉代儒学　245

治各有宜"之说,上文已详。此说之根本意思,在汉流行未变;不过用此说以解释实际历史时,各派意见未能尽同。如汉之果为水德,抑为土德或火德?在当时颇为争论之问题。五德说之外有三统说。三统为黑统、白统、赤统。三统亦名三正。董仲舒曰:

> 三正以黑统初。正日月朔于营室,斗建寅。天统气始通化物,物见萌达,其色黑。故朝正服黑,首服藻黑,正路舆质黑,马黑。大节绶帻尚黑,旗黑,大宝玉黑,郊牲黑,牺牲角卵。冠于阼,昏礼逆于庭,丧礼殡于东阶之上。……正白统者,历正日月朔于虚,斗建丑。天统气始蜕化物,物始芽,其色白。故朝正服白,首服藻白,正路舆质白,马白。大节绶帻尚白,旗白,大宝玉白,郊牲白,牺牲角茧。冠于堂,昏礼逆于堂,丧事殡于楹柱之间。……正赤统者,历正日月朔于牵牛,斗建子。天统气始施化物,物始动,其色赤。故朝正服赤,首服藻赤,正路舆质赤,马赤。大节绶帻尚赤,旗赤,大宝玉赤,郊牲骍,牺牲角栗。冠于房,昏礼逆于户,丧礼殡于西阶之上。……改正之义,奉元而起。(苏舆曰:"奉元疑作奉天。")古之王者,受命而王,改制称号正月。服色定,然后郊告天地及群神,远追祖祢,然后布天下,诸侯庙受,以告社稷宗庙山川,然后感应一其司。……所以明乎天统之义也。其谓统三正者,曰:正者,正也。统致其气,万物皆应而正,统正,其余皆正,凡岁之要,在正月也。法正之道,正本而末应,正内而外应,动作举错,靡不变化随从,可谓法正也。……故王者有不易者,有再而复者,有三而复者,有四而复者,有五而复者,有九而复者。……王者以制,(苏舆曰:"以疑作之。")一商,一夏,一质,一文。商质者主天,夏文者主地,《春秋》者主人。(《三代改制质文》,《繁露》卷七页十至十九)

就实际的历史言，则夏为黑统，以寅月为正月。色尚黑。商为白统，以丑月为正月。色尚白。周为赤统，以子月为正月。色尚赤。其继周者，又为黑统。历史如此循环变化，周而复始。"王者有不易者"，董仲舒曰：

> 今所谓新王必改制者，非改其道，非变其理。受命于天，易姓更王，非继前王而王也。若一因前制，修故业，而无有所改，是与继前王而王者无以别。受命之君，天之所大显也。事父者承意，事君者仪志，事天亦然。今天大显己，物袭所代而率与同，则不显不明，非天志。故必徙居处，更称号，改正朔，易服色者，无他焉，不敢不顺天志而明自显也。若夫大纲人伦，道理政治，教化习俗。文义，尽如故，亦何改哉？故王者有改制之名，无易道之实。孔子曰：无为而治者，其舜乎！言其主尧之道而已，此非不易之效与？（《楚庄王》，《繁露》卷一页十一至十三）

"道之大原出于天，天不变，道亦不变"，（董仲舒传，《前汉书》卷五十六页十八）此其不易者也。"有再而复者"为文质；一代尚文，其后一代必尚质以救其弊。"有三而复者"，即三统三正也。

【注】《白虎通义》曰："王者必一质一文者何？所以承天地，顺阴阳。阳之道极，则阴道受。阴之道极，则阳道受。明二阴二阳，不能相继也。质法天，文法地而已。故天为质，地受而化之，养而成之，故为文。《尚书大传》曰：'王者一质一文，据天地之道。'《礼三正记》曰：'质法天，文法地也。'帝王始起，先质后文者，顺天地之道，本末之义，先后之序也。事莫不先有质性，后乃有文章也。"（《三正》，《白虎通义》卷八页十四）《白虎通义》更详论三统三正云："王者受命必改朔何？明易姓示不相袭也。明受之于天，不受之于人，所以变易民心，革其耳目，以助化也。故《大传》曰：'王者始起，改正

汉代儒学　247

朔，易服色，殊徽号，异器械，别衣服也。'……正朔有三何？本天有三统，谓三微之月也。明王者当奉顺而成之，故受命各统一正也，敬始重本也。朔者，苏也，革也，言万物革更于是，故统焉。《礼三正记》曰：'正朔三而改，文质再而复也。'三微者，何谓也？阳气始施黄泉，动微而未著也。十一月之时，阳气始养根株，黄泉之下，万物皆赤。赤者，盛阳之气也。故周为天正，色尚赤也。十二月之时，万物始牙而白，白者阴气。故殷为地正，色尚白也。十三月之时，万物始达孚甲而出，皆黑，人得加功。故夏为人正，色尚黑。《尚书大传》曰：'夏以孟春月为正，殷以季冬月为正，周以仲冬月为正。'夏以十三月为正，色尚黑，以平旦为朔。殷以十二月为正，色尚白，以鸡鸣为朔。周以十一月为正，色尚赤，以夜半为朔。不以二月后为正者，万物不齐，莫适所统，故必以三微之月也。三正之相承，若顺连环也。孔子承周之弊，行夏之时，知继十一月正者，当用十三月也。"（《三正》，《白虎通义》卷八页九至十一）

"有四而复者"，即商、夏、质、文也。（此商夏非朝代名）董仲舒曰：

> 主天法商而王，其道佚阳，亲亲而多仁朴。故立嗣予子，笃母弟。妾以子贵。昏冠之礼，字子以父。别眣。夫妇对坐而食。丧礼别葬。祭礼先脾。夫妻昭穆别位。……主地法夏而王，其道进阴，尊尊而多义节。故立嗣与孙，笃世子。妾不以子称贵号。昏冠之礼，字子以母。别眣。夫妇同坐而食。丧礼合葬。祭礼先亨。（卢文弨曰："亨，古烹字。"）妇从夫为昭穆。……主天法质而王，其道佚阳，亲亲而多质爱。故立嗣予子，笃母弟。妾以子贵。昏冠之礼，字子以父。别眣。夫妇对坐而食。丧礼别葬。祭礼先嘉疏。夫妇昭穆别位。……主地法文而王，其道进阴，尊尊而多礼文。故立嗣予孙，笃世子。妾不以子称贵号。昏冠之礼，字

子以母。别眇。夫妻同坐而食。丧礼合葬。祭礼先搢爸。妇从夫为昭穆。……(《三代改制质文》,《繁露》卷七页二十至二十四)

此"四法如四时然,终而复始,穷则反本"。(同上)就实际的历史言,则"舜主天法商而王";"禹主地法夏而王";"汤主天法质而王";"文王主地法文而王"。(同上)其继周者仍"主天法商而王"。如此循环,所谓"有四而复者"也。"有五而复者",一王者起,必封其以前之二代之后,仍称王号,"使服其服,行其礼乐,称客而朝",以"通三统"。(同上)绌二代以前之王谓之帝,封五帝之后"以小国,使奉祀之"。(同上)又"尚推"五帝以前之帝谓之皇,录九皇之后为附庸,所谓"有九而复者"也。"远者号尊而地小,近者号卑而地大,亲疏之义也。"(同上)

【注】一王者起,所以必存其以前二王之后者,《白虎通义》云:"王者所以存二王之后何也?所以尊先王,通天下之三统也。明天下非一家之有,谨敬谦让之至也。故封之百里,使得服其正色,行其礼乐,永事先祖。"(《三正》,《白虎通义》卷八页十三)所以必存五帝九皇之号,其理视此矣。

又有"三教"之说,董仲舒曰:

夏上忠,殷上敬,周上文者,所继之救,当用此也。孔子曰:"殷因于夏礼,所损益,可知也。周因于殷礼,所损益,可知也。其或继周者,虽百世,可知也。"此言百王之用以此三者矣。(《董仲舒传》,《前汉书》卷五十六页十八)

尚忠有流弊,必以尚敬救之。尚敬有流弊,必以尚文救之。尚文有流弊,必又以尚忠救之。如是循环,故曰:"虽百世可知也。"

汉代儒学

【注】《白虎通义》更详言之曰:"王者设三教者何?承衰救弊,欲民反正道也。三王之有失,故立三教以相指受。夏人之王教以忠,其失野。救野之失莫如敬。殷人之王教以敬,其失鬼。救鬼之失莫如文。周人之王教以文,其失薄。救薄之失莫如忠。继周尚黑制,与夏同。三者如顺连环,周而复始,穷则反本。……教所以三者何?天地人内忠外敬文饰之故,三而备也。即法天地人各何施?忠法人,敬法地,文法天。人道主忠,人以至道教人,忠之至也。人以忠教,故忠为人教也。地道谦卑,天之所生,地敬养之,以敬为地教也。"(卢云:"疑当有天教一段,文脱耳。")(《三教》,《白虎通义》卷八页十五至十六)

依此"天人合一"之观点观之,则历史成为一"神圣的喜剧"矣。此说吾人虽明知其为不真,要之在哲学史上不失为一有系统的历史哲学也。

九、《春秋》大义

孔子与《春秋》之关系,前文已述。自孔子以后,《春秋》与儒家之关系,日益重要;儒家所与《春秋》之意义,亦日益丰富。及董仲舒讲《春秋》,于是所谓《春秋》之微言大义,乃有有系统之表现;而孔子之地位,亦由师而进为王。

董仲舒以为孔子受天命,救周之弊,立新王之制;西狩获麟,即孔子受天命之征也。董仲舒曰:

有非力之所能致而自至者,西狩获麟,受命之符是也。然后托乎《春秋》,正不正之间,而明改制之义。一统乎天子,而加忧于天下之忧也。务除天下所患,而欲以上通五帝,下极三王。以通百王之道,而随天之终始。博得失之效,而考命象之为。极理以尽情性之宜,则天容遂矣。(《符

瑞》,《繁露》卷六页四至五）

孔子托《春秋》以立新王之制。董仲舒曰：

> 天子命无常,（苏舆曰："子疑作之。"）唯命是德庆。（苏舆曰："疑作唯德是庆。"）故《春秋》应天作新王之事,时正黑统,王鲁,尚黑,绌夏,亲周,故宋,乐宜亲（苏舆曰："亲字疑用之误。"）招武（苏舆曰："招武即韶舞。"）故以虞录亲,乐制（卢云："疑当作制爵。"）宜商,合伯子男为一等。（《三代改制质文》,《繁露》卷七页八至十）

"汤受命而王,应天变夏作殷号,时正白统。……制质礼以奉天。文王受命而王,应天变殷作周号。时正赤统。……制文礼以奉天。"（《三代改制质文》,《繁露》卷七页七）"《春秋》受天命作新王之事",继周之正赤统,故为正黑统。托王于鲁,其色尚黑,所谓"有三而复者"也。"绌夏亲周故宋"者,依上所说,一王者必封其以前之二代之后,仍称王号。绌二代以前之王谓之帝。"《春秋》当新王",故以周、宋为前二王之后而存之;至夏则归五帝之列矣。《春秋》继周,当"主天法商而王",与舜同。故云："乐宜亲招武"等。韶,舜乐也。"文王制文礼以奉天",周尚文,故《春秋》尚质。董仲舒曰：

> 礼之所重者在其志。志敬而节具,则君子予之知礼。志和而音雅,则君子予之知乐。志哀而居约,则君子予之知丧。故曰：非虚加之,重志之谓也。志为质,物为文。文著于质;质不居文,文安施质。质文两备,然后其礼成。文质偏行,不得有我尔之名。俱不能备而偏行之,宁有质而无文。虽弗予能礼,尚少善之。……有文无质,非直不予,乃少恶之。……然则《春秋》之序道也,先质而后文,右志而左物。故曰："礼云礼云,玉帛云乎哉? 乐云乐云,钟鼓云乎

汉代儒学　251

哉？"是故孔子立新王之道，明其贵志以反和，见其好诚以灭伪。（苏舆曰："和疑利之误。"）其有继周之弊，故若此也。（《玉杯》，《繁露》卷一页十八至十九）

此所谓"有再而复"者也。

【注】 何休《公羊传注》云："王者起，所以必改质文者，为承衰乱，救人之失也。天道本下，亲亲而质省。地道敬上，尊尊而文烦。故王者始起，先本天道，以治天下，质而亲亲。及其衰敝，其失也亲亲而不尊。故后王起，法地道以治天下，文而尊尊。及其衰敝，其失也尊尊而不亲。故复反之于质也。"（《公羊传》，桓公十一年注，《四部丛刊》本，卷二页十二）

《春秋》为孔子奉天命所作，故其中大义包罗极广。董仲舒曰：

《春秋》之为学也，道往而明来者也。然而其辞体天之微，故难知也。弗能察，寂若无。能察之，无物不在。是故为《春秋》者，得一端而多连之，见一宜而博贯之，则天下尽矣。（《精华》，《繁露》卷三页二十二）

由斯而言，则《春秋》乃董仲舒所谓"天理"之写出者，所谓"体天之微"者也。其中大义，有"十指"，"五始"，"三世"等。

《春秋》有十指，董仲舒云：

《春秋》二百四十二年之文，天下之大，事变之博，无不有也。虽然，大略之要有十指。十指者，事之所系也，王化之所由得流也。举事变见有重焉，一指也。见事变之所至者，一指也。因其所以至者而治之，一指也。强干弱枝，大本小末，一指也。别嫌疑，异同类，一指也。论贤才之义，别所长之能，一指也。亲近来远，同民所欲，一指也。承周文而反之质，一指也。木生火，火为夏，天之端，一指也。切刺讥之所罚，考变异之所加，天之端，一指也。举事变见有重焉，则百姓安矣。见事变之所至者，则得失审矣。因其所以至而治之，则事之本正矣。强干弱枝，大本小末，则君臣之分明矣。别嫌疑，异同类，则是非著矣。论贤才之义，别所长之能，则百官序矣。承周文而反之质，则化所务立矣。亲近来远，同民所欲，则仁恩达矣。木生火，火为夏，则阴阳四时之理，相受而次矣。切刺讥之所罚，考变异之所加，则天所欲为行矣。统此而举之，仁往而义来。德泽广大，衍溢于四海。阴阳和调，万物靡不得其理矣。说春秋凡用是矣。此其法也。(《十指》，《繁露》卷五页九至十)

"举事变见有重焉"者，董仲舒曰：

《春秋》之敬贤重民如是。是故战攻侵伐，虽数百起，必一二书。伤其害所重也。(《竹林》，《繁露》卷二页二)

战攻侵伐必书，以见其恶战伐而重民也。"别嫌疑，异同类"者，董仲舒曰：

逢丑父杀其身以生其君，何以不得谓知权？丑父欺晋，祭仲许宋，俱枉正以存其君。然而丑父之所为，难于祭仲。祭仲见贤，而丑父犹见非，何也？曰：是非难别者在此，此其嫌疑相似，而不同理者，不可不察。夫去位而避兄弟者，君子之所甚贵。获虏逃遁者，君子之所贱。祭仲措其君于人所甚贵，以生其君，故《春秋》以为知权而贤之。丑父措其君于人所甚贱，以生其君，《春秋》以为不知权而简之。其俱枉正以存君相似也，其使君荣之与使君辱不同理。故凡人之有为也，前枉而后义者，谓之中权。虽不能成，《春秋》

善之。鲁隐公郑祭仲是也。前正而后有枉者，谓之邪道。虽能成之，《春秋》不爱。齐顷公逢丑父是也。（卢文弨曰："齐顷公三字疑衍。"）(《竹林》，《繁露》卷二页十至十一）

祭仲事见桓公八年《公羊传》，逢丑父事见成公二年《公羊传》。逢丑父祭仲"俱枉正以存君"，"其嫌疑相似"，而《春秋》一予之，一不予之。此所谓"别嫌疑，异同类"也。"木生火，火为夏"者，木为春；《春秋》首书春以正天端。详下。

【注】 董仲舒又有《春秋》大义有六科之说：（见《正贯》，《繁露》卷五页八至九）所谓六科，与十指略同，不具引。

《春秋》有五始，董仲舒曰：

《春秋》之道，以元之深，正天之端。以天之端，正王之政。以王之政，正诸侯之即位。以诸侯之即位，正境内之治。五者俱正，而化大行。（《二端》，《繁露》卷六页四）

《春秋》之第一句为"元年春王正月"，春为一岁之首，先书元而后书春，即"以元之深正天之端"也。春下继之以王，即"以天之端正王之政"也。元年即君即位之年，即"以王之政正诸侯之即位"也。

《春秋》有三世，董仲舒曰：

《春秋》分十二世以为三等：有见，有闻，有传闻。有见三世，有闻四世，有传闻五世。故哀、定、昭，君子之所见也。襄、成、文、宣，君子之所闻也。僖、闵、庄、桓、隐，君子之所传闻也。所见六十一年，所闻八十五年，所传闻九十六年。于所见微其辞，于所闻痛其祸，于传闻杀其恩，与情俱也。是故逐季氏而言又雩，微其辞也。子赤杀弗忍书日，痛其祸也。子般杀而书乙未，杀其恩也。屈伸之志，详略之文，皆应之。吾以知其近近而远远，亲亲而疏疏也。亦知其贵贵而贱贱，重重而轻轻也。有知其厚厚而薄薄，善善而恶恶也。有知其阳阳而阴阴，白白而黑黑也。（苏舆曰："有与又同。"）（《楚庄王》，《繁露》卷一页六至七）

后来公羊家又以此三世分配为据乱世，升平世，太平世。何休曰：

于所传闻之世，见治起于衰乱之中，用心尚撍粗。故内其国而外诸夏，先详内而后治外。录大略小，内小恶书，外小恶不书。大国有大夫，小国略称人。内离会书，外离会不书，是也。于所闻之世，见治升平。内诸夏而外夷狄。书外离会。小国有大夫。……至所见之世，著治太平。夷狄进至于爵。天下远近大小若一。用心尤深而详。故崇仁义，讥二名。……所以三世者，礼为父母三年，为祖父母期，为曾祖父母齐衰三月。立爱自亲始。故春秋据哀录隐，上治祖祢。所以二百四十二年者，取法十二公，天数备，足著治法式。（《公羊传》隐公元年注，《四部丛刊》本，卷一页六）

每年十二月，故《春秋》亦纪十二公之事。此所说三世，与《礼运》所说政治哲学有相同处，皆为近人所称道。

"《春秋》以道名分"；董仲舒对于名，更为重视，董仲舒曰：

治天下之端，在审辨大。辨大之端，在深察名号。名者，大理之首章也。录其首章之意，以窥其中之事，则是非可知，逆顺自著，其几通于天地矣。是非之正，取之逆顺。逆顺之正，取之名号。名号之正，取之天地。天地为名号之

汉代儒学　255

大义也。古之圣人，謞而效天地，谓之号。鸣而施命，谓之名。名之为言，鸣与命也。号之为言，謞而效也。謞而效天地者为号；鸣而命者为名。名号异声而同本，皆鸣号而达天意者也。（卢文弨曰："号疑本作謞。"）天不言使人发其意，弗为使人行其中。名则圣人所发天意，不可不深观也。受命之君，天意之所予也。故号为天子者，宜视天如父，事天以孝道也。号为诸侯者，宜谨视所候奉之天子也。号为大夫者，宜厚其忠信，敦其礼义，使善大于匹夫之义，足以化也。士者，事也。民者，瞑也。士不及化，可使守事从上而已。五号自赞各有分，分中委曲曲有名。（苏舆曰："下曲字疑各之误。"）名众于号。号其大全；名也者，名其别离分散也。号凡而略；名详而目。目者，遍辨其事也。凡者，独举其大也。享鬼神者号一曰祭。（苏舆曰："者与之同。"）祭之散名：春曰祠，夏曰礿，秋曰尝，冬曰烝。猎禽兽者号一曰田。田之散名：春苗，秋搜，冬狩，夏狝。无有不皆中天意者。物莫不有凡号；号莫不有散名如是。是故事各顺于名；名各顺于天；天人之际，合而为一。同而通理，动而相益，顺而相受，谓之德道。《诗》曰："维号斯言，有伦有迹。"此之谓也。（《深察名号》，《繁露》卷十页一至四）

此以名号为天意之代表，具有神秘的意义；故察其名之意，即知其名所指之事物之所应该也。

节选自《中国哲学史》，标题为编者所加

第四编

魏晋玄学

汤用彤

玄学之玄，远也。

远者，远实际也。

实际者，或务或物。

远务则出世也；

远物则重宇宙本体，讲形上学。

汤用彤　西南联合大学期间曾任哲学心理系主任，后又任文学院院长

汤用彤（1893—1964），哲学家、佛学家、教育家、国学大师。1917年，清华学校毕业后留学美国，入汉姆林大学、哈佛大学深造，获哲学硕士学位。回国后历任国立东南大学（现南京大学）、南开大学、北京大学、西南联合大学教授。汤用彤是现代中国学术史上少数几位能会通中西、接通华梵、熔铸古今的国学大师之一，与陈寅恪、吴宓并称"哈佛三杰"。著有《汉魏两晋南北朝佛教史》《印度哲学史略》《魏晋玄学论稿》等。

在讨论魏晋思想的发展以前，首先要申明的是：这儿所谓"魏晋思想"，是就这个时代的"普通思想"或"一般思潮"来说，虽然哲学理论在此中甚关重要，但现在并不打算作专门的探讨；再，我仅仅要来讲明这个"时代思潮"发展的经过，事实上只能提出些大的结论，因为此种结论的前提或考证，牵涉太多，这中间各方面复杂的关系，不是在这短时内所能说明的，所以只得从略了。

讲到魏晋时代的"普通思想"，它在某些方面可以有跟别的时代相同的地方，但是本文特别注意的不是这些方面，反而却自魏晋时代不同于别的时代的地方着眼。换句话说，即在讲明魏晋时代所以成为魏晋时的思想，其他只好不谈。关于"魏晋思想的发展"，根据问题的性质，随同论证的转移，为了说明的方便，分以下三大段来讨论。

一、魏晋时代思想的成分

这个时代，各派思想同时进行不同的组合，要对于这些的面目都有清楚的认识，那是难的。好在这里只提出那主要的"潮流"来讨论，也就是选取那足以代表这"时代思想"的成分来讨论，看它们彼此消长的情势，再进一步地推论这个思潮如何生成与发展的意义。讲到魏晋时代思想特别成分，当然要涉及外来宗教的侵入，或印度佛教的流布。因为这种因素，此后在思想界发生了重大的影响。普通又多称这个时代我国思想的主潮是"玄学"。那么可以成为问题的就是：

魏晋玄学

（一）玄学的产生是否受佛学的影响？（二）魏晋思想在理论上与佛学的关系如何？——或是这种外来的宗教何以能为中华人士所接受？要回答上面的两个问题，我们非得先明了魏晋时代特有思想（玄学）生成和发展不可。这样，必须等本文写到最后部分时再行答复。

魏晋时代思想界颇为复杂，表面上好像没有什么确切的"路数"，但是，我们大体上仍然可以看出其中有两个方向，或两种趋势，即一方面是守旧的，另一方面是趋新的。前者以汉代主要学说的中心思想为根据，后者便是魏晋新学。我们以下不妨简称"旧学"与"新学"的两派。"新学"就是通常所谓玄学。当时"旧学"的人们或自称"儒道"……其实思想皆是本于阴阳五行的"间架"，宇宙论多半是承袭汉代人的旧说；"新学"则用老庄"虚无之论"作基础，关于宇宙、人生各方面另有根本上新的见解。

汉朝末年，中原大乱，上层社会的人士多有避难南来，比较偏于保守的人们大概仍留居在北方。所以"新学"最盛的地方在荆州和江东一带，至于关中、洛阳乃至燕、齐各处，仍是"旧学"占优势的地方。后来曹操一度大军南下，曾带领一部学者北归，于是荆州名士再到洛下。但是不久，因为这班人很不满意曹氏父子的"功业"，意见不投，多被摧残。此后司马氏又存心要学曹家篡夺的故技，名士更多有遇害的。但在这时节，北地"新学"已种下深根，因此"玄学"的发祥地实在北方，虽然再后因为政局的不宁和其他关系，名士接踵不断地南下，但也并不因此可以说北方根本没有"新学"了。要到西晋以后，"新学"乃特盛行江左。这样，晋朝末年的思想，南北新旧之分，真可算判然两途了。因此南朝、北朝的名称，不仅是属于历史上政治的区划，也成为思想上的分野了。这种风气的影响不仅及于我国固有学术的面目，就是南北佛教因为地域的关系也一致地表现了不同的精神。最后，北朝统一中国，下开隋唐学术一统的局面，因此隋唐的学风尚是遵循北朝的旧辙，不过也受了南朝思想的洗礼，看出来影响是不小罢了。所以魏晋时代思想的成分，无论"新""旧"哪方面造成的后果，在我国思想史上，都是极重要的。

二、魏晋玄学之发生与长成

从上段讲来,我们可以明白魏晋时代特有的思想,即所以成为魏晋时代者,当然是前节所谓"新学"的一方面了。现在准备更进一步地来说明这种"新学"如何发生与长成的事实。我不打算从历史上实际政治的影响等去分析这个时代的背景,当作思潮发生的原因,却想专就这个"思潮"的本身来试行解剖,魏晋时代"一般思想"的中心问题为:"理想的圣人之人格究竟应该怎样?"因此而有"自然"与"名教"之辨。

汉代学者多讲所谓"天人相应"之学,其时特别注重"天道"的著作,如扬子云的《太玄》,桓谭说:"扬雄作玄书(《太玄》),以为玄者天也道也,言圣贤制法作事,皆引天道以为本统,而因附属万类王政人事法度。……"(《后汉书·张衡传》注)此外,汉以前的书,《周易》最言"天道",所以汉末谈"天道"的人们,都奉《易经》作典要,其实"魏晋玄学"早期所推重的书,又何尝不是《周易》呢?因为那时《周易》是"正经",《老》《庄》才不过是"诸子"罢了。

说到三国时的《易》学,按照地域思想的不同,我想大略可分三项:

(一)江东一带,以虞翻、陆绩等人作代表。

(二)荆州,以宋忠等为代表。

(三)北方,以郑玄、荀融等人为代表。

就中荆州一派见解最新,江东一带也颇受这种新经义的影响,北派最旧,大多传习汉儒的"象数"。当时讲《易经》的又多同时注意《太玄》。宋忠对扬子《太玄》《法言》两书,素称名家。虞翻、陆绩辈既是《易》学专门,也都诵习《太玄》,可以为证。何晏、王弼史书推论他们是"玄宗之祖",两人皆深于《易》学,更是不用说了。相传何晏与管辂讨论过《易》学(见《三国志·管辂传》),荀融作文反对王弼的新说。按王弼是王粲的侄孙,王粲曾为刘表重视。据云并有驳斥郑康成旧说的事,王弼实际就是上承荆州一派《易》学"新经义"的大师，荀氏又属当时汉《易》的世家，由此可见这时《易》学各派相互情势的大概了。

此外，约在魏文帝的时候北方风行的思想主要的是本于"形名之学"（形名或作刑名，省称名家），即特别偏重于人事政治方面（名教）的讨论。这个"名家"的根本理论是"名实之辨"，所以跟传统儒家与法家的学说，均有可以相通的地方，因为儒家讲"正名"，法家也论"综核名实"，问题的性质都很接近。又按名家之学本是根源于汉代的政治思想，人君有最大的两种任务：第一是要设官分职，安排官职恰如应有之位分，使"名实相符"。第二是人君应有知人之明，量才授官，认得如何样的人能做如何样的事。这样汉代月旦人物的流风，即是对于人物的评论，叫作"名论"，又叫作"名目"，所有政治上施设，都系于职官名分的适宜，人物名目的得当，这是致太平的基础，此与礼乐等总称之曰"名教"。照那种政论推论下来，人君在上须是能够观照全体；臣民在下，职务应该各有其分。君主无为，臣民有为，因为人君果能设官分职，官当其分，量才授职，人尽所能，此外他便没有个人特别的任务，此即所谓"无为而无不为"，如是即"垂拱而治"了。人君要能够这样，当时便说是合乎"道"或"天道"，故可以说人君是"道体"，并以"配天"。臣下只是各得其分，各尽所职，便谓是"器"或"形器"，又可以说是"器用"。这在表示功能各有不同。《易经·系辞》说："形而上者谓之道，形而下者谓之器。"这句话中"形上"与"形下"的分别，在当时便有如此的解说。根据前人的记载，汉末三国时学者，多作有所谓"道德论"的文章，我们参照别方面的意见，可以明了他们当时所谓"道德"，跟现在一般人通常所了解的含义不相同，一方面范围较广，再则"道""德"二字尚属相对并称，不像目前连用作一辞。如王弼注《老子》据说分"道经"与"德经"，可以为例。讨论的问题也就是"天人之际"，如《世说·文学》篇载有这样一段故事，说："何平叔（晏）注老子始成，诣王辅嗣（弼），见王注精奇，乃神伏曰：若斯人可与论天人之际矣，因以所注为道德二论。"这所谓"道德论"讨论的即是"天人之际"，也可以同上面的解释一致，即是说人君为"道"配"天"，臣下有"德"为"人"，"道德"两字在意义上等于"天人"，故"天""道"不可名状，"人""德"可以言说。《老子》书言："道可道，非常道；名可名，非常名。"这话固然有其形而上学的解释，但是人君合乎道，百姓与能，臣民分职，各具德行，所以人君无名无为，臣民有名有为，《老子》开始的两句也可牵合于政治，形而上学原可作政论的基础，即在思想上本可拉在一起。因此在理论上，当时的"形名之学"，不仅跟法家、儒家有关，且与道家相通了。所以名家后来竟变成道家。王弼的思想就是一个好例。君主与臣下的关系，如上所述，在理论上，即是"道"与"器"的对立，"天、人""道、德"的不同，乃至"常道""可道""有名""无名"的分别也可以这样去解释。概括地说，不就是"名教"与"自然"之辨的问题吗？因为人君的"用"在行"名教"来治理天下，而以"天道"或"自然"去配比"君德"，这样，君体"自然"，也就是以"自然"为"体"，"名教"为"用"了。我想魏晋时代道家之学兴起的主要原因，在思想的本质上大略是如此。

"名家"之学的中心思想重在"知人善任"。因为汉朝政府用人是采取"察举之制"的，社会上的"名目"，即是一般人的"评论"，早成为进身的阶梯、做官的捷径了。但是对于人物的批评是很难的，往往"差之毫厘，谬以千里"。因为有的看来平庸，实在有才能；也有真是"大智"，倒像愚人似的。所以"相人"应该注意到他的全面，重神而不重貌，有时实在"可以意会，不得言传"。这样，当时便流行一种所谓"言意关系"的讨论，好些人常提出不同的见解，其中"得意忘言"之说后来产生重大影响。进一步，应用这个原理评判一切，而当代思想的大问题——"自然与名教之争"也依之"裁判"了。因为体"自然"者才可以得意，拘于"名教"者实未尝忘言。王弼解《易》主张"得意"，他在《略例·明象章》中说："夫象者出意者也，言者明象者也……是故存言者非得象者也，存象者非得意者也。……"王弼采取这一个新的办法，就是用"寄言出意"的理论作根据，鄙视汉代"象数之学",抛弃阴阳五行等旧说的传统,我国学术由此而发生重大的变化,王弼因此奠定魏晋"新学"(玄学)的基础。

根据以上所说,可知"新学"(玄学)的生成有两个主要因素:(一)研究《周易》《太玄》等而发展出的一种"天道观";(二)是当代偏于人事政治方面的思想,如现存刘劭《人物志》一类那时所谓"形名"派的理论,并融合三国时流行的各家之学。上述二者才是"玄学"所以成为魏晋时代特有思想的根源。而"自然"与"名教"之辨以至体用本末的关系,以及"最理想的圣人的人格应该是如何"的讨论,都成为最重要的问题、"新学"的骨干了。因为上接《周易》《太玄》的思想,下合名、法、儒、道各家,都以这个问题作线索贯串起来的,也可说"新学"之所以能成为"新学"的创造部分,就在对这问题探讨的成绩所给与过去各家学术思想一个新的组合,或构成了某种新的联系使魏晋时代的思想表现特殊的精神。"新学"人们的结论是圣人方可以治天下,所谓"圣人"者,以"自然"为体,与"道"同极,"无为而无不为"。这种"圣人"的观念,从意义上讲,便是以老庄(自然)为体,儒学(名教)为用。道家(老庄)因此风行天下,魏晋"新学"(玄学)随着长成了。

三、魏晋思想的演变

三国以来的学者,在"名教"与"自然"之辨的前提下,虽然一致推崇"自然",但是对于"名教"的态度并不完全相同。我们此刻不妨把一派称作"温和派",另一派名为"激烈派"。前者虽不怎样特别看重"名教",但也并不公开主张废弃"礼法",如王弼、何晏等人可代表。他们本出于礼教家庭,早读儒书,所推崇而且常研习的经典是《周易》《老子》。后派则彻底反对"名教",思想有比较显著浪漫的色彩,完全表现一种《庄子》学的精神,其立言行事像阮籍、嵇康等人可为好例。西晋元康年间(291—299年),"激烈派"在社会各方面产生较大的影响，流为风尚，以后一般人多痛心那批"效颦狂生"的行径，忘本逐末，"放"而不"达"。因此对于"温和派"的精密思想体系也多误认为完全蔑弃"名教"了。其实当代名士对于"激烈派"的种种行为也有表示不满意的，例如乐广，《晋书》本传载："是时王澄、胡毋辅之等皆以任放为达，或至裸体者，广闻而笑之曰：名教内自有乐地，何必乃尔！"乐广这种感慨是说名教本合乎自然，其中自有乐地，弃名教而任自然，是有体无用，也是不对的，所以乐令公（广）的话并不是特别推崇"名教"，其思想还是本于玄学。再如裴𬱟，后人说他是"深患时俗放荡"，作《崇有论》"以释其弊"（详《晋书》本传）。然其理论更是玄学的，大意在说不可去"有"以存"无"。弃"用"来谈"体"。史书载称裴𬱟本是善谈"名理"的人，即可表示他是正统的玄学家，因为玄学的理论，原是上承魏初"名家"思想变来的。晚期戴逵作有《放达为非道论》，我想还是"温和派"思想影响下的余波。

向秀、郭象二人，确是这个时代杰出的人才，他俩的《庄子注》可算玄学中第一等名作。但是他们的思想，实是上承王（弼）、何（晏）等人"温和派"的态度，不过在理论的体系上，王、何"贵无"，向、郭"崇有"，形上学的根据方面有些两样罢了。因为向（秀）郭（象）两人也是主张"自然"同"名教"不是冲突或对立的。但是《庄子》书中有好些字面上诋毁"孔儒"的话，来做反驳"名教"的口实。向、郭就是想加以矫正，给《庄子》这书一个新的解释，应用"寄言出意"的理论，从根本上去调和孔、老（或儒道）两家的冲突，即是进行取消"自然"与"名教"的对立。向、郭这种用意，在他俩的《庄子注》中随处可见，我想不用特为引证了。谢灵运在《辨宗论》上有句话，说"向子期（秀）以儒道为一"，指的正是。《世说·文学》篇谓："初注《庄子》者数十家，莫能究其旨要，向秀于旧注外为解义，妙析奇致，大畅玄风。"《晋书》本传竟说他的《庄子注》出世，"儒墨之迹见鄙，道家之言遂盛"了。我想当时放任派的人，自以为有契于庄生，因而《庄子》一书几成为不经世务、不守礼法者的经典；但向、郭《庄子注》上承王、（弼）何（晏）等人温和派的态度，对于《庄子》，主张齐一儒道，任自然而不废名教，乃当时旧解外的一种新的看法。他们这个创见，以《庄子注》中圣人观念为焦点；他们推尊孔子为圣人，发挥"自然"与"名教"不可分离的思想。郭象在他的《庄子注》中说明本书的宗旨是"明内圣外王之道"，"内圣"就是要顺乎"自然"，"外王"则主张不废"名教"，主张"名教"合乎"自然"，"自然"为本为体，"名教"为末为用。虽然不废名教，但"名教"为末，故《庄子注》仍是"大畅玄风"，而儒墨之治天下，有用无体，徒有其迹而忘其所以迹，故《庄子注》出而"儒墨之迹见鄙，道家之言遂盛"了。

西晋末叶以后，佛学在中国风行，东晋的思想家多属僧人，但是这种外来的印度宗教，何以能在我国如此地发达，说者理由不一。我看其中主要的原因，多半是由于前期"名士"与"名僧"的发生交涉，常有往来。他们这种关系的成立，一则双方在生活行事上彼此本有可以相投的地方，如隐居嘉遁，服用不同，不拘礼法的行径，乃至谈吐的风流，在在都有可相同的互感。再则佛教跟玄学在理论上实在也有不少可以牵强附会的地方，何况当时我国人士对于佛教尚无全面的认识，译本又多失原义，一般人难免不望文生解。当时佛学的专门术语，一派大都袭取《老》《庄》等书上的名词，所以佛教也不过是玄学的"同调"罢了。故晋释道安《鼻奈耶序》上说："以斯邦（中国）人《老》《庄》教行，与方等经兼忘相似，故因风易行也。"实是当时事实的真相。说到这个时代的佛学，早期最流行的是"般若"的研究，根本的思想是"二谛义"，讲明"真谛"与"俗谛"的关系，这个分别与中国本末体用之辨相牵合；再则"法身"的学说也颇重要，相传古《楞严经》在那时前后总计有七次到九次的翻译，大概系因为这书特别论到"法身"罢。此后到西晋末年，《涅槃经》的学说接着大为风行，还是发挥上述一贯的思想，这些"二谛""法身"诸义，讨论圣人"人格"的问题，而同时为"本体论的"追究，佛学给与玄学很丰富的材料，很深厚的理论基础。若论佛学与其他思想的争论,或"内学"与"外教"的关系,其主要问题还是"自然与名教之辨",乃至"圣"与"佛"的性质各是如何。按印度佛教原本是一种出世解脱道,换句话说,即是"内圣"不一定要"外王"。晋朝末年因受这种外来宗教的影响,对于理想上"圣人的观念"也有改变,如慧远在《论沙门不应敬王者书》上说:"不顺化以求宗",即"体极"者可以"不顺化","自然"与"名教"之所以又行分途,佛学于此,关系也颇重要。

现在我要回到本文第一段所提出的两个问题,即:(一)玄学的产生是否受佛学的影响?(二)魏晋思想在理论上与佛学的关系如何?我的意见是:玄学的产生与佛学无关,因为照以上所说,玄学是从中华固有学术自然的演进,从过去思想中随时演出"新义",渐成系统,玄学与印度佛教在理论上没有必然的关系。易言之,佛教非玄学生长之正因。反之,佛教倒是先受玄学的洗礼,这种外来的思想才能为我国人士所接受。不过以后佛学对于玄学的根本问题有更深一层的发挥。所以从一方面讲,魏晋时代的佛学也可说是玄学。而佛学对于玄学为推波起澜的助因是不可抹杀的。

综上所说,关于魏晋思想的发展,粗略分为四期:(一)正始时期,在理论上多以《周易》《老子》为根据,用何晏、王弼作代表。(二)元康时期,在思想上多受《庄子》学的影响,"激烈派"的思想流行。(三)永嘉时期,至少一部分人士上承正始时期"温和派"的态度,而有"新庄学",以向秀、郭象为代表。(四)东晋时期,亦可称"佛学时期"。我们回溯魏晋思潮的源头,当然要从汉末三国时荆州一派《易》学与曹魏"形名家"言的综合说起,正始以下乃至元康、永嘉以迄东晋各时期的变迁,如上面所讲的,始终代表这时代那个新的成分一方面继续发展的趋势。前后虽有不同的面目,但是在思想的本质上确有一贯的精神。魏晋时代思想之特殊性,想在乎此。

节选自《魏晋玄学论稿》,标题为编者所加

第五编

隋唐佛学

汤用彤

佛法，亦宗教，亦哲学。
宗教情绪，深存人心，
往往以莫须有之史证为象征，发挥神妙之作用，
故如仅凭陈迹之搜讨，而无同情之默应，
必不能得其真、哲学精微，悟入实相。
古哲慧发天真，慎思明辨，
往往言约旨远，取譬虽近，而见道深弘。

隋唐佛学之特点

——在西南联大讲演

今天讲的题目是隋唐佛学之特点。这个题目有两种讲法：一种是把特点作历史的叙述，从隋初到唐末，原原本本地说去，这叫作"纵的叙述"。一种是"横的叙述"，就隋唐佛学全体做分析的研究，指明它和其他时代不同的所在。原则上这两种方法都应该采取，现在因为时间限制，只能略略参用它们，一面讲线索，一面讲性质。即使这样讲，也仍然只能说个大概。但是先决问题，值得考虑的是：隋和唐是中国两个朝代，但若就史的观点去看，能否连合这两个政治上的朝代作为一个文化学术特殊阶段？就是隋唐佛学有无特点，能否和它的前后各朝代加以区别？我们研究的结果，可以说佛学在隋唐时代确有其特点。这一时期的佛学和它的既往以及以后都不相同。平常说隋唐是佛学最盛的时候，这话不见得错，但是与其说是最盛，倒不如拿另外的话去形容它。俗话说"盛极必衰"，隋唐佛学有如戏剧的顶点，是高潮的一刻，也正是下落的一刻。所谓"分久必合，合久必分"，隋唐佛学的鼎盛，乃因在这时期有了很高的合，可是就在合的里面又含有以后分的趋势。总括起来说，隋唐佛学有四种特性：一是统一性；

二是国际性；三是自主性或独立性；四是系统性。若欲知道这四种性质及其演变，便也须知道佛学在这一时期之前与以后的趋势。

先说统一性。隋唐时期，佛教在中国能够在各方面得以统一，扼要说来，佛学本身包含理论和宗教两方面。理论便是所谓哲理，用佛学名词说是智慧。同时佛教本为宗教，有种种仪式信仰的对象，像其他宗教所供奉的神，以及有各种功夫如坐禅等等。所以佛教既非纯粹哲学，也非普通宗教。中国佛教对于这两方面，南北各有所偏，又本来未见融合，可是到了隋唐，所有这两方面的成分俱行统一。从历史上看，汉朝的佛教势力很小，到了魏晋南北朝虽然日趋兴盛，但是南北渐趋分化。南方的文化思想以魏晋以来的玄学最占优势；北方则仍多承袭汉朝阴阳、谶纬的学问。玄学本比汉代思想超拔进步，所以南方比较新，北方比较旧。佛学当时在南北两方，因受所在地文化环境的影响，也表现同样的情形。北方佛教重行为、修行、坐禅、造像。北方因为重行为信仰，所以北方佛教的中心势力在平民。北方人不相信佛教者，其态度也不同，多是直接反对，在行为上表现出来。当时北方五胡很盛，可是他们却渐崇中国固有文化，所以虽然不是出于民族意识，也严峻地排斥佛教。南方佛教则不如此，着重它的玄理，表现在清谈上，中心势力在士大夫中，其反对佛学不过是理论上的讨论，不像北方的杀和尚、毁庙会那样激烈。并且南方人的文化意识和民族意识也不如北方那样的强，对外来学问取容纳同化态度，认为佛教义理和固有的玄学理论并没有根本不同之处。换言之，南方佛学乃士大夫所能欣赏者，而北方的佛学则深入民间，着重仪式，所以其重心为宗教信仰。

到了隋唐，政治由分到合，佛教也是如此。本来南方佛教的来源，一为江南固有的，另一为关中洛阳人士因世乱流亡到南方而带去的。北方佛教的来源，一为西北之"凉"的，一为东北之"燕"的。南方为玄学占有之领域，而"凉"与"燕"则为汉代旧学残存之地，佛教和普通文化一样，也受其影响。但是自从北朝占据山东以及淮水流域，有时移其人民，南方佛教也稍向北趋；又加以南方士大夫逃亡入北方的也不少，俱足以把南方佛学传入北方。所以，北朝对佛学深有研究者多为逃亡的南方人。再其后，周武帝毁法，北方和尚因此颇多逃入南方；及毁法之事过去，乃学得南方佛学理论以归。到了隋文帝，不仅其政治统一为南北文化融合之有利条件，并且文帝和炀帝俱信佛教，对佛学的统一都直接有很大的功劳。文帝在关、洛建庙，翻译经典，曾三次诏天下有学问的和尚到京，应诏者南北都有。以后炀帝在洛阳、江都弘扬佛教，置备经典，招集僧人，而洛阳、江都间交通很发达，南北来往密切，已不像隋以前的样子，这也是南北文化统一的主要因素。

就佛教本身说，隋唐的和尚是修行和理论并重。华严的"一真法界"本为其根本理论，可是其所谓"法界观"，乃为禅法。天台宗也原是坐禅的一派，所尊奉的是《法华经》，它的理论也是坐禅法，所谓"法华三昧"是也。法相唯识，本为理论系统，但也有瑜伽行观。禅宗虽重修行，但也有很精密的理论。凡此俱表明隋唐佛教已统一了南北，其最得力之口号是"破斥南北，禅义均弘"。天台固然如此，华严也可说相同。唐代大僧俱与南北有关。天台智者大师本为北人，后来南下受炀帝之优礼；唐玄奘在未出国前曾到过襄阳和四川，襄阳乃南方佛学的中心；菩提达摩本由南往北；三论宗的吉藏本为南人，后来隋文帝请他到北方，极受推崇；法照乃净土宗大师之一，本为北人，也曾到过南边。表面看，北方佛教重行为信仰，仍像旧日的情形，可是实在是深入了。这时仍同样造佛像，建庙宇，势力仍在平民；却又非常着重理论，一时天台、华严诸宗论说繁密，竞标异彩。南方佛学，反而在表面上显现消沉。可是对后来的影响说，北方的华严、天台对宋元明思想的关系并不很大，而南方的禅宗则对宋元明文化思想的关系很大，特别关于理学，虽然它对理学并非起直接的作用，但自另一面看，确是非常重要。

再说国际性。隋唐时代，中国佛学的地位虽不及印度，但确只次于印度。并且当时中国乃亚洲中心，从国际上看，中国的佛教或比印度尤为重要。当时所谓佛教有已经中国化的，有仍保持印度原来精神的。但无论如何，主要僧人已经多为中国人，与在南北朝时最大的和尚是西域人或印度人全不相同。南朝末年的法朗是中国人，他的传法弟子明法师是中国人，但是他最重要的弟子吉藏是安息人，为隋朝一代大师。隋唐天台智者大师是中国人，其弟子中有波若，乃是高丽人。唐法相宗大师玄奘是中国人，其弟子分二派：一派首领是窥基，于阗人；另一派首领是圆测，新罗人。华严智俨系出天水赵氏；弟子一为法藏，康居人，乃华严宗的最大大师；一为义湘，新罗人。凡此俱表示当时佛教已变成中国出产，不仅大师是中国人，思想也是中国化。至若外国人求法，往往来华，不一定去印度。如此唐朝西域多处的佛经有从中国翻译过去的。西藏虽接近印度，而其他佛教也受中国影响。朝鲜、新罗完全把中国天台、华严、法相、禅宗搬了去。日本所谓古京六宗，是唐代中国的宗派。而其最早的两个名僧，一是传教法师最澄，一是弘法大师空海。其所传所弘的都是中国佛教。所以到了隋唐，佛教已为中国的，有别开生面的中国理论，求佛法者都到中国来。

  佛教到隋唐最盛。佛教的势力所寄托，到此时也有转变。因此接着谈到它的自主性或独立性。主要的是，这时佛学已不是中国文化的附属分子，它已能自立门户，不再仰仗他力。汉代看佛学不过是九十六种道术之一；佛学在当时所以能够流行，正因为它的性质近于道术。到了魏晋，佛学则倚傍着玄学传播流行；虽则它给玄学不少的影响，可是它在当时能够存在是靠着玄学，它只不过是玄学的附庸。汉朝的皇帝因信道术而信佛教，桓帝便是如此。晋及南朝的人则因欣赏玄学才信仰佛教。迨至隋唐，佛教已不必借皇帝和士大夫的提倡，便能继续流行。佛教的组织，自己成为一个体系。佛教的势力集中于寺院里的和尚，和尚此时成为一般人信仰的中心。至于唐朝的皇帝，却有的不信佛教。高祖仅仅因某种关系而中止毁灭佛教。唐太宗也不信佛教，虽非常敬爱玄奘，但曾劝过玄奘还俗。玄奘返国后，着手翻译佛经，要求太宗组织一个翻译团体，太宗便拿官话搪塞玄奘，意思是你梵文很好，何须他人帮忙。据此，足见太宗对佛教的态度如何了。玄宗虽信佛教，可是信的是密宗，密宗似道教，实际上信道教才信佛教。唐朝士大夫信佛教的也不多，即有信者也对于佛学理论极少造诣。士大夫排斥佛教的渐多，且多为有力的分子。加以道教的成立，使阴阳五行的学者另组集团来反对佛教。儒教则因表现在政治上，和佛无有很大关系。因之佛教倒能脱离其他联系，而自己独立起来。另一方面，佛教这种不靠皇帝士大夫，而成独立的文化系统、自主的教会组织，也正为它的衰落的原因。即缘佛教的中心仅集中于庙里的和尚，则其影响外界便受限制。和尚们讲的理论，当时士大夫对之不像魏晋玄学之热衷；平民信仰佛教的虽多，然朝廷上下则每奉儒教，不以事佛为主要大事。这些实在都是盛极必衰的因子。本来佛学在中国的表现，一为理论，二为解决生死问题，三为表现在诗文方面的佛教思想。可是到了向下衰落的时候，理论因其精微便行之不远，只能关在庙里；而生死问题的解决也变为迷信。这时只有在文学方面尚可资以作为诗文的材料，韩昌黎虽然排佛不遗余力，倒尝采取佛学材料作些诗文赠给和尚。

最后谈到系统化。印度佛教理论，本来有派别的不同，而其传到中国的经典，到唐代已甚多。其中理论亦复各异。为着要整理这些复杂不同的理论，唐代的佛学大师乃用判教的方法。这种办法使佛教不同的派别、互异的经典得到系统的组织，各给一个相当地位。因此在隋唐才有大宗派成立。过去在南北朝只有学说上的学派（Sect）。例如六朝时称信《成实论》者名成实师，称信《涅槃》者名涅槃师。而唐朝则成立各宗，如天台、禅宗等等，每宗有自己的庙，自己的禁律，对于佛学理论有其自己的看法。此外每一宗派且各有自己的历史，如禅宗尊达摩为祖宗，代代相传，像《灯录》里所记载的。这也表明每派不仅有其理论上的特点，而且还有浓厚的宗派意识，各认自己一派为正宗。此种宗派意识，使唐朝佛教系统化，不仅学术上如此，简直普及到一切方面。华严、天台、法相三宗，是唐朝最重要的派别。另一为禅宗，势力极大。天台、华严不仅各有一套学理，并且各有一个全国性的教会组织，各有自己的谱系。华严、天台、法相三宗发达最早。华严上溯至北朝，天台成于隋。它们原来大体上可说是北统佛教的继承者。禅宗则为南方佛学的表现，和魏晋玄学有密切关系。到中唐以后，才渐渐盛行起来。原来唐朝佛学的种种系统，虽具统一性，但是南北的分别，仍然有其象迹。唐朝前期佛学富北方的风味，后期则富南方风气。北统传下来的华严、天台，是中国佛学的表现；法相宗是印度的理论，其学说繁复，含义精密，为普通人所不易明了。南方的禅宗，则简易直截，明心见性，重在觉悟，普通人都可以欣赏而加以模拟。所以天台、华严那种中国化的佛教行不通，而来自印度的法相宗也行不通，只有禅宗可以流行下去。禅宗不仅合于中国的理论，而且合乎中国的习惯。当初禅宗本须坐禅，到后来连坐禅也免去了。由此也可见凡是印度性质多了，佛教终必衰落，而中国性质多的佛教渐趋兴盛。到了宋朝，便完全变作中国本位理学，并且由于以上的考察，也使我们自然地预感到宋代思想的产生。从古可以证明；犹之说没有南北朝的文化特点，恐怕隋唐佛学也不会有这样情形；没有隋唐佛学的特点及其演化，恐怕宋代的学术也不会那个样子。

综论各宗

中国佛教史料中，有所谓"十宗""十三宗"之说，本出于传闻，而非真相。盖与中国佛教宗派有关，于汉文资料中所称为"宗"者，有二含义：一指宗旨之宗，即指学说或学派。如中国僧人对印度般若佛学之各种不同解释，遂有所谓"六家七宗"，此所谓"宗"者，即家也，如"儒家""道家"之"家"。"本无宗"者，即"本无家"；"心无宗"者，即"心无家"。又如讲说各种经论之经师、论师之学说，遂有"成宗论宗"之名，此论宗者，盖以所崇所尊所主名为宗。上此均是学说派别之义也。一指教派，即指有创始人、有传授者、有信徒、有教义、有教规之宗教团体，如隋唐时之天台宗、禅宗、三阶教等，此皆宗教之派别，盖所谓"宗"者指此。隋唐以前中国佛教主要表现为学派之分歧；隋唐以后，各派争道统之风渐盛，乃有各种教派之竞起。兹就此问题论述于下。

一

　　南北朝时，译出佛教经典益多，有大乘，有小乘。大乘空宗有《般若》"三论"、《维摩》《法华》，大乘有宗有《华严》《涅槃》；小乘即有沙婆多之诸论，又有《成实论》之空理。出经既多，译人复有传授，故讲习经论之风大盛。东晋佛学尚清通简要，主张得鱼忘筌，是以道生注《法华》仅有二卷。逮至齐梁，僧人务期兼通众经，讲说盛行，法云《法华义疏》现存八卷，刘虬《法华注》著录十卷。前此僧人以能清谈玄理见长，而今则以能讲说经论知名，于是有众多之经师、论师。兹据慧皎《高僧传》，举二、三僧人以说明当时经论讲习之情况。《高僧传》卷八《慧基传》曰：

> 释慧基……初依随祇洹慧义法师，……宋文帝……为设会出家，舆驾亲幸，公卿必集。基……学兼昏晓，解洞群经。……游历讲肆，备访众师。善《小品》《法华》《思益》《维摩》《金刚般若》《胜鬘》等经，皆思探玄赜，……提章比句。……及义亡后，资生杂物，近盈百万，基法应获半，……唯取粗故衣钵。……遍访三吴，讲宣经教，学徒至者千有余人。……后周颙荏剡，请基讲说。……刘瓛、张融并申以师礼，崇其义训。司徒文宣王……致书殷勤，访以法华宗旨，基乃著《法华义疏》凡有三卷。及制门训义序三十三科，并略申方便旨趣，会通空有二言，及注《遗教》等。……乃敕为僧主掌任十城，盖东土僧正之始也。……基弟子德行、慧旭、道恢，并学业优深，次第敷讲，各领门徒，继轨前辙。

　　据此，当时佛教势力扩展，经论之讲习甚盛，僧人广访众师听讲，而本人亦渐以讲经知名，且各有专精。慧基之于社会享盛名，因其于《法华经》独步一时，然亦仅"提章比句"，非自有创造也。其弟子亦不过各处听讲，并自己讲说，然非必继承其师之学说也。慧基之弟子慧集即是如此。《高僧传》卷八《慧集传》略曰：

> 释慧集……年十八……出家，随师慧基法师受业。……学勤昏晓，未尝懈息，……遍历众师融冶异说，三藏方等并皆综达，广访《大毗婆沙》及《杂心》《犍度》等，以相辩校，故于《毗昙》一部擅步当时。……每一开讲，负帙千人，沙门僧旻、法云并名高一代，亦执卷请益。今上（指梁武帝）深相赏接。……著《毗昙大义疏》十余万言，盛行于世。

据此，慧集与其师慧基无别，仅师专精《法华》，而弟子则以《毗昙》知名而已。且可知，当时所谓义学僧人，只擅长讲经，并未开创新说，可以继承也。

经论讲习之风既盛，故僧人讲经次数之多，实可惊人；而讲经既多，于是章句甚繁，而有集注产生。有宝亮者，"讲众经盛于京邑，讲《大涅槃》凡八十四遍，《成实论》十四遍，《胜鬘》四十二遍，《维摩》二十遍，其大小品十遍，《法华》《十地》《优婆塞戒》《无量寿》《首楞严》《遗教》《弥勒下生》等亦皆近十遍。黑白弟子三千余人。……开章命句，锋辩纵横"（《高僧传》卷八《宝亮传》）。宝亮讲经论次数之多，或有夸大，但足见刘宋后僧人之风气也。时梁武帝且自讲经，又敕撰《涅槃集注》，有七十一卷，所集注疏十九种。此皆佛教经学形成之标志。故而其时有涅槃师、成实师或成论人、毗昙师或数人等名称。虽讲涅槃者所宗为《涅槃经》，讲成实者所宗为《成实论》，讲毗昙者所宗之经论为《杂心论》等，而于隋唐以前中国佛教之撰述中，涅槃宗、成实宗、毗昙宗实极罕见。兹据所知，引书三条如下：

（一）《续僧传》卷十《靖嵩传》曰：嵩在北齐时，因"唯有小乘，未遑详阅，遂从道猷、法诞二大论主，面受成、杂两宗"云云。此处谓成实宗、杂心宗显系指此两部论所说之理论而已。

隋唐佛学　279

（二）日本僧人安澄于801至806年撰《中论疏记》卷一述旧地论师所说之四宗略曰："一、因缘宗，后人名毗昙宗；二、假名宗，后人名成实宗（下略）。"又按窥基（632—682年）《法苑义林》叙四宗有曰："夫论宗者，所崇所尊所主名为宗。古大德总立四宗：一立性宗，杂心等是；二破性宗，成实等是（下略）。"合上两段观之，安澄所谓之毗昙宗，即窥基之"杂心等"论也；安澄之成实宗，即窥基之"成实等"论也。又失名之《摄大乘义章》卷四数言"成实论宗"，可知成实宗即是"成实论宗"之省文也。又安澄书中引有宗法师《成实义章》，聪法师《疏》《成实论大义记》，基师《阿毗昙章》，此当即安澄所指之"后人"名为成实宗、毗昙宗者也，亦即成实师、毗昙师之说也。

（三）吉藏常言及"毗昙师""杂心师"，然亦曾用"毗昙宗"之名。《三论玄义》卷上有曰："依毗昙宗三乘则同见四谛，然后得道。就成实义，但会一灭，方乃成圣。"此毗昙宗显系即毗昙理论之义，而成实义之"义"尽可改为"宗"字也。"涅槃宗"最早见于《涅槃经集解》卷六，其文引南齐道慧曰"佛开涅槃宗"。次唐元康之《肇论疏》有曰："依涅槃宗，而说涅槃"。此两处盖均指《涅槃经》之宗义也。

总上三条，所谓"宗"者皆是"宗旨""宗义"之义，故一人所主张之学说，一部经论之理论体系，均可称曰"宗"。从晋代之所谓"六家七宗"至齐梁周颙之"三宗"皆指佛教学说之派别（学派），实无隋唐以后之佛教教派之意义。

二

南朝佛教讲说之风既盛，而由于印度佛经传入之先后，以及所据印度经论之不同，或于经典解释之各异，遂渐成佛教各种学说之派别。于此据史料以推求其中之演变，当可更明了晋至隋唐间经论流行之情形，及学派间之分歧，并可进一步证明中国佛教宗派之形成盖在隋唐以后，而所谓"十宗""十三宗"之说实是误传。

（一）在鸠摩罗什到长安以前，较流行之佛经主要有两种：先是安世高所译之小乘毗昙，最要者为安般禅法，道安《安般注序》谓"安世高者博闻稽古，特专阿毗昙学，所出经禅数最悉"（《祐录》卷六）；次为般若经（大乘方等），有《道行》《放光》《光赞》等，按《渐备经序》曰："大品出来虽数十年，先出诸公略不综习，不解诸公何以尔。……大品顷来，东西诸讲习无不以为业。……"（《祐录》卷九）此谓大品出来研习者少，当系因小品较为流行，即以《世说·文学》中言及小品者三四次，而未及大品，亦可知矣。至于般若流行之原因，如道安所说，"以斯邦人老庄教行，与方等经兼忘相似，故因风易行也"（《鼻奈耶经序》，《大正藏》卷二十四）。般若说"空"，晋人对此已有种种解释，王洽与支道林书："因广异同之说，遂令空有之谈纷然大殊，……"（《广弘明集》卷二十八上）僧肇《不真空论》亦曰："故顷尔谈论，至于虚宗（即空宗）每有不同。"据僧叡《维摩经序》谓其时虚宗不同之谈论已有六家（《祐录》卷八）。而所谓"空有之谈"，则亦包括佛学中之般若与毗昙也。盖在道安晚年罗什未至之际，小乘有部毗昙已有译出。《世说·文学》记提婆在东亭第讲《阿毗昙》，僧弥更就余屋自讲。东亭、僧弥均王洽之子，并均参与有部阿毗昙之译出。以上为东晋时佛教流行之情况。

（二）自东晋末至南齐，周颙又概括其时谈空之学派为"三宗"，而三宗则已包括成实论之小乘空，不仅大乘般若空教也。永明七年齐竟陵王招京师名僧数百讲经及十诵律。时周颙作《钞成实论序》略曰：

> 寻夫数论之为作也，虽制兴于晚集，非出于一音。……顷《泥洹》《法华》，虽或时讲；《维摩》《胜鬘》，颇参余席；至于大品精义，师匠盖疏；十佳渊弘，世学将殄，皆由寝处于论家，求均于弱丧。

据此，可知南朝宋齐间佛学讲习之概况。又按《高僧传》卷八《智林传》有智林致周颙书曰：

> ……贫道捉麈尾以来，四十余年，东西讲说，谬重一时，其余义统，颇见宗录，唯有此途，白黑无一人得者。

所谓"此途"指周颙《三宗论》之第三宗，即罗什在关中所译之《中》《百》《十二门》三论之理论。智林书盖谓其所讲习之其他义疏，皆为时人所研习，唯《中》《百》《十二门》之宗义尚未为人所注意。故据上述周颙《钞成实论序》可知时所注意之学问，除十诵律外，有《涅槃》《法华》《维摩》《胜鬘》《大品》《十住》《成实》等，而未及三论。又据智林书知其始注意《中论》《十二门论》等，而此论等"白黑无一人得"，故其时注意研习三论者甚少也。

（三）自南齐后，三论始大行南朝。时有北方僧人黄龙法度及其弟子辽东僧朗南来，始在摄山弘三论之学。僧朗之弟子僧诠讲《大品》、读三论，不开《涅槃》与《法华》。诠弟子兴皇法朗于江北得《大智度论》，始用之讲《大品》。可见《大智度论》南方原不流行，而摄山之讲四论始自兴皇法朗。此时三论之学大行于南北也。

又至隋初，据隋炀帝为晋王时尝致书智颙法师曰：

> ……若习毗昙，则滞有情著；若修三论，又入空过甚；《成实》虽复兼举，犹带小乘；《释论》《地持》，但通一经之旨，如使次第遍修，僧家尚难尽备，况居俗而欲兼善。当今数论法师无过此地，……（《国清百录》五十）

所谓"数论法师"，应指江都智脱（见《续高僧传》卷九，脱善《成实》）；《释论》即《大智度论》，乃大品经之释论；《地持》即《出瑜伽十地论》本地分中之"菩萨地"，隋慧影谓《地持》是弥勒世尊所造，以释十地"，亦为当时北方流行之经典。按杨广所言，虽非对当时所讲习全部经典之分析,然亦可看出当时之风尚。

(四)吉藏《百论疏》曰:

> 大业四年,为对长安三种论师,谓《摄论》《十地》《地持》三种师,明二无我理及三无性,为论大宗,今立此一品(破空品),正为破之,应名破二无我品及破三无性品。……

下文又曰:

> 吉藏昔在江左陈此品有十七条,年老多忘,故略述一二数耳。

据此可知吉藏在南方曾讲破空品,大业四年在长安又讲。此所谓"大宗",即指所弘之三论宗义。吉藏以其三论宗义破《摄论》《十地》《地持》三种师所明之二无我、三无性义,"建立三论,欲申正教"。盖吉藏以三论为大宗、为正教,而其余宗义如摄论师等,则非正教,均是小宗。

吉藏于仁寿之终,奉敕撰《维摩经义疏》(即《广疏》),文中曰:

> 问:义宗已盛谈不二,未详不二是何等法?
> 答:有人言不二法门即真谛理也。此成实论师所用也。
> 有人言不二法门谓实相般若。实相是真谛理,能生般若,故名般若,此智度论师之所立也。
> 有人言不二法门阿梨耶识。此云无没识,此旧十地论师之所用也。
> 有人言不二法门阿摩罗识。此云无垢识,摄大乘师真谛三藏之所用也。
> 四宗之内初二约境,后二据心。

隋唐佛学　283

据文中"义宗"即为义理之宗,盖谓理论之派别也。所说四宗即:成实论师、智度论师、旧十地论师及摄大乘师,故四宗者即四种论师,如前引之"三种论师"也。查史料,隋时吉藏既用成实论师或成论、毗昙师、数论师等。均正《四论玄义》用成实论师等亦多,言某某宗则甚少(多在十卷),卷六有成实论等义宗,或成实论师宗,或诃梨宗,但并不多见。且此所说"宗"非指宗派,而指诃梨所著之成实论学说或讲成实论者之学说而已。隋智顗《摩诃止观》、中唐湛然《辅行弘决》均收材料甚多,而亦未言成实宗等,仅有成论、成论师、摄师、地师(或地人)、摄大乘、数人(毗昙师)等,且不多见。

(五)据上二项之资料,如杨广说隋时有毗昙、三论、《成实》《释论》《地持》诸种经论之宗义;吉藏说有摄论师、十地论师、地持论师、大智度论师及成实论师等。此盖为隋时流行之佛教学问也。而三论与《大智度论》均印度龙树义,常合称为"四论",而有"四论师"之称。其于义理与三论师无不同,著作仅存有均正《四论玄义》。均正生平不详,或为慧均僧正之简称,《四论玄义》当作于隋朝。

吉藏于《大乘玄义》述佛性十一家,《四论玄义》则说佛性义宗本三家、末十家,反复讨论,其文甚长,可见其时涅槃佛性义争执甚烈。均正于破斥十家(大都是成实论师)后,有文曰:

(成实)问:十家亦引经,汝亦据经,何独汝是他非耶?

(三论)答:此事如世娘婢二子争父家业,为岂相类也。又今家禀南天竺学摩诃衍龙树之风,彼依罽宾学小乘诃梨之论。又《地》《摄》二论学有得,大乘师宗已悬绝,汝学《成》《毗》与《地》《摄》论,我学三论,我论初命章《十二门论》云"今当略解摩诃衍",《中论》初亦云"如摩诃般若波罗蜜中说",汝论初命章云"何故造此论我欲正论三藏中实义"。

(成实)问:若尔,岂悬绝?……

……（答词略）

此道统之争演为谩骂，然亦仅以分大乘小乘，说对方差不如已。虽所谓对方有摄、地、成、毗诸师，然主要攻击对象是成实论师，故着重指出成实论为小乘之学。学派之分歧发展至此，已有向宗派过渡之趋势也。

（六）中国佛教学说之争执，最后表现为传法定祖问题。三论学于摄山时代已力言其为"关河相承"，后又谓其为龙树嫡传。至隋硕法师《三论游意义》始列其传法次第，文略曰：

传持法藏，始末有三十二人也。始自迦叶，终于师子比丘也。……马鸣付属何人……提婆去世，付属罗什，如是相承乃至师子比丘也。（此系据《付法藏因缘传》，然将鸠摩罗什列提婆之后，师子比丘之前，乃是硕法师之臆造也。）

下文又问法胜《毗昙》与诃梨《成实》等何人付属，答曰此诸论师均佛教异端，非传法藏，而为龙树之所破斥也。至于四论，则书中称之为"圣大宗，同申佛大教也"。

据上述六节资料，虽不甚系统，然已可约略看出：于南北朝时，特别在南朝，实仅有不同学说之流行，而尚无宗教派别之建立也。初中国僧人对于印度佛教各有不同之解释，提出不同之主张（称为"义门"或"义宗"），如"六家七宗论"及"三宗论"所列，盖此仅明学说上所有之诸派别，非宗派也。及至佛教势盛，译经益多，讲师辈出，每一讲席，听众动辄千人，而有各种经论之经师、论师，最知名者有"成实论师""三论师"等等。此各派之经师、论师有理论之分歧与争论，如上所述甚至形成道统之争，然亦仅可谓为学说之派别（学派），而非可谓为宗派（教派）也。至于学派与宗派之分别以及宗派之形成，于下略论之。

三

隋唐教派风起,因各派各有其理论和教义,故通称为"宗",如"法相宗""华严宗",又可称为"教",如"三阶教""天台教",各立其到达解脱之办法,故称"门"或"法门",如"禅门""净土门"。禅宗初为楞伽师,此亦说明教派之兴起,系继经论讲习之后。隋唐所谓"宗"(教派),遂与南北朝时学派之"宗"甚为不同,而实为真正之宗派也。此时宗派之特点与前此学说派别相较,盖为一有创始、有传授、有信徒、有教义、有教规之一宗教团体也。下先就成实论师、天台宗阐明学派与教派之不同,并论及其他相关事实。

南朝经论讲习之风盛行,遂有各种经师、论师出,兹举成实论师为列,以明论师之性质。成实论师者,盖指讲习《成实论》,并有关于《成实论》著述之名僧。据现存之有关资料,其时最著名之成实论师为梁三大法师庄严僧旻、开善智藏、光宅法云。而此三法师于佛教理论并无统一之解释,如于涅槃佛性种种方面各有各之说法,并不相同,甚至相反。天台智顗《摩诃止观》卷三言及成实论师,并斥庄严、开善二家曰:

> 昔庄严家云佛果出二谛外,此得片意,而作义不成……开善家云佛果不出二谛外,……作义复不成,……古来名此为"风流二谛",意在此。……

按湛然《止观辅行》卷三之三解释,谓此二成实论师,不解人有利根、钝根,一个说佛果出二谛外,一个说佛果不出二谛外,均是片意,作义不成,故古人称之为"风流二谛","风流者乃动止合仪"。智顗特出此事,意欲讥诮成论人无一致之学说也。灌顶《涅槃玄义》卷上论及此事亦云:"此皆成论师说,自相矛盾,不惬人情"云云。

此诸成实论师均仅为成论家否?亦非尽然也。吉藏《法华玄论》曰:"爰至梁始三大法师……大习数论(《成论》),遍释众经。但开善以涅槃腾誉，庄严以《十地》《胜鬘》擅名，光宅《法华》当时独步。"则是三大成实论师于大乘经均各另有专长也。古来相传成实判教为五时，此说本创自刘宋道场慧观，原与《成论》无关。又相传成实师所讲为八十四法，而《成实论》并无此说。周颙说《成论》是小乘，萧纲说是小乘兼大乘，三大法师均自说是大乘。总之，齐梁之世讲习《成论》为佛教最盛行之一风气，故可谓其为佛教学说之一大流派也。然其并无一统一之理论，不成系统，既无创始者（三大法师并无师承关系），亦无发祥地，《四论玄义》所谓"开善门徒""庄严寺门徒"，盖指两法师之弟子也。据此，仅可称之为学派，而不可称为宗派也。其余经师、论师有关材料不多，然其性质实与成实论师相同。

如前所论，三论师一方面有共同之学说，以其为无所得大乘，反对小乘及一切有所得大乘；另一方面自称是正教，此已不仅是一学派，而渐具有教派之性质也。至于真正之教派，则可以天台宗为例，以说明教派之性质。

智𫖮（即智者大师）所创立之学说，主要以《法华经》为依据。中唐湛然《法华经大义》云，此典"多有诸家，今暂归'天台宗'"，"天台宗"之名，始见于此，则天台宗固原为法华经师中之一家也。日本又称"天台宗"为"法华宗"或"天台法华宗"。宋天台沙门法照著有《法华三大部读教记》，所谓"三大部"者即指智𫖮所著之《法华玄义》《法华文句》及《摩诃止观》，故天台宗与《法华经》之关系可知矣。

智𫖮本是禅师，而晚岁（于隋开皇十七年，597年）三论学者嘉祥吉藏曾致请讲《法华经疏》（见《国清百录》一〇三）。按吉藏《法华统略》曰："……少弘四论，未专习一乘，私众二讲将三百遍（据《续僧传》作'三十遍'）。……"据此可知三论大师晚年始重《法华》，且佩服天台智𫖮《法华经疏》也。隋朝此两大法师，虽均讲法华，而其作风则甚不同。其一，吉藏为证成三论学说，破斥他家实甚多；智𫖮为建立其体系，费力甚勤，而极少涉及当时其他学说。故天台宗多

隋唐佛学　287

有创造，而三论师则偏于经论之发挥。其二，吉藏博学，偏重理论之研讨；智𫖮为禅师，所重在"止观法门"。按《续高僧传》列吉藏在"义学篇"中，列智𫖮于"习禅篇"，亦说明两人不同之所在。

《摩诃止观》篇首曰："止观明静，前代未闻"，此盖谓当时禅门极多，天台最胜。天台唱定慧双修，既重修行方法，又有理论体系。天台实以智者大师为教主（见《止观辅行》卷一），其禅法受之于南岳慧思。按开元廿六年《贞和尚塔铭》（《金石萃编》卷八十三）谓贞"受衡阳止观门"。又贞元中《楚金禅师碑》（见前书卷一〇四）亦谓"法华三昧，禀自衡阳，止观一门，传乎台岭"。可见唐代人均以衡阳慧思、天台智𫖮所传者为"止观法门"。

天台智𫖮徒党甚众，颇受陈隋两朝帝王之优遇。晚年在天台传法，其时已为僧众立制法，定忏仪，俨然一代教主（见《国清百录》一至七）。禅宗人亦以智者为天台教主（见《传灯录》二十七）。而天台宗是一有创始人、有教理、有教规、有修行方法、有徒众之团体，是为佛教中之大教派。

天台宗既成一大教派，自认为佛教正统，而有传法定祖之说。天台宗以慧思为慧文传法弟子，此事即有可疑，《佛祖统纪》卷六已有论述。而慧思弟子亦甚多，据唐初道宣《续高僧传》习禅篇论，其最著名之弟子为智璀，璀于《智𫖮传》中称为国师，《昙迁传》中称为"禅慧两深，帝王师表"。然自初唐后，天台智𫖮一系发扬光大，而智璀几湮没无闻矣。按《续僧传》论，此人似原有传，而今已亡矣。故天台于智𫖮前之正统，虽未闻有争执，然或有分歧必也。

《摩诃止观》云，慧文用心一依龙树《大智度论》，智𫖮卒前口述《观心论》亦有"稽首龙树师"之言，其后天台宗人推龙树为高祖。龙树为付法藏十三师，隋大业元年柳顾言《国清寺智者禅师碑》有"往大苏山请业慧思禅师，禅师见便叹曰：'忆昔灵鹫同听法华'"云云，据此天台法门不仅出于龙树，且直承佛祖矣。

天台宗至唐玄宗时，荆溪湛然前之传法次第，因《止观辅行》普门子序与梁肃《修禅寺碑》而固定。但风穴贞禅师明皇谥为七祖（见

《金石萃编》卷八十三），可知于玄宗时天台传法亦有两说。直至五代，吴越王追谥诸祖，荆溪之说遂为后人所公认，而风穴贞则早为人所遗忘矣。

陈至唐初即天台智𫖮、灌顶之时，中国佛教情形庞杂，而封建国家开始南北统一。其先因北周武帝毁法，僧徒大量南下，其后隋帝统一，复召天下名僧入关。于此种庞杂而趋于统一之情况下，而庞大之佛教统多出矣，天台宗、禅宗于是乎出世。就天台宗说，先是慧思本北方禅师之一，而传法于南，继之智𫖮本系南人，而就学于北。南方经论讲习之风气与北方注重宗教行为，并集于彼等之一身，盖慧思、智𫖮等非但为禅师，且兼义学。而智𫖮则已于经论、禅定、戒律均有其建树，并综合为系统，建成一大教派。

以经论说，智𫖮以讲《法华经》出名。其弟子灌顶，据《续僧传》记载，亦讲《法华》，并谓此天台二大师所讲《法华》"跨朗笼基，超于云印"。《法华经》旨在会三乘于一乘，为"判教"学说有关经典之一。智𫖮于判教在研讨前人种种学说后，而建立其"四教义"（参看《四教义》卷一"古来诸师讲说"段及《四教义缘起》，《大正藏》卷四十六）。

于禅定，智𫖮将佛经种种禅法纳于其止观理论而建立一复杂系统。其中并取当时之某种禅法，如《修习止观坐禅法要》所言之"六种气"，一吹、二呼、三嘻、四呵、五嘘、六呬（《止观辅行》卷八之二于此有释，但六字不同）。此种禅法亦见于《道藏经》中，或原出中国道教行气之法，而为智𫖮所吸收。

于戒律，天台宗为菩萨戒之提倡者。菩萨戒之入中国，系由于罗什译《梵网经》及昙无谶译《地持经》。按《弘明集》载姚兴敕尚书令姚显夺道恒、道标法服，令还俗从政，有"释罗汉之服，寻菩萨之迹"之语，则似还俗后受菩萨戒。又《高僧传》载昙无谶曾为法进受菩萨戒，则沙门亦可受菩萨戒也。《梁书·江革传》载"高祖（即萧衍）盛于佛教，朝贤多乞求受戒"，江革因其劝告而受菩萨戒。沙门慧超亦奉诏受戒（见《续僧传》）。可知菩萨戒于萧梁时期，由于梁武帝之提倡，盛行于朝堂。又据《陈书》载江总从钟山灵曜寺则法师受菩萨戒，姚察从明庆寺尚禅师受菩萨戒，均在梁武帝时。《续僧传·智𫖮传》载智𫖮"手度僧众四千余人……受菩萨戒者不可称记"。《国清百录》记载陈少主、隋晋王杨广及徐陵等，均从智𫖮受菩萨戒。日本《法华宗章疏目录》著录有慧思《受菩萨戒文》一卷，又《四明尊者教行录》卷一载有"受菩萨戒仪"内称"西天国王登位，百官上任，并先受此菩萨戒"等语。由此可见，菩萨戒当为天台宗之重要宗教活动，而其政治势力则在统治者之当权人物也。

须知宗派之兴起，故基于统治阶级当权者之提倡，亦在于广大民众之信仰，信之者愈多，则更易于受统治者利用。中国之宗派，其于广大民众中有较大之影响者，为禅宗与天台宗。以禅宗而论，以不立文字、摒弃烦琐教义及规仪而行其教，因之易于在大众中流行，为我国历史上最盛之一佛教宗派。至于天台宗，则须注意其与民间流行之神灵崇拜之关系。神灵崇拜古称"祠祀"，为解决家庭苦难，有"司命""皂神"；为解决地方之困难，有"里社""城隍"。佛教传入中国随之而来亦有种种神之崇拜，如华严宗之文殊，法相宗之弥勒。隋唐之际，观音菩萨、阿弥陀佛，已是民间流行之崇拜对象。天台宗则因《法华经》故特奉观音菩萨，谓为救苦救难之菩萨也。智𫖮尝制"请观音忏法"（见《国清百录》第四），而念佛三昧，往生极乐，亦谓曾为智者大师所奉行（见法照《五会念佛诵经观行仪》卷五）。按念佛拜菩萨于民间之广泛流行，盖亦因集会结社之兴起，此在唐以前已有流行。北宋省常慕庐山莲社之风，于杭州西湖结"净行社"；天台四明知礼结"念佛会"，聚僧俗男女一万人。每年定期建会，按日念佛名一千声（见《四明教行录》卷一），足见天台宗于民众中影响之广大。

四

佛教宗派之为教派，其标志之一，即自以为是传法之道统。而道统之争当与南北朝时道教与佛教之争有关。至五世纪，南北均有叙述佛教法统之著作，如《付法藏因缘传》，现存六卷，题为"北魏吉迦夜共昙曜译"。查书内容疑系太武帝毁法时为证佛教法统，据旧记编纂而成。按佛教流行中国后，中国人常疑其真实性，《老子化胡经》之说早已流行。太武帝毁法时所下诏书有云，佛法本汉人无赖子弟刘元真、吕伯疆所伪造。故该书或是其时佛徒为复兴佛法、辟斥此类言论而编撰。南方流行有关传法之记载，当为《萨婆多部相承记》，亦称《萨婆多部记》，此系僧祐采集古今记载编纂而成。此书现佚，《出三藏记集》卷十二尚存其序及目录。

中国佛教宗派兴起之后，各派常引《付法藏因缘传》及《萨婆多部记》为争法统之根据。然二书性质并不相同，《付法藏传》本是在说佛法之代代相传；而《萨婆多部记》则仅叙萨婆多部师之传记，即为萨婆多部十诵律传授之史料汇编也，而非叙述佛教法统之历史。

在中国佛教宗派史中，传法为一关键性概念，于隋唐后方盛为流行，前此则不然也。此在佛书中称为"传灯"，老子称为"袭明"。按早期道教并不特重师资传授，《抱朴子》的《金丹》《勤求》诸篇，自言得道书于郑君，而以得金丹则须由勤求。至于印度佛教部派，只重学说之同异，而甚少言及师承（如《异部宗轮论》）。而中国佛教于隋唐以后，师资传授乃渐受注意。前此汉晋之际，佛法初行，僧人有师徒关系而无传法之说。道安晚年文中颇有怀念其先师之语，与其弟子慧远别时亦颇多训勉。至于鸠摩罗什门徒众多，于僧肇颇赞美其文辞，谓"余解不谢子，词当相挹"；于僧叡则称美其理解"不问而解，可称英才"，均未言传法。罗什以后，僧人往来各地访师问经，讲者持经敷讲，学者按文研读，此仅经论之传授，与后之所谓传法意义大不同。兹举《续僧传》所载三数事以辨明：

（一）《法敏传》载，兴皇法朗将死，与门徒言后事，令推举一人继主讲座，所举悉不当意，乃自举茅山明法师，众人骇异，私议法师他力扶矣。及明法师就讲座，叙十科义，大众惬服，称为"兴皇遗嘱"。又《道庄传》载，庄学成实于彭城琼法师，琼因年疾"特欲传

隋唐佛学　291

绪，通召学徒，宗猷顾命"。众人属望于庄，琼言"恐其徙辙余宗"，后庄果从兴皇法朗学大乘四论。据此二事可见其时讲座继续之情形。

（二）《智琚传》载，智琚遍学经论，从师甚多，自谓"学无常师"。尝听坦法师讲《释论》，及坦将逝，以五部大经付嘱，后琚亦常以之敷讲。琚将死，又以《华严》《大品》《涅槃》《释论》四部义疏付嘱其入室弟子法衍。

（三）《法恭传》载，"听余杭宠公讲《成实》，屺公《毗昙》，逮宠将亡，乃以麈尾付嘱，……恭既受法寄，相续弘持"。

"遗嘱""付嘱"，本出于佛经，吉藏《法华经义疏》卷十一《嘱累品》释曰："嘱累有二，一以法付人，二以人付人。"据上引三条，唐代前所谓付法者，盖指可继续其师讲经论之僧人，所付者为经论之讲解或所著述之义疏，至或以麈尾付嘱以为象征。

"付法"一词，至隋唐天台宗、禅宗等兴起之时，实含有新义：一则立宗者自称其继承佛之正统，常引《付法藏传》以证明。如时有疑《唯识》《摄大乘论》《法华经论》是否可信，吉藏释曰此三书作者天亲于付法藏中有其人，是故可信（见吉藏《法华玄论》卷四）。天台宗传授史则是据龙树为付法藏第十三人。禅宗传授史亦据《付法藏传》《萨婆多传》等。再则因禅定盛行之影响，传法遂有神秘之意义，与名相解释之学不同。天台特重因禅发慧，智𫖮诣慧思受业心观，得法华三昧，思曰："非汝莫感，非我莫识。"而禅宗顿教，更是以心传心，秘密相传，不著一字，其后参禅棒喝，皆为其顿悟学说之体现。此与前之讲习之学，读经说法，以之相传，大不相同也。

传法概念之形成，与宗派之兴起有关，而宗派形成之原因甚为复杂，须具体研究。如鸠摩罗什传大乘空宗之学，佛陀跋陀罗传一切有部之禅法，法自不同。在长安时，有姚兴、姚显、僧略、僧肇等之倡导，罗什之学极盛，佛陀跋陀罗为之排斥，摈至南方，赖庐山慧远等之维护，得行其道。而后原在长安盛极一时之空宗，于北方渐衰，反因江南梁武帝提倡并自讲《大品》，遣人摄山学三论，而罗什之学又盛于南朝。北魏末年，外族统治者习汉人治天下之术，重视儒学，而流行之佛学为毗昙有宗。故一种学说之盛衰，原因甚多，有世风之故，有政治之因，均须一一详研。

及至南北朝末年，如前所述，中国佛教宗派渐兴，有由学派进而为教派者，如三论宗；有新兴之教派，如天台宗，其主要标志实为道统之争。此种新风气，或与其时佛教内部庞杂之情形有关。天下讲席林立，各种观行禅法并起，引起种种对抗，甚至杀害，如：

（一）《续僧传》十五载，释灵叡传三论之学，在蜀部讲之二年，"寺有异学，成实朋流"，恨三论常破成实，两次谋杀不果。可知二派积恨之深。

（二）《续僧传》十六载，僧可（即菩提达摩弟子慧可，禅宗二祖）到邺都行道，先有道恒禅师，定学"王宗邺下，徒侣千计"，因争徒众，深恨于可，"货赇俗府，非理屠害，初无一恨，几其至死，恒众称快"。《传》又载僧可被贼断臂。

南岳慧思有所谓《立誓愿文》（见《大正藏》四十六卷）亦述为恶僧毒害四次未死事，此与慧可断臂不死，故同示其禅定功夫之效力。但此文用佛教末法纪年则甚可注意，如说慧思生于末法八十二年，末法一百二十年于淮南被毒害等等。按南北朝时，佛教内部杂乱败坏，而大谈象法末法，有《法灭尽经》述末法时代之状况，言及"众魔比丘"害进德法师云云（见《释迦谱》卷五）。慧思文亦暗示其为正法，故为"诸恶比丘"所害。此与智𫖮、灌顶象法时"三师破佛法"之说，均可证明其时僧众中各派系互相倾轧之烈。宗派之形成，亦始于此乎？

隋唐以后，宗派势力既盛，僧人系属各宗，时至壁垒森严，澄观尝受学于天台湛然，后华严人推为四祖，天台人愤激，至詈之为"叛出"（见《释门正统》）。寺院财产亦有所属。隋唐时，有所谓三阶院，以及中储财物之"无尽藏"皆属于三阶教；江浙一带寺院多属天台宗，且因智𫖮故，天台山亦属天台宗派；因澄观故，五台山则为华严宗之圣地。此种情形，或亦为隋唐宗派发达之因也。

五

据上文所言，印度佛教来华后，经典译出渐多，中国信徒于此（主要为般若）了解不同，提出各种主张，名之曰"宗"，如"六家七宗"。其后经论研讨日盛，因有"涅槃经师""成实论师"，以及其他经师、论师，此经论之理论，时或亦称为"宗"。及至陈隋，经论讲习既久，遂生变化。非但有新创造之理论，且形成新起之宗教集团，而有佛教之各种教派，此亦名"宗"。故问中国佛教之历史中有几宗，则须先明确所说为何种意义上之"宗"。以下据有关汉文史料，讨论中国佛教史上究竟有多少教派意义上之"宗"。

中国近七十年来有关佛教宗派问题之记载多系抄袭日本，因先述日本有关此问题之记载。日本僧人关于诸宗记载甚多，于此未能详研，姑先述其重要之点供参考。

中国佛教传至日本，于七世纪初，圣德太子所撰《三经义疏》尝引光宅法云、谢寺次法师之说及僧肇之《维摩经注》，可见中国经师论师之学已传入日本。而此书未提及成实论、三论，而言及五时教。日本古书记太子知经部、萨婆多两家，或者系因其读过《成实》《俱舍》二论也。七世纪末乃有古京（南都）六宗，至九世纪有八宗，据圆珍（814—891年）撰《诸家教相同异集》曰："常途所云，我大日本国总有八宗，其八宗者何？答：南京有六宗，上都有二宗，是为八宗也。南京六宗者：一、华严宗；二、律宗；三、法相宗；四、三论宗；五、成实宗；六、俱舍宗也。上都二宗者：一、天台宗；二、真言宗。"（《大正藏》卷七十四）

空海、最澄约于805年来华，空海（774—835年）为日本密宗之开宗者，最澄（767—822年）乃日本天台宗之创始人。上文"上都二宗"之建立盖为二大师归国后之事。至九世纪，安然（841年生）作《教时诤》（《大正藏》卷七十五），则加禅宗合为九宗矣。

中国佛教教派初传日本，其国僧人常对新来宗派发生疑问。天台宗传日本甚早，但据《元亨释书》卷一，807年最澄上奏加天台宗，并当时大乘四家华严、法相、三论、律为五宗，此为日本天台宗成立之始。密宗传入日本后，据圆珍《大日经指归》(《大正藏》卷五十八）载叡山学徒曾致书中国天台山广修、维蠋疑《大日经》之地位（其问答见《万字续藏》天台著述部中，问者系圆澄）。至于禅宗、净土于其传入时，日本亦曾讨论其是否为宗。

佛教传入日本，系于由梁至唐之世，时中华恰值佛教由经论讲习甚盛至教派兴起之时，最初传入日本之学说当为三论、《成实》《俱舍》，仍是经论之讲习，师说之传授。其后，唐初教派大起，天台、华严、法相、律、真言等新教，相继东去，并为日本统治者所承认，而将先后所传入之宗派等量齐观，并称为八宗。此八宗中，成实、俱舍实极微弱，而分别附于三论、法相，称为"寓宗"，其他三论、天台、华严、法相、律、真言六宗为本宗。相传天长七年（831年）敕诸宗各撰述其宗要，遂有所谓六本宗书。（名目见《大正藏》卷七十四《戒律传来记》）而成实、俱舍并未撰有书，可证其原不盛行也。又据《元亨释书》卷一最澄于延历二十五年奏准，"每年覃渥外加度者十二人，五宗各二，俱舍、成实各一"，可证小乘二宗人本有限也。八宗流行后，至宋日僧来华又多，以至净土宗、临济宗在日本之成立。

佛教历史之日本主要著述家为凝然（1240—1321年），原系华严宗人，号称通诸宗之学，著书有一千一百卷之多。其据日本当时流行之宗派情形，综合两国之书籍著作，大谈印度、中国、日本佛教宗派之历史，撰有《八宗纲要》（二卷）、《三国佛法传通缘起》（三卷）等。

《八宗纲要》系撰于文永五年（1268年），书中主要叙述日本自中国传入之八宗，如前所云。但是书末附有禅宗、净土宗一节，并谓"日本近代，若加此二宗，即成十宗"。

《三国佛法传通缘起》撰于庆长元年（1311年），书中叙述印度、中国、日本三国佛教传通事迹。于日本佛教仍只载八宗，于中国则依弘传次第举十三宗："一、毗昙宗；二、成实宗；三、律宗；四、三论宗；五、涅槃宗；六、地论宗；七、净土宗；八、禅宗；九、摄论宗；十、天台宗；十一、华严宗；十二、法相宗；十三、真言宗。"此中毗昙包括俱舍。

隋唐佛学

以上所述虽有有关日本佛教之历史，然可供研究中国佛教宗派史参证，故并论及。

中国佛教宗派之史料，中唐至北宋缺乏明确综合之记载。然于此问题可先略述"判教"之事实。其时判教者极多，各宗各据主见，于印度之经论，评其大小权实。虽列许多宗名，然不反映中国情况，故可不加重视，兹举其一种，以供参考。1958年日本出版《敦煌佛教资料》二二〇页载有无题失名残卷二十二行，文首略曰："世间宗见有三种：一者外道宗，二者小乘宗，三者大乘宗"，次略述外道、小乘宗及大乘三宗义。按其所说外道即"十六异论"。小乘原有二十部，但"毕竟皆同一见，执一切法有实体性"，此显主要指毗昙有宗。大乘三宗者，按其文"一胜义皆空宗"，似指三论或天台；"二应理圆实宗"，指法相唯识；"三法性圆融宗"，当指华严也。据本书作者之考证，此文与八世纪法成、昙旷所言略同，或为九世纪初之作品。此虽亦一种判教，然于开首既说"世间宗见"，则可说于八世纪以前中国有上述各宗义，而可注意者则无成实、俱舍、涅槃等义也。

南宋僧人始撰中国佛教通史，宗鉴著《释门正统》八卷，志磐继之作《佛祖统纪》五十四卷，二人均以天台宗为正宗，并述及余宗。其概略如下：

宗鉴之书系纪传体，列有本纪世家，载佛教教主及印度、中国之天台祖师事迹。立有八志，有顺俗志叙民间净土之崇拜；于弟子志中，除天台"正统"以外，并及其他五宗。另依《晋书》为"僭伪"（即他五宗）立载记，所谓"禅宗相涉载记"，"贤首相涉载记"，"慈恩相涉载记"，"律宗相关载记"，"密宗思复载记"。

志磐之书自谓撰写十年，五誊成稿，亦系纪传体，中有"法运通塞志"十五卷，为中国佛教之编年通史。另有"净土立教志"三卷，"诸宗立教志"一卷，此二志则系述净土教及达摩（禅宗）、贤首（华严）、慈恩（法相）、灌顶（真言）、南山（律）等五宗之史实。

宗鉴之书自序作于嘉熙元年（1237年），志磐之书自序成于咸淳五年（1269年），二书均较上述凝然所著为早。及至明天启元年

（1621年）释广真（吹万老人）《释教三字经》只述七宗，实沿志磐所说，即天台、净土二教及达摩等五宗也。

及至清末，海禁大开，国人往东洋者甚多，得见日本存有大量中国已佚之佛书，佛教学者一时视为奇珍。日人关于中国宗派之记载，亦从此流传。戊戌后，石埭杨文会（仁山）因凝然所著《八宗纲要》重作《十宗略说》，从此凝然所说大为流行。

观上所述，日本与中国之记载差别甚大。主要问题为日本记载谓中国有三论宗、成实宗、俱舍宗、涅槃宗、地论宗、摄论宗等。但于中国记载中，此等名称甚为罕见，而常见者则为成实师、摄论师等。即偶有之，亦仅指经论之宗义，或指研习某一经论之经师、论师。其中唯三论或可曰已形成教派。如以经论或经论师为"宗"，则中国流行之经论亦不止此数，如上引南齐周颙《钞成实论序》记当时经论流通之情形，有曰："《涅槃》《法华》，虽或时讲；《维摩》《胜鬘》，颇参余席。"中唐梁肃《智者大师传论》叙佛去世后事有曰："故《摄论》《地持》《成实》《唯识》之类，分路并作。"如以流行甚广为宗，则查《续僧传》，隋唐讲《地持》者极多，而吉藏《百论疏·破空品》有曰："大业四年为对长安三种论师，谓《摄论》《十地》《地持》三种师，明二无我理"云云。夫凝然既谓有地论、摄论二宗，何以独无地持宗耶？如以学说特殊为宗，《胜鬘》特主如来藏，则亦有胜鬘宗矣。且《俱舍》《成实》自智恺作《俱舍论序》以来，许多撰述均言《成实》《俱舍》同属经部，理论虽有差别，但在印度固出于一源也。然在中国"十宗"中成、俱分为二宗，在"十三宗"毗昙却包含俱舍为一宗，此类可疑之点，均待研寻。

由此可见，如成实论师、涅槃经师诸学派与天台、华严诸教派相提并论，则中国佛教必不止十宗或十三宗也。按凝然《三国佛法传通缘起》于述震旦十三宗后论曰：

> 古来诸师随所乐经，各事讲学，互立门辈弘所习学。若以此为宗，宗承甚多焉。或从天竺传来弘之，或于汉地立宗

传之，建立虽多，取广玩习不过十三。如上已列虽十三宗，后代浇漓，渐次废怠，所学不多。

据此凝然自言以经论之讲习为宗，而数目亦不定为十三，但其竟列为十三者，亦无具体说明，不过"取广玩习"耳。故于此或可得以下两点之认识：

第一，凝然学说之来历，实为有关日本佛教史之问题，尚待研究。然据所知，在中国齐梁之世经论讲习至为风行，成实论师，南北均多。真谛来华，译经于广州，《俱舍》亦流行于南北。两者传入日本后，日本僧俗掌权者俱认为宗，而《成实》《俱舍》之为寓宗及每年度人规定名额，均系由朝廷下诏。日本佛史学，遂将此二宗与华严宗等并列，视为中国传入之宗派。而凝然故而以为既成实与俱舍论师有宗，则涅槃、毗昙等等亦应为宗矣，遂有十三宗之说。然须知凝然之师宗性，尝抄录中国《名僧传》、撰日本《高僧传》，实未言及十三宗。宗性尝著《俱舍论本义抄》，有四十八卷之多，并未提及所谓"俱舍宗"及其史实。且与凝然同时之著作《元亨释书》只述及日本有三论等七宗，而称成实、俱舍、净土为寓宗，并未言及中国有摄论等宗，亦无十三宗之说。此均不能不令人怀疑，凝然之说出于自造也。

第二，关于中国佛教之宗派，盖应根据宗鉴、志磐之说，除天台宗外，有禅宗、华严、法相、真言、律宗等五宗，至于三论宗，虽已形成教派，但传世甚短。三阶教隋唐盛行于民间，应可认为教派。至于净土，则只有志磐谓其"立教"，但中国各宗均有净土之说，且弥陀弥勒崇拜实有不同，亦无统一之理论。又慧远结白莲社，只是唐以后之误传，日本僧人且有认净土初祖为昙鸾，并非慧远，而所谓净土七祖历史乃南宋四明石芝宗晓所撰，并无根据（见《佛祖统纪》卷二十六）。故净土是否为一教派实有问题（本书为方便见，暂于本章中列入），可见中国各种教派之情形亦互异也。

节选自《隋唐佛教史稿》，标题为编者所加

第六编

宋明理学

冯友兰

心与物是不可分的整体。
灵明能思者为心,延扩有形者为物。
心是主宰部分,物是工具部分。
心为物之体,物为心之用。
心为物的本质,物为心的表现。

一、周濂溪、邵康节

引道教中之思想入道学者，周濂溪、邵康节，其尤著者也。周濂溪，名敦颐（1073年卒），作《太极图说》。其图为：

《太极图说》云：

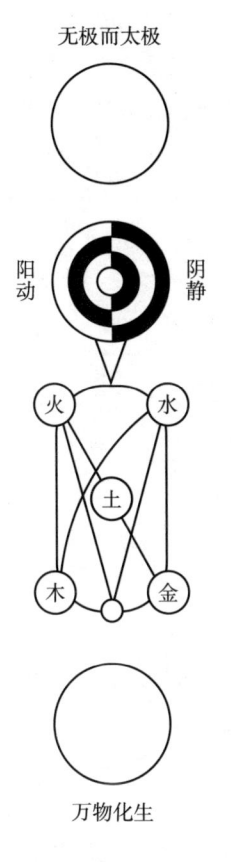

"无极而太极。太极动而生阳，动极而静，静而生阴，静极复动。一动一静，互为其根。分阴分阳，两仪立焉。阳变阴合而生水火木金土，五气顺布，四时行焉。五行一阴阳也，阴阳一太极也，太极本无极也。五行之生也，各一其性。无极之真，二五之精，妙合而凝。乾道成男，坤道成女。二气交感，化生万物。万物生生，而变化无穷焉。惟人也，得其秀而最灵。形既生矣，神发知矣。五性感动，而善恶分，万事出矣。圣人定之以中正

仁义（自注：圣人之道仁义中正而已矣）而主静（自注：无欲故静），立人极焉。"（全集卷一）

《易·系辞》云："易有太极，是生两仪。两仪生四象，四象生八卦。八卦定吉凶，吉凶生大业。"此图前段用太极生两仪之说，后则不用八卦而用五行。虽图说末尾赞《易》，而此图则非根据于《易》也。

周濂溪盖取道士所用以讲修炼之图，而与之以新解释、新意义。此图说为宋明道学家中有系统著作之一。宋明道学家讲宇宙发生论者，多就此推衍。

濂溪之太极图，即其象学也。濂溪有象学而无数学。康节则兼有象学及数学。康节名雍（1077年卒）。其宇宙论，大概亦即上所引《系辞》推衍，而又以图象明之。

蔡元定《经世指要》中有《经世衍易图》：

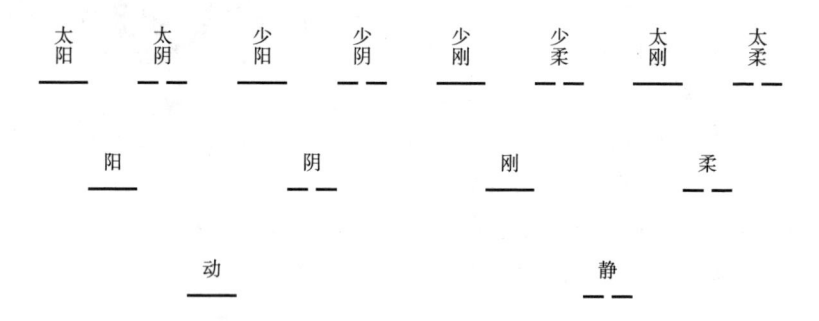

太阳	太阴	少阳	少阴	少刚	少柔	太刚	太柔
─	─ ─	─	─ ─	─	─ ─	─	─ ─

阳	阴	刚	柔
─	─ ─	─	─ ─

动	静
─	─ ─

此图有三层，看第二层（即中层）时，须连第一层（即下层）观之。如"阳"下之"─"，合"动"下之"─"为⚌，此即阳之象也。"阴"下之"─ ─"合"动"下之"─"为⚎，此即阴之象也。看第三层（即上层）时，须连第二层、第一层观之。如第三层如"太阳"下之"─"，合第二层"阳"下之"─"，及第一层"动"下之"─"，即为

一乾卦☰，乾即太阳之象也。如第三层"太阴"下之"--"，合第二层"阳"下之"—"及第一层"动"下之"—"，即成一兑卦☱，兑即太阴之象也。第三层"少阳"下之"—"合第二层"阴"下之"--"及第一层"动"下之"—"，即成一离卦☲，离即少阳之象也。如是八卦之次序：乾一、兑二、离三、震四、巽五、坎六、艮七、坤八。

康节云："太极不动，性也。发则神，神则数，数则象，象则器。器之变，复归于神也。"（《观物外》篇）太极不动，是性也。发而为动静，是神也。代表两仪之—及--，及四象之⚌、⚍、……及八卦之☰、☱、……是象也。一、二、四、八等是数也。天地日月土石等

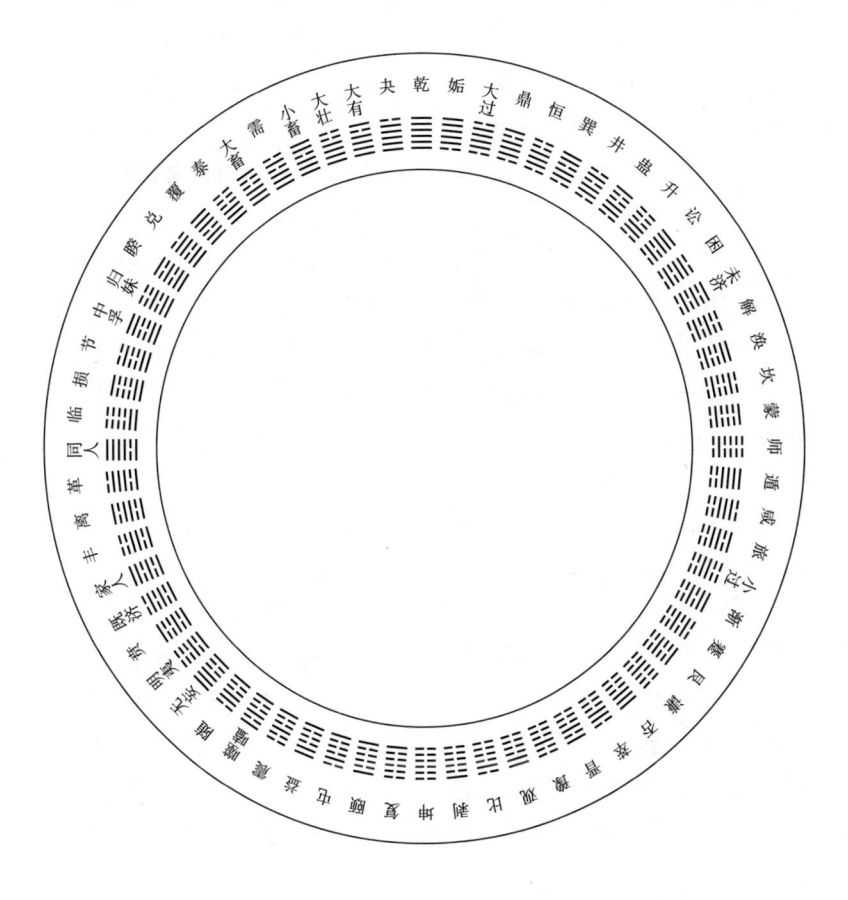

是器也。康节云:"神无方而易无体。滞于一方,则不能变化,非神也。有定体则不能变通,非易也。易虽有体,体者象也。假象以见体,而本无体也。"(《观物外》篇下)"器"即具体的事物,即所谓物也。"器"与神不同之处,其一即是"器"是决定的。如此物既是此物,即不能是彼物,所谓"滞于一方"之"定体"也。故易只言象,"假象以见体"。盖象为公式,而具体的事物,则依此等公式以生长进行者也。康节所说之图,皆所以表示事物生长进行之公式者也。

"一分为二,二分为四,四分为八,八分为十六,十六分为三十二,三十二分为六十四。"此数也。一至八之数所生之象,即上图所表示。八至六十四所生之象,若以图表示之,即为六十四卦次序之图(图略)。若将六十四卦次序图横排之六十四卦自中间断之,复将此两半各折成半圆,更将两半圆,合为一圆,即得六十四卦圆图方位图(见上图)。

此圆图为一切事物生长进行之公式。如就一年四时之变化而言,则六十四卦圆图中"复"之初爻,为一阳生,即冬至夜半子时也。阳东行至南方之"乾",即于时为夏。此时阳极盛,而阴亦即生矣。此图中"姤"之初爻,即为一阴生,于时即夏至也。

阴西行至北方之"坤",即于时为冬。此时阴极盛,而阳亦即又生矣。此即汉人所为卦气之说,而汉人所说十二辟卦,亦恰皆依序排列。所谓十二辟卦者,《易纬·稽览图》以"复""临""泰""大壮""夬""乾""姤""遁""否""观""剥""坤"十二卦为十二月主卦,称"天子卦",亦称"辟卦","辟"亦"君"也。所以以此十二卦为十二月之主卦者,六十四卦中,上五爻皆阴,独下一爻为阳者为"复卦"䷗。上四爻皆阴,下二爻为阳者为"临卦"䷒。上三爻皆阴,下三爻为阳者为"泰卦"䷊。上二爻皆阴,下四爻为阳者为"大壮卦"䷡。上一爻为阴,下五爻为阳者为"夬卦"䷪。六爻皆阳者为"乾卦"䷀。上五爻皆阳,下一爻为阴者为"姤卦"䷫。上四爻皆阳,下二爻为阴者为"遁卦"䷠。上三爻皆阳,下三爻皆阴者为"否卦"䷋。上二爻为阳,下四爻为阴者为"观卦"䷓。上一爻为阳,下五爻皆阴者为"剥卦"☷。六爻全阴者为"坤卦"☷。若以此十二卦分配于十二月：以复卦当十一月，以乾卦当四月，以姤卦当六月，以坤卦当十月，则十二月中阴阳盛衰之象，显然可见，故以此十二卦为辟卦，表示一年中阴阳消息之象。就一事物之成毁言，以一花为例，"复"为花之始欲开，"乾"为盛开，"姤"为花之始于谢，而"坤"则为花之谢。一切事物有成即有毁，有盛即有衰，皆依此公式进行也。

二、张横渠及二程

与周、邵同时而略后者，有张横渠及程明道、程伊川兄弟。横渠名载（1077年卒），其学以气为万物之本体。在其散而未聚之状态中，此气即所谓太虚。故横渠谓："太虚无形，气之本体。"（《正蒙·太和》篇）又云："气之聚散于太虚，犹冰凝释于水。知太虚即气则无无。"（同上）吾人所见空若无物之太虚，实非无物，不过气散而未聚耳，无所谓无也。故曰："知太虚即气则无无。"气中所"涵浮沉升降动静相感之性"（《太和》），简言之，即阴阳二性也。一气之中，有此二性，故横渠云："一物两体，气也。一故神，两故化。"（《正蒙·参两》篇）一气之中，有阴阳二性，故为"一物两体"。当其为"一"之时，"则清通而不可象为神"（《太和》）。所谓"一故神"也。因其中有阴阳此二性，故"生絪缊相荡，胜负屈伸之始"（《太和》）。絪缊相荡，即二性之表现也。"二"既表现，则絪缊相荡，聚而为万物。所谓"两故化"也。横渠又云："气坱然太虚，升降飞扬，未尝止息，《易》所谓絪缊，庄生所谓生物以息，相吹野马者欤？此虚实动静之机，阴阳刚柔之始。浮而上者阳之清，降而下者阴之浊。其感遇聚散，为风雨，为雪霜。万品之流形，山川之融结，糟粕煨烬，无非教也。"（同上）气中有阴阳可相感之二性，故气即不能停于太虚之状态中，而"升降飞扬，未尝止息"。其涵有二性之气，"絪缊相荡"，或胜或负，或屈或伸。如其聚合，则即能为吾人所见而为物。气聚即物成，气散即物毁。横渠云："气聚则离明得施而有形。气不聚则离明不得施而无形。方其聚也，安得不谓之客？方其散也，安得遽谓之无？故圣人仰观俯察，但云知幽明之故，不云知有无之故。"（同上）离为目，离明得施者，即吾人目之明所能见者。气聚则能为吾人所见而为有形；气散则不能为吾人所见而为无形。气聚为万物；万物乃气聚之现象。以气聚散不定，故谓之为"客形"。所谓"太虚无形，气之本体，其聚其散，变化之客形尔"（同上）。横渠之伦理学，或其所讲修养之方法，注重于除我与非我之界限而使个体与宇宙合一。横渠云："大其心则能体天下之物。物有未体，则心为有外。世人之心，止于闻见之狭。圣人尽性，不以闻见牿其心。其视天下，无一物非我。孟子谓尽心则知性知天以此。天大无外，故有外之心，不足以合天心。"（《正蒙·大心》篇）以个体之我为我，其余为非我，即以"闻见牿其心"者也。圣人破除此牿，以天下之物与己为一体，即"能体天下之物"者也。"其视天下，无一物非我"，即破除我与非我之界限，以我及其余之非我为一，亦即以全宇宙为一大我。天大无外；我之修养若至此境界，则我与天合而为一矣。横渠又云："性者，万物之一源，非有我之得私也。惟大人为能尽其道。是故立必俱立，知必周知，爱必兼爱，成不独成，彼自蔽塞而不知顺吾理者，则亦末如之何矣。"（《正蒙·诚明》篇）此以"爱之事业"之工夫，破除"我"之蔽塞，而达到万物一体之境界。盖就孟子哲学中神秘主义之倾向，加以推衍也。《正蒙·乾称》篇中有一段，后人所称为《西铭》者，亦发挥此旨。

明道名颢（1086年卒）、伊川名颐（1108年卒）兄弟二人之学说，旧日多视为一家之学。但二人之学，开此后宋明道学家所谓程朱、陆王之二派，亦可称为理学、心学之二派。程伊川为程朱一派之中坚人物，而程明道则陆王一派之先驱也。理学、心学之哲学的系统及其所以不同，当于下文中述之，兹仅就修养方法方面述二程之不同。

明道以为吾人实本来与天地万物为一体。不过吾人多执个体以为我，遂将我与世界分开。吾人修养之目的，即在于破除此界限而回复于万物一体之境界。明道云："医书言手足痿痹为不仁，此言最善名状。仁者以天地万物为一体，莫非己也。认得为己，何所不至。若不有诸己，自不与己相干。如手足不仁，气已不贯，皆不属己。故博施济众，乃圣人之功用。"(《遗书》卷二上）宇宙乃一生之大流，乃一大仁。人之有仁之德者，即能以天地万物为一体者也。至所以达此境界之方法，明道云："学者须先识仁，仁者浑然与物同体，义礼智信皆仁也。识得此理，以诚敬存之而已；不须防检，不须穷索。……此道与物无对，大不足以明之。天地之用，皆我之用。孟子言万物皆备于我，须反身而诚，乃为大乐。若反身未诚，则犹是二物有对，以己合彼，终未有之，又安得乐？……必有事焉，而勿正，心勿忘，勿助长，未尝致纤毫之力，此其存之之道。……此理至约，惟患不能守。既能体之而乐，亦不患不能守也。"(《遗书》卷二上）吾人但知天地万物本与我为一体，"识得此理"之后，即常记而不忘。一切行事，皆本此心作之，此即所谓以"诚敬存之"，亦即所谓"必有事焉"。只此久而久之，自可达到万物一体之境界。此外更不必防检，不必穷索。再有防检穷索，即是"助长"。有心求速效之心仍是私心，仍须除之。只"必有事焉"，勿忘之，亦勿助之。此外不致纤毫之力。久之自能达到万物一体之境界。此实"至约"之方法也。

行此工夫之久，心空虚如明镜。一物之来，其形容状态，镜中之影，各如其状。镜虽不废照物，而其本身不动。吾人之心之应外物，亦应如此。明道《答张横渠书》云："夫天地之常，以其心普万物而无心；圣人之常，以其情顺万物而无情。故君子之学，莫若廓然而大公，物来而顺应。……人之情各有所蔽，故不能适道，大率患在于自私而用智。自私则不能以有为为应迹，用智则不能以明觉为自然。……圣人之喜，以物之当喜；圣人之怒，以物之当怒；是圣人之喜怒，不系于心，而系于物也。"(《明道文集》卷三）

庄子谓："至人之用心若镜，不将不迎，应而不藏，故能胜物而不伤。"道学家亦谓吾人之"用心"应如此。不过道家心所应之物，不包情感在内。道家应付情感之方法，乃以理化情，圣人无情感。道学家主张情感可有，但吾人有情感之时，应以情感为非我有。见可喜可恶之事，圣人亦有喜怒之情感。但非圣人喜怒，乃其事可喜可怒也。惟其如此，故其事既过去，圣人喜怒之情感亦亡。此颜回所以能不迁怒也。若常人则自有其怒，故可怒之事既去，而仍有怒心，见不可怒者亦怒之。此所谓迁怒也。其所以迁怒，即因其不能"情顺万物而无情"也。

伊川所说之修养法，注重穷理。伊川云："涵养须用敬，进学则在致知。"（《遗书》卷十八）涵养须用敬，明道亦如此说，但明道须先"识得此理"，然后以诚敬存之。此即后来陆王一派所说"先立乎其大者"者也。伊川则一方面用敬涵养，勿使非僻之心生，一方面须今日格一物，明日格一物，以求"脱然自有贯通处"（《遗书》卷十八）。此说朱子发挥之。当于下文，更如详论。今所须注意者，即以后道学家中所谓程朱、陆王二大派，实以程氏弟兄分启其端。

三、朱子

朱子名熹（1200年卒），其学系以周濂溪之《太极图说》为骨干，而以康节所讲之数，横渠所说之气，及程氏弟兄所说形上形下及理气之分融合之。故朱子之学，可谓集其以前道学家之大成也。关于形上之道与形下之器之分，朱子云："凡有形有象者，即器也；所以为是器之理者，则道也。"（《与陆子静书》，《文集》卷三十六）所谓道，即指抽象的原理或概念；所谓器，即指具体的事物。故朱子云："形而上者，无形无影是此理。形而下者，有情有状是此器。"（《语类》卷九十五）又云："无极而太极，不是说有个物事，光辉辉地在那里。当初皆无一物，只有此理而已。……惟其理有许多，故物有许多。"（《语类》卷九十四）以现在哲学中之术语言之，则所谓形而上者，超时空而潜存（Subsist）者也；所谓形而下者，在时空而存在（Exist）者也。超时空者，无形象可见。故所谓太极，"不是说有个事物光辉辉地在那里"。此所谓"无极而太极"也。朱子云："无极而太极，只是说无形而有理。"（《语类》卷九十四）

"惟其理有许多，故物有许多。"无此理则不能有此物也。朱子云："做出那事，便是这里有那理。凡天地生出那物，便是那里有那理。"（《语类》卷一百一）不仅天然之物各有其理，即人为之物亦各有其理。朱子云："天下无性外之物。阶砖便有砖之理，竹椅便有竹椅之理。"（《语类》卷四）天下之物，无论其是天然的或人为的，皆有其所以然之理，其理并在其物之先。朱子云："若在理上看，则虽未有物而已有物之理。然亦但有其理而已，未尝实有是物也。"（《答刘叔文》，《文集》卷四十六）如尚未有舟车之时，舟车之理或舟车之概念已先在。然其时只有概念而无实例，所谓"但有其理而已，未尝实有是物也"。所谓发明舟车，不过发现舟车之理而依之以做出实际的舟车，即舟车之概念之实例而已。故凡可能有之物，无论其是天然的或人为的，在形而上之理世界中，本已具有其理。故形而上之理世界，实已极完全之世界也。

一事物之理，即其事物之最完全的形式，亦即其事物之最高的标准，此所谓极也。《语录》云："事事物物，皆有个极，是道理极至。蒋元进曰：'如君之仁，臣之敬，便是极。'先生曰：'此是一事一物之极。总天地万物之理，便是太极。太极本无此名，只是个表德。'"（《语类》卷九十四）太极即天地万物之理之总和，而亦即天地万物之最高标准也。朱子云："太极只是个极好至善的道理。……周子所谓太极，是天地人物万善至好的表德。"（《语类》卷九十四）

由此而言，则太极即如柏拉图所谓好之概念，亚力士多德所谓上帝也。

每一事物，不但具有此事物之所以然之理，其中且具太极之全体。朱子云："人人有一太极，物物有一太极。"（《语类》卷九十四）又云："盖统体是一太极。然又一物各具一太极。"（《语类》卷九十四）

由此而言，则一切事物中，除其自己之所以然之理外，且具太

宋明理学　　309

极，即一切理之全体。太极在一切物中，亦"不是割成片去，只如月印万川相似"(《语类》卷九十四)。此与华严宗所谓因陀罗网境界之说相似。朱子想亦受其说之影响。不过彼所谓因陀罗网境界，乃谓一具体的事物中，含有一切具体的事物，所谓"一即一切，一切即一"。此则谓一具体的事物，具有一太极，即一切事物之理。一切事物之理，并非一切事物也。

形而上之理世界中只有理。至于此形而下之具体的世界之构成，则赖于气。理即如希腊哲学中所说之形式（Form），气即如希腊哲学所说之材质（Matter）也。朱子云："天地之间，有理有气。理也者，形而上之道也，生物之本也；气也者，形而下之器也，生物之具也。是以人物之生，必禀此理，然后有性；必禀此气，然后有形。"(《答黄道夫书》，《文集》卷五十八)又云："盖气则能凝结造作；理却无情意，无计度，无造作。只此气凝聚处，理便在其中。且如天地间人物草本鸟兽，其生也莫不有种，定不会无种子白地生出一个物事。这个都是气。若理则只是个净洁空阔的世界，无形迹，他却不会造作。气则酝酿凝聚生物也。"(《语类》卷一)理世界为一"无形迹"之"净洁空阔的世界"。理在其中，"无情意，无计度，无造作"。此其所以为超时空而永久（Eternal）也。此具体的世界为气所造作。气之造作，必依理。如人以砖瓦木石建造一房。砖瓦木石虽为必须，然亦必须先有房之形式，而后人方能用此砖瓦木石以建筑此房。砖瓦木石，形下之器，建筑此房之具也；房之形式，形上之理，建筑此房之本也。及此房成，而理即房之形式，亦在其中矣。

依逻辑言，理虽另有一世界；就事实言，则理即在具体的事物之中。《语类》云："理在气中发现处如何？曰：如阴阳五行错综不失条绪，便是理。若气不结聚时，理亦无所附著。"(《语类》卷九十四)气不结聚，则理无所附著，即理不能实现为具体的物也。具体的物中之秩序条理，即理在气中之发现处。至于理气为有之先后，朱子云："或问：'必有是理，然后有是气，如何？'曰：'此本无先后之可言。然必欲推其所从来，则须说先有是理。'"(同上)盖依事实言，则有理即有气，所谓"动静无端，阴阳无始"。若就逻辑言，则"须说先有是理"。盖理为超时空而永存者，气则为在时空而变化者。就此点言，必"须说先有是理"。

太极中有动静之理，气因此理而有实际的动静。气之动者，即流行而为阳气；气之静者，即凝聚而为阴气。朱子即濂溪《太极图说》言之云："阳变阴合，而生水、火、木、金、土。阴阳气也，生此五行之质，天地生物，五行独先。地即是土，土便包含许多金木之类。天地之间，何事而非五行？五行阴阳七者滚合，便是生物的材料。则寄旺四季。"（《语类》卷九十四）气即生物的材料。具体的物之生，气为材料，理为形式。材料一名，正柏拉图、亚力士多德所谓 Matter 之意。

理与气合而成为具体的物。此气中之理，即所谓性也。故不唯人有性，物亦有性。朱子云："天下无无性之物。盖有此物则有此性，无此物则无此性。"（《语类》卷四）

上文谓一物有一太极。每一物中皆有太极之全体。然在物中，仅其所以为其物之理能表现，而太极之全体所以不能表现者，则因物所禀之气蔽塞之也。此具体的世界中之恶，皆由于此原因。《语类》云："问：'理无不善，则气胡有清浊之殊？'曰：'才说著气，便自有寒有热，有香有臭。'"（卷四）又云："二气五行，始何尝不正。只滚来滚去，便有不正。"（同上）盖理是完全至善的。然当其实现于气，则为气所累而不能完全。如圆之概念本是完全的圆，然及其实现于物质而为一具体圆物，则其圆即不能是一绝对的圆矣。实际世界之不完全，皆由为气所累也。唯气是如此，故即人而言，人亦有得气之清者，有得气之浊者。朱子云："就人之所禀而言，又有昏明清浊之异。"（同上）禀气清明者为圣人，昏浊者为愚人。朱子以为如此说法，可将自孟荀以来儒家所争论之性善性恶问题，完全解决。

朱子谓："凡人之能言语、动作、思虑、营为，皆气也。"（同上）《语录》又云："问：'知觉是心之灵固如此，抑气之为耶？'曰：'不专是气，是先有知觉之理。先聚成形，理与气合，便能知觉。譬如这

宋明理学 311

烛火是因得这脂膏，便有许多光焰。'"（《语类》卷五）一切事物，皆有其理，故知觉亦有知觉之理。然知觉之理，只是理而已。至于知觉之具体的事例，则必"理与气合"，始能有之。盖一切之具体的事物，皆合材料与形式而成者也。理必合气，方能实现，如烛火之必依脂膏。吾人之知觉思虑，既皆在此具体的世界之中，故皆是气与理合以后之事也。吾人之知觉思虑，即所谓灵处，"灵处只是心，不是性。性只是理"（同上）。盖心能有具体的活动，理不能如此也。

朱子又论心、性与情之关系云："性、情、心，惟孟子说得好。仁是性，恻隐是情，须从心上发出来。心统性、情者也。性只是合如此底，只是理，非有个物事。若是有底物事，则既有善，必有恶。惟其无此物，只有理，故无不善。"（《语类》卷五）性非具体的事物，故无不善。情亦是此具体的世界中之事物，故须从心上发出。性为气中之理，故亦可谓为在于心中。所以谓"心统性、情"也。朱子又论心、性、情与才之关系云："才是心之力，是有气力去做底；心是营摄主宰者，此心所以为大也。心譬水也，性水之理也。性所以立乎水之静，情所以行乎水之动，欲则水之流而至于滥也。才者水之气力，所以能流者。然其流有急有缓，则是才之不同。伊川谓性禀于天，才禀于气，是也。只有性是一定，情与心与才，便合着气了。"（《语类》卷五）凡人所禀之理皆同，故曰："只是性有一定。"至于气，则有清浊之不同，故在此方面，人有各种差异也。"欲则水之流而至于滥也"，理学家以欲与理，或人欲与天理，对言，详下。

在客观的理中，存有道德的原理。吾人之性，即客观的理之总合。故其中亦自有道德的原理，即仁、义、礼、智是也。吾人之性中，不但有仁、义、礼、智，且有太极之全体。但为气禀所蔽，故不能全然显露。所谓圣人者，即能去此气禀之蔽，使太极之全体完全显露者也。朱子云："圣人千言万语，只是教人存天理，灭人欲。人性本明，如宝珠沉溷水中，明不可见。去了溷水，则宝珠依旧自明。自家若知得是人欲蔽了，便是明处。只是这上便紧著力主定，一面格物，今日格一物，明日格一物，正如游兵攻围拔守，人欲自销铄去。所以程先生说敬字，只谓我自有一个明底事物在这里，把个敬字抵敌，常常存个敬在这里，则人欲自然来不得。"（《语类》卷十二）人得于其理而后有其性，得于其气而后有其形。性为天理，即所谓"道心也"。而因人之有气禀之形而起情，其"流而至于滥"者，则皆人欲，即所谓"人心"也。人欲亦称私欲。就其为因人之为具体的人而起之情之流而至于滥者而言，则谓之人欲；就其为因人之为个体而起之情之流而至于滥者而言，则谓之私欲。天理为人欲所蔽，如宝珠在浊水中。人欲终不能全蔽天理，即此知天理为人欲所蔽之知，即是天理之未被蔽处。即此"紧著力主定"，努力用工夫。工夫分两方面，即程伊川所谓用敬与致知。只谓我自有一个明底事物，心中常记此点，即用敬之工夫也。所以须致知者，朱子云："所谓致知在格物者，言欲致吾之知，在即物而穷其理也。盖人心之灵，莫不有知，而天下之物，莫不有理。惟于理有未穷，故其知有不尽也。是以大学始教，必使学者即凡天下之物，莫不因其已知之理而益穷之，以求至乎其极。至于用力之久，而一旦豁然贯通焉。则众物之表里精粗无不到，而吾心之全体大用，无不明矣。"（《大学章句·补格物传》）"格，至也；物，犹事也。穷至事物之理，欲其极处无不到也。"（《大学章句》）此朱子格物之说，大为以后陆、王学派所攻击。陆王一派，以此工夫为支离。然就朱子之哲学系统整个观之，则此格物之修养方法，自与其全系统相协和。盖朱子以天下事物，皆有其理，而吾心中之性，即天下事物之理之全体。穷天下事物之理，即穷吾性中之理也。今日穷一性中之理，明日穷一性中之理。多穷一理，即使吾气中之性多明一点。穷之既多，则有豁然顿悟之一时。至此时则见万物之理，皆在吾性中。所谓"天下无性外之物"。至此境界，"则众物之表里精粗无不到，而吾心之全体大用无不明矣"。用此修养方法，果否能达到此目的，乃另一问题。不过就朱子之哲学系统言，朱子固可持此说也。

宋明理学　313

四、陆象山、王阳明

与朱子同时而在道学中另立心学一派者为陆象山。象山名九渊（1139—1193年），其学以为"宇宙便是吾心，吾心便是宇宙"（《年谱》）。只须一任其自然，此心自能应物而不穷。象山云："《诗》称文王，'不识不知，顺帝之则'。康衢之歌尧，亦不过如此。《论语》之称舜禹曰：'巍巍乎！有天下而不与焉。'人能知'与焉'之过，无'识''知'之病，则此心炯然，此理坦然，物各付物，'会其有极，归其有极'矣。"（《与赵监第二书》，《全集》卷一）此与明道《定性书》之意正同。《定性书》以为苟不自私而用智，则吾人之心，即"廓然而大公，物来而顺应"。象山所谓"与焉之过"，即自私也。所谓"识知之病"，即用智也。所谓"此心炯然，此理坦然，物各付物"，即"廓然而大公，物来而顺应"也。

象山之弟子杨慈湖，以为"直则为心，支则为意"（《绝四记》）。如孟子所谓："今人乍见孺子将入于井，皆有怵惕恻隐之心。非所以纳交于孺子之父母也。非要誉于乡党朋友也。非恶其声而然也。"乍见孺子将入于井，吾人对此情形之第一反应，即为有怵惕恻隐之心。本此心而往救之，则自发心以至于行为，皆是"直"而为心。若于此时稍一转念，为欲纳交于孺子之父母，而往救之，或欲要誉于乡党朋友而往救之，或因其与其父母有仇而特不救之。经此转念，则即"曲"而为"意"矣。道学家所谓初念是圣贤，转念是禽兽，即此意也。任心直往，则随感而应。则其中无"自私""用智"之余地，所谓"廓然而大公，物来而顺应"也。

一般人之论朱陆异同者，多谓朱子偏重道问学；象山偏重尊德性。此等说法，在当时即已有之。然朱子之学之最终目的，亦在于明吾心之全体大用。此为一般道学家共同之目的。故谓象山不十分注重道问学可；谓朱子不注重尊德性不可。且此点亦只就二人之为学或修养之方法上言之，究竟朱陆之不同，是否即仅在其所讲为学或修养方法之不同；此一极可注意之问题也。

就上所述观之，朱子之学，尚非普通所谓之唯心论，而实近于现在所谓之实在主义。吾人若注意此点，即可见朱陆之不同，实非只其为学或修养方法之不同。二人之哲学，根本上实有差异之处。朱子言性即理，象山言心即理（《与李宰第二书》，《全集》卷十二）。此一言虽只一字之不同，而实代表二人哲学之重要的差异。盖朱子以心乃理与气合而生之具体物，与抽象之理完全不在同一世界之内。心中之理，即所谓性；心中虽有理而心非理。故依朱子之系统，实只能言性即理，不能言心即理也。象山言心即理，并反对朱子所说心性之区别。如《语录》云："伯敏云：'性、才、心、情，如何分别？'先生云：'如吾友此言，又是枝叶。虽然此非吾友之过，盖举世之蔽。今之学者，读书只是解字，更不求血脉，且为情、性、心、才，都只是一般物事，言偶不同耳。……若必欲说时，则在天者为性，在人者为心。此盖随吾友而言，其实不必如此。'"（《全集》卷三十五）依吾人所观察，则朱子所说性与心之区别，实非"只是解字"。盖依朱子之观点，实在上本有与此相当之区别也。象山虽亦以为可说"在天为性，在人为心"，而又以为系"随吾友而言，其实不必如此"。"都只是一般物事，言偶不同耳"。盖依象山之观点，实在上本无与朱子所说心性区别相当之区别，故说心性只是"一般物事"也。朱陆所见之实在不同。盖朱子所见之实在，有二世界，一不在时空，一在时空。而象山所见之实在，则只有一世界，即在时空者。只有一世界，而此世界即与心为一体，所谓"宇宙便是吾心，吾心便是宇宙"（《年谱》，《全集》卷三十六）也。

象山哲学中，虽只有一世界，而仍言所谓形上形下。至慈湖则直废此分别。慈湖云："又曰：'形而上者谓之道；形而下者谓之器。'裂道与器，谓器在道之外耶？自作《系辞》者，其蔽犹若是，尚何望后世之学者乎？"（《慈湖遗书》卷九）盖所谓形上形下，必依朱子所解释，方可有显著的意义。依朱子之系统，器实与道不在一世界中。此陆派所不能承认。如此则诚宜直指《系辞》所说形上形下为"非孔子之言"（《慈湖遗书》卷七）也。

依上述观之，则朱陆之哲学，实有根本的不同。其能成为道学中之二对峙的派别，实非无故。不过所谓"心学"，象山、慈湖实只开其端。其大成则有待于王阳明，故与朱子对抗之人物，非陆象山、杨慈湖，而为二百五十年后之王阳明。

王阳明名守仁（1473—1529年），其学之主要意思，见于其所著《大学问》一篇。此篇解释《大学》明明德、亲民、止至善之三纲领云："大人者，以天地万物为一体者也。其视天下犹一家，中国犹一人焉。若夫间形骸而分尔我者，小人矣。大人之能以天地万物为一体也，非意之也，是其心之仁本若是其与天地万物而为一也。……明明德者，立其天地万物一体之体也；亲民者，达其天地万物一体之用也。故明明德必在于亲民，而亲民乃所以明其明德也。……至善者，明德、亲民之极则也。天命之性，粹然至善，其灵昭不昧者。此其至善之发见，是乃明德之本体，而即所谓良知者也。至善之发见，是而是焉，非而非焉，轻重厚薄，随感随应，变动不居，而亦莫不有天然之中；是乃民彝物则之极，而不容少有拟议增损于其间也。少有拟议增损于其间，则是私意小智，而非至善之谓矣。"（《全书》卷二十六）此亦程明道《识仁》篇之意，但阳明言之，较为明晰确切。象山云："宇宙不曾限隔人，人自限隔宇宙。"不限隔宇宙者，此所谓大人也；限隔宇宙者，此所谓小人也。然即小人之心，亦有"一体之仁"之本心。孟子所谓恻隐之心、是非之心等四端，即此本心之发现，亦即所谓良知也。即此而扩充之、实行之，即是"致良知"也。"明德之本体，即所谓良知"，故明德、亲民，皆是致良知，亦即是致知。"然欲致其良知，亦岂影响恍惚而悬空无实（此指二氏）之谓乎？是必实有其事矣。故致知必在于格物。物者，事也"（《大学问》）。"心之所发便是意，……意之所在便是物。如意在于事亲，即事亲便是一物。……意在于仁民爱物，即仁民爱物便是一物。意在于视听言动，即视听言动便是一物"（《传习录》上）。"格者，正也。正其不正以归于正也。正其不正者，去恶之谓也。归于正者，为善之谓也"（《大学问》）。良知乃"天命之性，吾心之本体，自然灵昭明觉者也。凡意念之发，吾心之良知，无有不自知者。其善欤，惟吾心之良知自知之；其不善欤，亦惟吾心之良知自知之"（同上）。吾人诚能"于良知所知之善恶者，无不诚好而诚恶之，则不自欺其良知，而意可诚也已"（同上）。不自欺其良知，即实行格物、致知、诚意、正心，亦即实行明明德也。格之既久，一切"私欲障碍"皆除，而明德乃复其天地万物一体之本然矣。此王阳明所谓"尧舜之正传"，"孔氏之心印"（《大学问》）也。

依上所引《大学问》，可见阳明之学彻上彻下"致良知"三字，实即可包括之。所以阳明自四十三岁以后，即专以"致良知"训学者。以言简易直截，诚简易直捷矣。其所说格物致知之义，实与朱子不同。在二家学说，各就其整个观之，则二家之不同，仍是上所述理学与心学之不同也。阳明自言其自己之学与朱子之学不同之处云："朱子所谓格物云者，在即物而穷其理。即物穷理，是就事事物物上求其所谓定理是也。是以吾心而求理于事事物物之中，析心与理而为二矣。……若鄙人所谓致知格物者，致吾心之良知于事事物物也。吾心之良知，即所谓天理也。致吾心良知之天理于事事物物，则事事物物皆得其理矣。致吾心之良知者，致知也。事事物物皆得其理者，格物也。是合心与理而为一者也。"（《答顾东桥书》）朱子以为人人具一太极，物物具一太极。太极即众理之全体，故吾人之心亦"具众理而应万事"。故即物穷理，亦即穷吾心中之理，穷吾性中之理耳。故谓朱子析心与理为二，实未尽确当。唯依朱子之系统，则理若不与气合，则即无心，心虽无而理自常存。虽事实上无无气之理，然逻辑上实可有无心之理也。若就此点谓朱子析心与理为二，固亦未尝不可。依阳明之系统，则必致吾心良知之天理于事事物物，则事事物物皆得其理。依此则无心即无理矣。故阳明云："心即理也。天下又有心外之事，心外之理乎？"（《传习录》上）阳明又云："心之体，性也。性即理也。故有孝亲之心，即有孝之理。无孝亲之心，即无孝之理矣。有忠君之心，即有忠之理，无忠君之心，即无忠之理矣。理岂外于吾心耶？"（《答顾东桥书》）依朱子之系统，只能言性即理，不能言心即

宋明理学　317

理。依朱子之系统，只能言有孝之理，故有孝亲之心，有忠之理，故有忠君之心。不能言有孝亲之心，故有孝之理，无孝亲之心，即无孝之理。依朱子之系统，理之离心而独存，虽无此事实，而却有此可能。依阳明之系统，则在事实上与逻辑上，无心即无理。此点实理学与心学之根本不同也。阳明哲学中，无形上世界与形下世界之分，故其语录及著作中，未见此等名词。

"天下无心外之物。"所谓恶者，乃吾人情欲之发之过当者。若不过当，即情欲本身，一般人欲亦不是恶。《传习录》云："七情顺其自然之流行，皆是良知之用，不可分别善恶，但不可有所著。七情有著，俱谓之欲，俱为良知之蔽。然才有著时，良知亦自会觉。觉即蔽去，复其体矣。"（《传习录》下）所谓"不可有所著"者，《传习录》又一条云："问有忿懥一条。先生曰：'忿懥几件，人心怎能无得？只是不可有耳。凡人忿懥，着了一分意思，便怒得过当，非廓然大公之体了。故有所忿懥，便不得其正也。于今于凡忿懥等件，只是个物来顺应，不要着一分意思，便心体廓然大公，得其本体之正了。且如出外见人相斗，其不是的，我心亦怒，然虽怒却此心廓然不会动些子气。如今怒人，亦得如此，方才是正。'"（《传习录》下）所以七情不能有所着者，盖"着了一分意思，便怒得过当，非廓然大公之体"矣。"圣人之喜，以物之当喜；圣人之怒，以物之当怒"（程明道《定性书》）。非"有"喜怒，即非有意于为喜怒也。圣人之心如明镜，"廓然而大公，物来而顺应"；当喜者喜之，当怒者怒之，而本体虚明，对于所喜所怒之物，毫无沾滞执著，所以亦不为其所累也。若能如此，则虽终日有为，而心常如无为，所谓动静合一者也。

至于清代，一时之风尚转向于所谓汉学。所谓汉学家者，以为宋明道学家所讲之经学，乃混有佛老见解者。故欲知孔孟圣贤之道之真意义，则须求之于汉人之经说。阮元云："两汉经学，所以当遵行者，为其去圣贤最近，而二氏之说，尚未起也。"《汉学师承记序》讲汉人之经学者，以宋明人所讲之道学为宋学，以别于其自己所讲之汉学。

宋明人所讲之理学与心学，在清代俱有继续的传述者，即此时代中之所谓宋学家也。但传述者亦只传述而已。理学、心学在此时代中,俱无显著的新见解加入。此时代之汉学家,若讲及所谓义理之学,其所讨论之问题,如理、气、性、命等,仍是宋明道学家所提出之问题。其所依据之经典,如《论语》《孟子》《大学》《中庸》等,仍是宋明道学家所提出之四书。就此方面言,则所谓汉学家,若讲及所谓义理之学,仍是宋明道学家之继续者,故兹略焉。

节选自《中国哲学小史》,标题为编者所加

第七编

清代经学

冯友兰

学哲学的目的,
是使人作为人能够成为人,
而不是成为某种人。
其他的学习是使人能够成为某种人,
即有一定职业的人。

一、清末之立教改制运动

清人所讲之义理之学，其大与道学不同者，当始自清代之今文经学家。西汉今文经学家之经学，自为古文经学家之经学所压倒后，历唐宋明各代，均未能再引起人之注意。清代之学者，本以整理古书，为其主要工作。唐宋明各代所注意之古书，至清之中叶，已为一般学者所已经整理。此后学者，遂有一部转注意于西汉盛行而唐宋明学者所未注意之书。于是以《春秋公羊传》为中心之今文经学家之经学，在清代中叶以后，遂又逐渐复兴。此派经学家，若讲及义理之学，其所讨论之问题，与道学家所讨论者亦不同。

此派经学之复兴与当时又一方面之潮流，亦正相适应。此派经学家所以能有新问题者，亦受此新潮流之影响。盖自清之中叶以降，中国渐感觉西洋人之压迫。西洋人势力之前驱，以耶教传教师为代表，其后继以军事政治经济各方面之压力。此各面之压力，在当时中国人之心中，引起各种问题。其中较根本者，即（一）西洋人有教，何以中国无之？岂中国为无教之国乎？（二）中国广土众民，而在各方面皆受西洋之压迫，岂非因中国本身，有须改善之处欤？当时有思想之人，为答此问题，即在思想方面，有新运动。此运动之主要目的，即为自立宗教，自改善政治，以图"自强"。简言之，即为立教与改制。然其时经学之旧瓶，仍未打破。人之一切意见，仍须于经学中表出之。而西汉盛行之今文经学家之经学，最合此需要。盖在今文经学家之经学中，孔子之地位，由师而进为王，由王而进为神。在纬书中，孔子之地位，固已为宗教之教主矣。故讲今文经学，则孔子自成为教主；而孔子之教，自成为宗教。今文经学家，又有孔子改制，立三世之政治制度，为万世制法之义。讲今文经学，则可将其时人理想中之政治，托于孔子之说，以为改革其时现行政治上社会上各种制度之标准。康有为曰：

> 天既哀大地生人之多艰，黑帝乃降精而为救民患，为神明，为圣王，为当世作师，为万民作保，为大地教主。生于乱世，乃据乱而立三世之法，而垂精太平。乃因其所生之国，而立三世之义，而注意于大地远近大小若一之大一统。（《孔子改制考序》，《不忍》第一册）

当时需要一如此之孔子。而如此之孔子，唯今文经学中有之。中国哲学史中之经学时代，以今文经学家之经学始，亦以今文经学家之经学终。盖人处于新环境时，最易有荒诞奇幻之思想，而今文家之经学中，有阴阳家学说之分子，其荒诞奇幻，最适宜于处新环境之人之用。周末至秦汉，由列国而统一，为一新环境。近世各国交通，昔之所视为统一者，今不过为列国之一国，亦一新环境也。

二、康有为

（一）孔子立教改制

上述立教改制之运动，康有为可为其中一重要主持者。康有为，字广厦，号长素，广东南海县人。生于清咸丰八年（1858年），于戊戌年佐清德宗变法，不成。卒于民国十六年（1927年）。（张伯桢《南海康先生传》，《沧海丛书》本）

康有为之经学一方面攻击古文经学家之经典，以为皆刘歆所伪；

一方面主张孔子改制之说，以为今文经学家之经典，皆孔子所作。康有为作《新学伪经考》，以为刘歆为王莽之臣，其所伪之经，实为新朝一代之学。康有为云：

> 歆既饰经佐篡，身为新臣，则经为新学。名义之正，复何辞焉？后世汉宋互争，门户水火。自此视之，凡后世所指目为汉学者，皆贾马许郑之学，乃新学非汉学也。即宋人所尊述之经，乃多伪经，非孔子之经也。（《新学伪经考》卷一，《万木草堂丛书》本，页二）

如此则自东汉以降，历晋唐宋明之经学，所讲皆非孔子之经。唯西汉今文学家之经学，所讲乃孔子之经，所传乃孔子之微言大义。康有为以为孔子以前，"茫昧无稽"。春秋战国之际，诸子并起创教，而孔子所创之教，尤为特出，故遂为以后所宗奉。康有为云：

> 凡物积粗而后精生焉，积贱而后贵生焉，积愚而后智生焉。积土石而草木生；积虫介而禽兽生；人为万物之灵，其生尤后者也。洪水者，大地所共也。人类之生，皆在洪水之后，故大地民众，皆葱萌于夏禹之时。积人积智二千年，而事理咸备，于是才智之尤秀杰者，蜂出挺立，不可遏靡。各因其受天之质，生人之遇，树论说，聚徒众，改制立度，思易天下。惟其质毗于阴阳，故其说亦多偏蔽，各明一义，如耳目口鼻，不能相通。然皆坚苦独行之力，精深奥玮之论，毅然自行其志，思立教以范围天下者也。……积诸子之盛，其尤神圣者，众人归之，集大一统，遂范万世。《论衡》称孔子为诸子之卓，岂不然哉？天下咸归依孔子，大道遂合。故自汉以后无诸子。（《孔子改制考》卷二，《万木草堂丛书》本，页一至二）

清代经学

孔子所立之教，其中重要之义，康有为以为三统三世之说。康有为云：

> 浩乎孔子之道，荡荡则天，其运无乎不在。……始误于荀学之拘陋，中乱于刘歆之伪谬，末割于朱子之偏安。于是素王之大道，暗而不明，郁而不发。……予……所以考求孔子之道者，既博而且敬矣。始循宋人之途辙，炯炯乎自以为得之矣；既悟孔子不如是之拘且隘也。继遵汉人之门径，纷纷乎自以为践之矣；既悟其不如是之碎且乱也。苟止于是乎，孔子其圣而不神矣。……既乃去古学之伪，而求之今文学。凡齐鲁韩之《诗》，欧阳大小夏侯之《书》，孟焦京之《易》，大小戴之《礼》，公羊谷梁之《春秋》，而得《易》之阴阳之变，《春秋》三世之义。曰：孔子之道大，虽不可尽见，而庶几窥其藩。惜其弥深太漫，不得数言而赅大道之要也。乃尽舍传说，而求之经文。读至《礼运》，乃浩然而叹曰：孔子三世之变，大道之真在是矣。……是书也，孔氏之微言真传，万国之无上宝典，而天下群生之起死神方哉。（《礼运注序》，《不忍》第五册）

康有为以为"孔子之道，有三世，有三统，有五德之运。仁义智信，各应时而行运。仁运者，大同之道。礼运者，小康之道。"（《礼运注》，《不忍》第六册）康有为以为《礼运》所谓"大道"，即"人理至公，太平世大同之道也"；《礼运》所谓"三代之英"，即"升平世小康之道也"。（同上）以为《公羊春秋》所谓三世之义，即此所说。康有为又以为《论语》中亦言三世之义。云：

> 人道进化，皆有定位。自族制而为部落，而成国家。由国家而成大统。由独人而渐立酋长，由酋长而渐正君臣，由君臣而渐为立宪，由立宪而渐为共和。由独人而渐为夫妇，

由夫妇而渐定父子，由父子而兼锡尔类，由锡类而渐为大同，于是复为独人。盖自据乱进为升平，升平进为太平，进化有渐，因革有由，验之万国，莫不同风。观婴儿可以知壮夫及老人，观萌芽可以知合抱至参天，观夏殷周三统之损益，亦可推百世之变革矣。孔子之为《春秋》，张为三世。据乱世则内其国而外诸夏。升平世则内诸夏，外夷狄。太平世则远近大小若一。盖推进化之理而为之。孔子生当据乱之世。今者大地既通，欧美大变，盖进至升平之世矣。异日大地大小远近如一，国土既尽，种类不分，风化齐同，则如一而太平矣。孔子已预知之。(《论语注》卷二，《万木草堂丛书》本，页十)

《论语》云，"子曰：'殷因于夏礼，所损益可知也。周因于殷礼，所损益可知也。其或继周者，虽百世可知也。'"康有为以为此亦明三统三世之义，如上所引。

《中庸》云："王天下有三重焉，其寡过矣乎？"康有为以为，"重，复也。""三重者，三世之统也。"(《中庸注》，《演孔丛书》铅印本，页三十六) 又云：

> 孔子之制，皆为实事。如建子为正月，白统尚白，则朝服首服皆白，今欧美各国从之。建丑则俄罗斯回教行之。明堂之制，三十六牖，七十二户，屋制高严员侈，或椭员衡方，或上员下方，则欧美宫室从之。衣长后衽，则欧洲各国礼服从之。日分或日半，或鸡鸣，或平明，泰西以日午为日分，亦三重之类推也。……人情蔽于所习，安于一统一世之制，见他制即惊疑之，此所以多过也。若知孔子三重之义，庶几不至悲忧眩视乎？(同上，页三十七至三十八)

康有为发挥三统三世之说，盖欲以之包罗当时人之新知识，当时

清代经学

之新事实，所谓以旧瓶装新酒也。康有为亦欲以此为其政治上变法维新之根据。康有为云：

> 孔子之法，务在因时。当草昧乱世，教化未至，而行太平之制，必生大害。当升平世而仍守据乱，亦生大害也。譬之今当升平之时，应发自主自立之义，公议立宪之事。若不改法，则大乱生。（同上，页三十六）

至升平之时，必行升平世之制。康有为对于当时之政治主张，自以为即系孔子升平世之制。

(二)《大同书》

孔子虽有三世之说，而对太平世大同之义，则言之甚略。康有为云：

> 孔子发明据乱小康之制多，而太平大同之制少。盖委曲随时，出于拨乱也。孔子之时，世尚幼稚。如养婴儿者，不能遽待以成人，而骤离于襁褓。据乱之制，孔子之不得已也。然太平之法，大同之道，固预为灿陈，但生非其时，有志未逮耳。进化之理，有一定之轨道，不能超度。既至其时，自当变通。故三世之法，三统之道，各异。苦衷可见，但在救时。孔子知三千年后，必有圣人复作，发挥大同之新教者。然必不能外升平太平之轨，则亦不疑夫拨乱小康之误也。（《中庸注》页三十九）

《论语》言："其或继周者，虽百世可知也。""三十年为一世，百世则三千也。"（同上，页三十九）故言："孔子预知三千年后，必有圣人复作，发挥大同之新教者。"康有为盖以此圣人自居，作《大同书》,"以发挥大同之新教"。

康有为之《大同书》第一章,首论"人有不忍之心"。康有为云:

> 夫浩浩元气,造起天地。天者,一物之魂质也。人者,亦一物之魂质也。虽形有大小,而其分浩气于太元,挹涓滴于大海,无以异也。孔子曰:"地载神气;神气风霆;风霆流形;庶物露生。"神者,有知之电也。光电能无所不传,神气能无所不感。神鬼神帝,生天生地。全神分神,惟元惟人。微乎妙哉,其神之有触哉!无物无电,无物无神。夫神者,知气也,魂知也,精爽也,灵明也,明德也;数者,异名而同实。有觉知则有吸摄,磁石犹然,何况于人?不忍者,吸摄之力也。故仁智同藏,而智为先;仁智同用,而仁为贵矣。(《大同书》甲部,长兴书局铅印本,页六)

此实即程明道王阳明"仁者以天地万物为一体"之说,而以当时人所闻西洋物理学中之新说附之。生吞活剥,自不能免,要亦当时应有之事也。人皆有不忍之心,此心即大同之教之所以可能也。

人有觉知,故有苦乐。康有为云:

> 夫生物之有知者,脑筋含灵。其与物非物之触遇也,即有宜有不宜,有适有不适。其于脑筋适且宜者,则神魂为之乐。其于脑筋不适不宜者,则神魂为之苦。况于人乎,脑筋尤灵神魂尤清明,其物非物之感入于身者尤繁伙。精微急捷,而适不适尤著明焉。适宜者受之,不适宜者拒之。故夫人道只有宜不宜。不宜者,苦也;宜之又宜者,乐也。故夫人道者,依人以为道。依人之道,苦乐而已。为人谋者,去苦以求乐而已,无他道矣。(同上,页九)

又云：

> 故普天下有生之徒，皆以求乐免苦而已，无他道矣。其有迂其涂，假其道，曲折以赴，行苦而不厌者，亦以求乐而已。虽人之性有不同乎，而可断断言之曰，人道无求苦去乐者也。立法创教，令人有乐而无苦，善之善者也。能令人乐多苦少，善而未尽善者也。令人苦多乐少，不善者也。（《大同书》，页十一）

持此标准以为衡，则"大同太平之道"为至善之法与教。康有为云：

> 遍观世法，舍大同之道，而欲救生人之苦，求其大乐，殆无由也。大同之道，至平也，至公也，至仁也，治之至也。虽有善道，无以加此矣。（同上，页十三）

所以"神明圣王"之孔子，"立三统三世之法，据乱之后，易以升平太平；小康之后，进以大同"（同上，页十三）也。

康有为以为"人道之苦，无量数不可思议"。"粗举其易见之大者"，则有：

> 人生之苦七：一投胎，二夭折，三废疾，四蛮野，五边地，六奴婢，七妇女。天灾之苦八：一水旱饥荒，二疫疠，三火焚，四水灾，五火山，六屋坏，七船沉，八蝗虫。人道之苦五：一鳏寡，二孤独，三疾病无医，四贫穷，五卑贱。人治之苦七：一刑狱，二苛税，三兵役，四阶级，五压制，六有国，七有家。人情之苦六：一愚蠢，二雠怨，三劳苦，四爱恋，五牵累，六愿欲。人所尊羡之苦五：一富人，二贵者，三老寿，四帝王，五神圣仙佛。（同上，页十三至十七）

欲免此诸苦，当知此诸苦之源。康有为云：

> 凡此云云，皆人道之苦，而羽毛鳞介之苦状，不及论也。然一览生哀，总诸苦之根源，皆因九界而已。九界者何？一曰国界，分疆土部落也；二曰级界，分贵贱清浊也；三曰种界，分黄白棕黑也；四曰形界，分男女也；五曰家界，分父子夫妇之亲也；六曰业界，分农工商之产也；七曰乱界，有不平，不通，不同，不公，之法也；八曰类界，有人与鸟兽虫鱼之别也；九曰苦界，以苦生苦，传种无穷无尽，不可思议。（同上，页八十二至八十三）

若知"诸苦之根源，皆因九界"，则去此九界，即可去苦。康有为云：

> 何以救苦，知病即药。破除其界，解其缠缚。超然飞度，摩天戾渊。虽浩然自在，悠然至乐。太平大同，长生永觉。吾救苦之道，即在破除九界而已。第一曰去国界，合大地也；第二曰去级界，平人民族也；第三曰去种界，同人类也；第四曰去形界，保独立也；第五曰去家界，为天民也；第六曰去产界，公生业也；第七曰去乱界，治太平也；第八曰去类界，爱众生也；第九曰去苦界，至极乐也。（《大同书》，页八十三至八十四）

极乐界为太平世矣；然太平世特人治之极规耳，人之上尚有天。康有为《中庸注》云：

> 子思盖言六经垂教，三重立法，皆区区从权立法之末事，非孔子神明之意。尚有诸天，元元无尽，无方，无色，无香，无音，无尘。别有天造之世，不可思议，不可言说

清代经学 331

者。此神圣所游，而欲与群生同化于天天，此乃孔子之至道也。天造不可言思之世，此必子思所闻之微言，而微发之于篇终，以接混茫。（页四十六）

《中庸》末句引《诗》云："上天之载，无声无臭，至矣。"康有为以为此即说"天造之世"。盖人治极规之上之另一更高境界也。

三、谭嗣同

参与康有为立教变法之运动，而其思想亦足自立者，有谭嗣同。谭嗣同，字复生，湖南浏阳县人。参与当时立教变法之运动。戊戌政变被害，年三十三。谭嗣同在经学方面，虽不及康有为之煊赫有建树；而在思想方面，则所著《仁学》发挥大同之义，较康有为为精密。谭嗣同云：

> 凡为仁学者，于佛书当通《华严》及心宗相宗之书，于西书当通《新约》及算学格致社会学之书，于中国书当通《易》，《春秋》，《公羊传》，《论语》，《礼记》，《孟子》，《庄子》，《墨子》，《史记》，及陶渊明，周茂叔，张横渠，陆子静，王阳明，王船山，黄梨洲之书。（《仁学》，铅印本，页二）

谭嗣同之思想，盖杂取诸方面而糅合之。其中虽不免有不能融贯之处，然要不失为其时思想界之一最高代表也。

（一）仁与"以太"

谭嗣同之讲仁，亦即发挥程明道王阳明"仁者以天地万物为一体"之说，而以所闻西洋科学，即当时所谓格致之学中之新说附入之。谭嗣同云：

> 遍法界，虚空界，众生界，有至大，至精微，无所不胶粘，不贯洽，不筦络，而充满之一物焉。目不得而色，耳不得而声，口鼻不得而臭味，无以名之，名之曰以太。其显于用也，孔谓之仁，谓之元，谓之性。墨谓之兼爱。佛谓之性海，谓之慈悲。耶谓之灵魂，谓之爱人如己，视敌如友。格致家谓之爱力，吸力。咸是物也。法界由是生，虚空由是立，众生由是出。(《仁学》页三)

以太即物理学中所谓 ether 之音译。谭嗣同以之为"原质之原质"，（详下）又为一个体的物之所以能聚为一个体，一团体的物之所以能聚为一团体之原因，亦即此物之所以能通于彼物之原因。谭嗣同云：

> 以太之用之至灵而可征者，于人身为脑。……于虚空则为电，而电不止寄于虚空，盖无物不弥纶贯彻。脑其一端，电之有形质者也。脑为有形质之电，是电必为无形质之脑。人知脑气筋通五官百骸为一身，即当知电气通天地万物人我为一身也。(同上)

孔所谓仁，亦即以太之用。谭嗣同云：

> 仁不仁之辨，于其通与塞。通塞之本，惟其仁不仁。通者如电线四达，无远弗届，异域如一身也。故《易》首言元，即继言亨。元，仁也；亨，通也。苟仁自无不通，亦惟通而仁之量乃可完。由是自利利他，而永以贞固。(《仁学》页四)

清代经学　333

此言即程明道所说"医书言手足痿痹为不仁，此言最善名状"一段之意。《易》言："乾元亨利贞；"谭嗣同亦以以太之用释之。

(二) 有无与生灭

谭嗣同又以为一切物皆为化学中之原质所聚合而成，故一切物皆无自性。谭嗣同云：

> 彼动植之异性，为自性尔乎？抑质点之位置与分剂有不同耳。质点不出乎七十三种之原质。某原质与某原质化合，则成一某物之性。析而与他原质化合，或增某原质，减某原质，则又成一某物之性。即同数原质化合，而多寡主佐之少殊，又别成一某物之性。纷纭蕃变，不可纪极。……然而原质则初无增损于故也。（《仁学》页十）

原质之质为以太。谭嗣同云：

> 然原质犹有七十三之异；至于原质之原，则一以太而已矣。一故不生不灭。不生故不得言有，不灭故不得言无。（同上）

依此言之，则以太又为万物之质因（如亚里士多德所说质因），而非只如上所说矣。以太不生不灭，谭嗣同云：

> 不生不灭有征乎？曰，弥望皆是也。如向所言化学诸理，穷其学之所至，不过析数原质而使之分，与并数原质而使之合。用其已然而固然者，时其好恶剂其盈虚而以号曰某物某物，如是而已。岂能竟消磨一原质，与别创造一原质哉？（同上）

以太不生不灭，原质不增不损，故宇宙间但有变易，而无存亡。谭嗣同云：

> 有无者，聚散也，非生灭也。……王船山之说《易》，谓一卦有十二爻，半隐半见。故大易不言有无，隐见而已。（《仁学》页十一）

张横渠《正蒙·参两》篇"气聚则离明得施而有形"一段，正此意。谭嗣同盖本张横渠之说，而以当时所闻化学中之新说说明之。

以太虽不生不灭，而有"微生灭"。个体的物，无时不在变易之中，亦即无时不在生灭之中。此个体之生灭，即以太之"微生灭"也。谭嗣同云：

> 求之过去，生灭无始。求之未来，生灭无终。求之现在，生灭息息。……庄曰："藏舟于壑，自谓已固，有大力者夜半负之而走。"吾谓将并壑而负之走也。又曰："鸿鹄已翔于万仞，而罗者犹视乎薮泽。"吾谓并薮泽亦一已翔者也。……孔在川上曰："逝者如斯夫，不舍昼夜。"昼夜即川之理；川即昼夜之形。……非一非二，非断非常。旋生旋灭，即灭即生。生与灭相授之际，微之又微，至于无可微。密之又密，至于无可密。夫是以融化为一，而成乎不生不灭。成乎不生不灭，而所以成之微生灭，固不容掩焉矣。（《仁学》页十四至十五）

万物无时不在变易生灭之中，亦即万物无时不在日新之中。谭嗣同曰：

> 反乎逝而观，则名之曰日新。孔曰："革去故，鼎取新。"又曰："日新之为盛德。"夫善至于日新而止矣；夫恶亦至于不日新

清代经学　335

而止矣。……德之宜新也，世容知之。独何以届今之世，犹有守旧之鄙生，断断然曰不当变法，何哉？（《仁学》页十八）

此谭嗣同所与当时变法运动之哲学的根据也。

（三）大同之治

谭嗣同既亦注重"仁者以天地万物为一体"之义，故在政治方面，亦讲康有为所谓"大同之教"。谭嗣同云：

> 地球之治也，以有天下而无国也。庄曰："闻在宥天下，不闻治天下。"治者，有国之义也。在宥者，无国之义也。曰在宥，盖自由之转音，旨哉言乎！人人能自由，是必为无国之民。无国则畛域化，战争息，猜忌绝权谋弃，彼我亡，平等出，且虽有天下，若无天下矣。君臣废，则贵贱平；公理明，则贫富均。千里万里，一家一人。视其家，逆旅也。视其人，同胞也。父无所用其慈；子无所用其孝。兄弟忘其友恭；夫妇忘其倡随。若西书中百年一觉者，殆彷佛《礼运》大同之象焉。（《仁学》页四十九）

此义谭嗣同以为《易》《春秋》中已言之。谭嗣同云：

> 吾言地球之变，非吾之言，而《易》之言也。《易》冒天下之道，故至赜而不可恶。吾尝闻□□[1]之论乾卦矣，于《春秋》三世之义有合也。《易》兼三才而两之，故有两三世；内卦逆而外卦顺。"初九，潜龙勿用。"太平世也，元统也。无

---

[1] 文中"□"经查，谭嗣同原文即如此。下同。

教主，亦无君主。于时为洪荒太古，氓之蚩蚩，互为酋长已耳。于人为初生。勿用者，无所可用者也。"九二，见龙在田，利见大人。"升平世也，天统也。时则渐有教主君主矣，然去民尚未远也，故曰在田。于时为三皇五帝，于人为童稺。"九三，君子终日乾乾，夕惕若，厉无咎。"据乱世也，君统也。君主始横肆，教主乃不得不出而剂其平。故词多忧虑。于时为三代，于人为冠婚。此内卦之逆三世也。"九四，或跃在渊，无咎。"据乱世也，君统也。上不在天，下不在田。或者，试词也。知其不可为而为之者，孔子也。于时则自孔子之时至于今日皆是也，于人则为壮年以往。"九五，飞龙在天，利见大人。"升平世也，天统也。地球群教，将同奉一教主。地球群国，将同奉一君主。于时为大一统，于人为知天命。"上九，亢龙有悔。"太平世也，元统也，合地球而一教主，一君主，势又孤矣。孤故亢，亢故悔。悔则人人可有教主之德，而教主废。人人可有君主之权，而君主废。于时遍地为民主，于人为功夫纯熟，可谓从心所欲不逾矩矣。此外卦之顺三世也然而犹有迹象也。至于"用九见群龙无首吉，天德不可为首也。"又曰："天下治也。"则一切众生，普遍成佛。不惟无教主，乃至无教。不惟无君主，乃至无民主。不惟浑一地球，乃至无地球。不惟统天，乃至无天。夫然后至矣，尽矣，蔑以加矣。(《仁学》页五十一)

此所引或即康有为之说。即或不然，而要之"用九见群龙无首吉"之最高境界，当即康有为所谓"不可思议，不可言说"之"神圣所游"之境界也。

(四) 论教主

谭嗣同又自设难者曰："子陈义高矣。既已不能行，而滔滔然为空

清代经学　337

言，复何益乎？"谭自答曰：

> 吾贵知，不贵行也。知者，灵魂之事也。行者，体魄之事也。孔子曰："知之为知之，不知为不知，是知也。"知亦知，不知亦知，是行有限而知无限，行有穷而知无穷也。……教也者，求知之方也。故凡教主教徒，皆以空言垂世，而不克及身行之，且为后世诟詈戮辱而不顾也。耶杀身，其弟子十二人，皆不得其死。孔仅免于一身，其弟子七十人，达者盖寡。佛与弟子，皆饥困乞食，以苦行终。此其亡躯命，以先知觉后知，以先觉觉后觉，岂暇问其行不行哉。惟摩西、穆罕默德，以权力行其教，君主而已矣，何足为教主。(《仁学》页五十)

教主唯教人知，然"真知则无不行矣"。

耶、孔、佛"三教不同，同于变。变不同，同于平等"。(《仁学》页二十八) 三教最高之理想，皆为上述最高之境界。唯三教之教主，所处之时代不同，故言之似有异。谭嗣同云：

> 以《公羊传》三世之说衡之，孔最为不幸。孔之时，君主之法度，既已甚密而孔繁。所谓伦常礼义，一切束缚箝制之名，既已浸渍于人人之心，而猝不可与革。既已为据乱之世，孔无如之何也。其于微言大义，仅得托诸隐晦之辞，而宛曲虚渺，以著其旨。其见于雅言，仍不能不牵率于君主之旧制，亦止据乱之世之法已耳。据乱之世，君统也。……耶次不幸。彼其时亦君主横恣之时也。然而礼仪等差之相去，无若中国之悬绝，有升平之象焉。故耶得伸其天治之说于升平之世，而为天统也。……惟佛独幸。其国土本无所称历代神圣之主，及摩西、约翰、禹、汤、文、武、周公之属，琢其天真，漓其本朴。而佛又自为世外出家之人，于世

间无所避就。故得毕伸其大同之说，于太平之世，而为元统也。夫大同之治，不独父其父，不独子其子。父子且无，更何有于君臣。举凡独夫民贼所为一相箝制束缚之名，皆无得而加诸。而佛遂以独高于群教之上，时然也，势不得不然也。要非可以揣测教主之法身也。教主之法身，一而已矣。□□□："三教教主一也。吾拜其一，皆拜之矣。"斯言也，吾取之。(《仁学》页二十八至二十九)

此言极推尊佛教。然其所以推尊之，以其合于孔子最高之义。是其推尊佛教，亦即所以推尊孔子也。

四、廖平

讲今文家经学较康有为稍早，而康有为亦受其影响者，有廖平。"廖平，字季平，初号四益，晚年更号五译，又更号六译，四川井研人，生于清文宗咸丰二年（1852年），卒于民国二十一年（1932年）。年八十一岁。"（据行述）

（一）经学一变

廖平之学共经六变，故晚年自更号六译。第一变为"今古"，时在癸未（光绪九年，1883年）。(《四益馆经学四变记》，成都存古书局本，页一) 此时学说，以为"今古两家所根据，又多同出于孔子，于是倡为法古改制，初年晚年之说"。（同上页二）在所著《今古学考》（书成于丙戌，光绪十二年，1886年）中，条列今古文经之异同，以为今古学之分，先秦已有，而皆出于孔子。廖平云：

《论语》："周监于二代，郁郁乎文哉，吾从周。"此孔子初年之言，古学之祖也。"行夏之时，乘殷之辂，服周之冕，乐则韶武。"此孔子晚年所言，今学所祖也。又言夏殷因革继周者，百世可知。按《王制》即所谓继周之王也。(《今古学考》卷下，成都存古书局本，页五）

盖孔子初年，"尊王命，畏大人"，尚无革命之意，只有从周之心。"至于晚年，哀道不行"，于是以所欲为者"书之《王制》，寓之《春秋》"。（同上，页三）《礼记》中《王制》一篇，即孔子所作；所谓《王制》者，即继周之王之制也。《周礼》所说为周制，即孔子初年所欲从者；《王制》为继周之王之制，乃孔子晚年决心革命之后之所作者。当时主张改制者，不仅孔子。"春秋时有志之士，皆欲改周文，正如今之言治，莫不欲改弦更张也。"（同上，页二十四）康有为诸子改制之说，盖本于此。

因孔子有初年晚年之主张，孔子殁后，宗孔子初年之说者，为古学；宗孔子晚年之说者，为今学。廖平云：

鲁为今学正宗；燕赵为古学正宗。……鲁乃孔子乡国，弟子多，孔子晚年说，学者以为定论。……燕赵弟子，未修《春秋》以前，辞而先反。惟闻孔子从周之言，已后改制等说，未经面领。因与前说相反，遂疑鲁弟子伪为此言，依托孔子。故笃守前说，与鲁学相难。（《今古学考》卷下，页九）

以后今学古学，相争不已。实则今古学不同者只在制度方面。廖平云：

《论语》因革损益，唯在制度。至于伦常义理，百世可知。故今古之分，全在制度，不在义理，以义理今古同也。（同上，页八）

即就制度方面言，亦"其实今学改者少不改者多。今所不改，自当从古。凡解经，苟今学所不足，以古学补之可也"（同上，页九）故今古二派，"如水火阴阳"，"相妨"而亦"相济"（同上，页一）也。

（二）经学二变

廖平之学第二变为"尊今抑古"，时在戊子（光绪十四年，1888年）。此时学说，廖平云：

> 于是考究古文家渊源，则皆出许郑以后之伪撰。所有古文家师说，则全出刘歆以后据《周礼左氏》之推衍。又考西汉以前，言经学者，皆主孔子，并无周公。六艺皆为新经，并非旧史。于是以尊经者作为《知圣》篇，辟古者作为《辟刘》篇。（自注："外间所祖述之《改制考》即祖述《知圣》篇，《伪经考》即祖述《辟刘》篇，而多失其宗旨。"）（《经学四变记》页三）

此时以今文经为孔子所作。"帝王见诸事实，孔子徒托空言。六艺即其典章制度，与今六部则例相同。"（《知圣》篇卷上，成都存古书局本，页二）古文经说，皆刘歆及以后人所伪造。刘歆真"为圣门卓、操"。（《古学考》页二十）廖平此时学说与康有为之孔子《改制考》及《新学伪经考》所主张者同，故以为康之《改制考》为祖述《知圣》篇，《伪经考》为祖述《辟刘》篇。

廖平此时以为春秋时主张改制者，实只孔子一人。廖平云：

> 或以诸子皆欲传教，人思改制，以法孔子，此大误也。今考子书，皆《春秋》后四科流派，托之古人。按以言立教。开于孔子。《春秋》以前，但有艺术卜筮之书。凡子家

皆出于孔子以后，由四科而分九流，皆托名古人，实非古书。(《知圣》篇卷上页二十七至二十八)

唯其如此，故孔子为唯一之大圣也。

(三) 经学三变

廖平之学第三变为讲"小大"之学。时在戊戌（光绪二十四年，1898年）。此时之学用邵康节说，分政治为皇、帝、王、伯四种。以为《王制》，《春秋》乃孔子王伯之制，乃所以治中国者。然孔子非"一隅之圣"，故王伯之制外，尚有皇帝之制。孔子皇帝之制，以《周礼》为根基，《尚书》为行事，亦如《王制》之于《春秋》。此乃孔子所以"经营地球"者。《中庸》所谓洋溢中国，施及蛮貊，凡有血气，莫不尊亲。《礼运》所言大同之说"，皆谓此也。(《经学四变记》页四)
所以知《春秋》《王制》为孔子治中国之制，《尚书》《周礼》为孔子治世界之制者，以《春秋》《王制》及《尚书》《周礼》中所说疆域不同也。《皇帝疆域图》(廖平弟子黄镕本师说编辑)云：

《王制》说《春秋》三千里为小标本。《周礼》说《尚书》加十倍方三万里为大标本。而六合以内，人事尽之矣。《邹衍传》所称大九州得九九八十一方三千里。儒者九州止得八十一分之一。所谓儒者九州，即指《春秋》《王制》而言。(《皇帝疆域图》，第一，成都存古书局本，页一)

邹衍之大九州即《周礼》《尚书》所说之九州，即现在吾人所知地球之全部也。《皇帝疆域图》云：

世界开化，由野而文，疆宇由小而大。春秋之时，九州仅方三千里。上推虞夏，草昧尤甚。孔圣删书，托古定制，乃据当日之州名，隐寓皇帝之版图，以俟后施行。藏须弥于芥子，推而放诸四海而准，岂但为鲁邦治列国而已乎？（同上，第八，页二十二）

故孔子之学，实为全世界之政治及社会立一整个的办法。世界进化，必依之而行。依孔学之表面观之，则似皇帝之治，乃古代所已有，后乃退化而降为王伯之治。其实孔子之意，乃"立退化之倒影，告往知来，使人隅反"也。（《大成节讲义》，《六译馆杂著》，成都存古书局本，页二十四）

廖平立为一圣经世运进退表，（同上，页二十七）其表如下：

圣经世运进退表

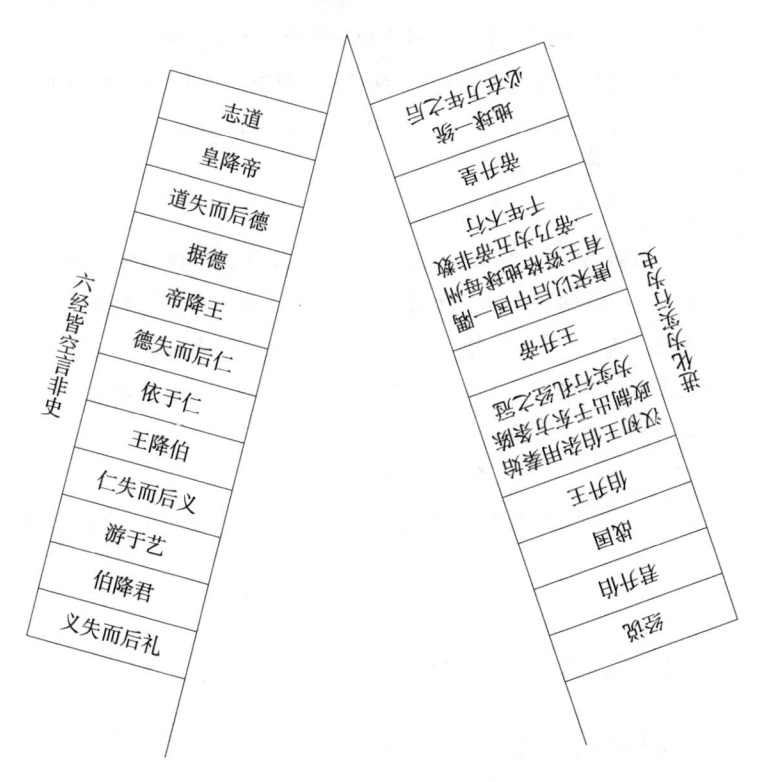

左列（六经皆空言非史）：
- 志道
- 皇降帝
- 道失而后德
- 据德
- 帝降王
- 德失而后仁
- 依于仁
- 王降伯
- 仁失而后义
- 游于艺
- 伯降君
- 义失而后礼

右列（推进化必在万世之后）：
- 皇降一统 必在万世之后
- 皇升帝
- 帝皆统一中国与今王制非一事乃统王霸兼综于一
- 王升皇
- 王制皆皇帝事为百世以后之法
- 伯升王
- 国别
- 君升伯
- 据乱

经为空言。实行经制,始于战国魏文、齐威、燕昭。战国以前,中国君民程度,与今泰西略同。

东人言;西方行。秦皇汉武,皆属创造,非古所有。由经说变为史事,在战国后。

西人所主进化说,如五大洲交通,乃新创之局。非尧舜周公以前,海禁已通,幽厉之后,乃闭关三千里。此退化之理,孔经据以立说。然由退可以知进。

如专主退化,尧舜至春秋迭降四等。秦汉至今二千年,又当降四等。由此推之,数千万年后,不复为人矣。

退化至于君后,中国又反草昧,为战国以前程度。

经为理论;史为实事。《春秋》《王制》之理论,自秦汉以后,已逐渐变为实事。西洋人未受孔经之教训,故今西洋人之程度,与春秋时人略同。此后正宜行《周礼》《尚书》之理论,使全世界归于大同。

所谓今古学之分,实孔子治中国之制与治世界之制之分。廖平云:

> 故改今古之名曰小大。……以《王制》治内,独立一尊。……而海外全球,所谓三皇五帝之三坟五典者,则全以属之《周礼》。……与《王制》一小一大,一内一外,相反相成,各得其所。……孔子乃得为全球之神圣,六艺乃得为宇宙之公言。(《经学四变记》页五)

孔子之经学,乃为全球制法。孔子及经学之地位,于是似可为最高矣。

(四)经学四变

然廖平以为犹不止此,廖平续云:

虽然，此不过六艺之人学，专言六合以内。但为《春秋》《尚书》与《礼》，仅得其半；而天学之《诗》《易》《乐》，尚不在此数也。（同上）

故自壬寅（光绪二十八年，1902年）以后，廖平之学四变而讲"天人"。廖平云：

初以《春秋》《尚书》《诗》《易》，分配道德仁义之皇帝王伯。……迟之又久，乃知四经之体例，以天人分。人学为六合以内，天学为六合以外。《春秋》言伯而包王，《尚书》言帝而包皇。《周礼》三皇五帝之说，专言《尚书》；《王制》王伯之说，专言《春秋》。言皇帝王伯，制度在《周礼》《王制》，经在《尚书》《春秋》。一小一大，此人学之二经也。……人学六合以内，所谓绝地天通，格于上下，人而非天，故人神隔绝。至于《诗》《易》，以上征下浮为大例；《中庸》所谓"鸢飞于天，鱼跃于渊，为上下察"之止境。周游六漠，魂梦飞身，以今日时势言之，诚为力所不至。然以今日之人民，视草昧之初，不过数千万年，道德风俗，灵魂体魄，已非昔比。若再加数千年精进改良，各科学继以昌明，所谓长寿服气，不衣不食，其进步固可按程而计也。（《经学四变记》页七）

廖平以为"自天人之学明，儒先所称，诡怪不经之书，皆得其解"。（《经学四变记》页七）如《灵枢》《素问》《楚辞》《山海经》《穆天子传》中，荒唐不经之言，皆说别一世界，皆天学也。又如司马相如《大人赋》，"读之有凌云之志"，所说亦"不在本世界"也。佛经亦属天学，廖平云：

将来世界进化，归于众生皆佛，人人辟谷飞身，无思无虑，近人论之详矣。特未知佛即出于道，为化胡之先驱。所言即为将来实有之事，为天学之结果，一人为之则为怪，举世能之则为恒。(《经学四变记》页十)

佛出于道，道出于孔，孔经所包，更益广矣。

(五) 经学五变

廖平之《经学五变记》，其弟子黄镕注云："戊午（民国七年，1918年）改去今古名目，归之小大，专就六经分天人大小。"视前之专就《春秋》《尚书》《诗》《易》分天人大小者又不同。六经中分人学三经，天学三经。人学三经中有礼经，廖平云：

> 六艺中，先有小礼，（黄注："如《曲礼》《少仪》《内则》《容经》《弟子职》。"）小乐（黄注："十三舞勺，成童舞象。"）此为礼经，乃修身齐家事，为治平根本。修身为本，本此礼也。(《经学五变记笺述》卷上，成都存古书局本，页一)

小礼小乐，乃修身齐家之学；乃人学三经中之第一种。其第二种为《春秋》，乃"治国学，王伯学，为仁为义。《王制》为之传"。此乃"人学之小标本，儒墨名法家主之"。其第三种为《尚书》，乃"平天下学，皇帝学，为道为德。《周礼》为之传"。此乃"人学之大标本，道家阴阳家主之"。（同上，卷上页四至十一）

天学三经中有乐及大礼。廖平云：

> 王伯之乐，中国略有彷佛；皇帝之乐，中国无此世局。其人未生，空存其说以待之。（同上卷下页十三）

所谓大礼，廖平亦无详说，或者亦"空存其说以待之"也；此乃天学三经中之第一种。其第二种为《诗》，乃"神游学"。"如仙家之婴儿炼魂，神去形留，不能白日飞升，脱此躯壳。（黄注：'《易经》则能形游。'）《诗》故专言梦境，（黄注：'托之梦游，以明真理。'）鱼鸟上下。（黄注：'庄子梦为鸟而戾天，梦为鱼而潜渊。'）《内经》《灵枢》《素问》《山海经》《列子》《庄子》《楚辞》、古赋、游仙诗，各书以为之传。"（同上，卷下页十五）康有为、谭嗣同皆以为大同之治之上，尚有"天造之世"。此皆廖平所谓之天学，唯廖言之特详耳。

【注】 天学三经中之第三种当为《易》，但下文未言。所见刊本，当有脱误。廖平经学五变之后，又有六变。其《经学六变记》，未见刊本，不知与五变记所说，又有何不同。

五、经学时代之结束

廖平所说，如上所引者，吾人若以历史或哲学视之，则可谓无价值之可言。但廖平之学，实为中国哲学史中经学时代之结束。自此方面观之，则廖平在哲学史中之地位，亦有相当重要。谓中国哲学史，自董仲舒以后，即在所谓经学时代中。在此时代中，诸哲学家无论有无新见，皆须依傍古代哲学家之名，大部分依傍经学之名，如以旧瓶装新酒焉。中国与西洋交通后，政治社会经济学术各方面，皆起根本的变化。此西来之新事物，其初中国人仍以之附会于经学，仍欲以此绝新之酒，装于旧瓶之内。本章所述三人，其代表也。此三人中廖平最后死。其经学之五变，始于民国七年。其此后所讲之经学，可谓已将其范围扩大至于极点。其牵引比附，有许多可笑之处。牵引比附而至于可笑，是即旧瓶已扩大至极而破裂之象也。故廖平之学，实为经学最后之壁垒，就时间言，就其学之内容言，皆可以结经学时代之局者也。

历史上时代之改变，不能划定于某日某时。前时代之结束，与后时代之开始,常相交互错。在前时代将结束之时,后时代之主流,即已发现。在廖平未死之前,即在其讲经学五变之前,撇开经学而自发表思想者,已有其人。故中国哲学史中之新时代,已在经学时代方结束之时开始。所谓"贞下起元",此正其例也。不过此新时代之思想家,尚无卓然能自成一系统者。故此新时代之中国哲学史,尚在创造之中;而写的中国哲学史,亦只可暂以经学时代之结束终焉。

节选自《中国哲学史》,标题为编者所加

全书完